JN197939

チャイナ・ウェイ

中国ビジネスリーダーの経営スタイル

マイケル・ユシーム、
ハビール・シン、
ネン・リャン、
ピーター・カペッリ 著
池上重輔 監訳
月谷真紀 訳

英治出版

チャイナ・ウェイ——中国ビジネスリーダーの経営スタイル

FORTUNE MAKERS

The Leaders Creating
China's Great Global Companies

by

Michael Useem, Harbir Singh, Neng Liang, and Peter Cappelli

This edition published by arrangement with Public Affairs, an imprint of Perseus Books, LLC, a subsidiary of Hachette Book Group, Inc., New York, New York, USA
through Tuttle-Mori Agency, Inc., Tokyo.

監訳者によるまえがき

「彼を知り己を知れば百戦殆うからず（孫子・謀攻）」

我々はかつて中国から様々なことを学んできた。皆さんも「彼を知り己を知れば百戦殆うからず」という孫子の言葉をどこかで使っているのではないか？

二〇一七年には名目GDPが一二兆ドルを超えて日本の倍以上となった中国は（IMF調査）、日本の輸出入総額に占める割合が一九九五年の七・四％（米国は二五・二％）から二〇一七年には二一・七％（米国一五・一％）と増加し（財務省貿易統計）、その経済的および政治的な重要さに関して異を唱える人は少なかろう。

さらに、我々は中国の地政学的なニュースや、インバウンドで日本を訪問する中国人の映像を日々目にしている。フォーチュン500の世界（売上）ランキング（二〇一八年）では日本企業が上位一〇〇社中九社程度の一方で、中国企業は二一社と日本の倍以上がランクイン。また、二〇一九年一月の世界時価総額ランキングでは、上位五〇社の中に日本企業がトヨタ一社の中で中国企業が八社ランクインしている。

しかし、このような状況下で、我々はどの程度中国企業のリーダーとその経営を知っているのであろう。中国企業は手ごわい競争相手にも強力なビジネスパートナーにもなりうる。中国のビジネスリーダーのエッセンスを知らずしてこれからの企業経営はできないと言っても過言ではない。今、改めて中国企業から学び、それを活かす時なのではないだろうか？

世界トップランクの著者チーム

本書『チャイナ・ウェイ』は世界最古のビジネススクール、ペンシルベニア大学ウォートン校（フィナンシャル・タイムズ紙のビジネススクールランキング二〇一九年で世界四位）で教鞭をとる三人の教授、欧州と中国の合弁で設立されやはりフィナンシャル・タイムズ紙のランキングで世界五位のＣＥＩＢＳ（China Europe International Business School）の教授によって執筆されたFortune Makersの日本語版である。

簡単に著者の紹介をしておきたい。ハビール・シンはＪＩＢＳ（Journal of International Business Studies）という国際経営では世界で最も権威のある学会誌で一九七〇年～二〇一六年の間の論文引用数が世界二位という世界でトップレベルの学者であり、マイケル・ユシームはリーダーシップ論の世界的権威である。さらに、ピーター・カペッリは人事・組織の第一人者であり、ネン・リャンは中国ビジネス研究の中核人物である。監訳者はウォートンの教授と共同で上級幹部向けのグローバル・リーダーシップ講座を過去五年ほど運営してきた。シン教授の国を超えた企業連携の多様な事例への具体的な知見、ユシーム教授が参加者の質問やコメントに真摯に耳を傾けながら各人にフィットしたリーダーシップのチェックリストを作る技には毎回感心させられてきた。まさに、中国のビジネスリーダーの本質を客観的・包括的に深い洞察力をもって開陳するドリームチームと言ってよいだろう。

本書のユニークな点はウォートン校の三名が過去にインド企業のビジネスリーダーに対して調査を行い、そのリーダーシップの特質を抽出して『インド・ウェイ』（英治出版）という本に結実させたのと同様の手法を、リャン教授とともに中国に適用している点である。ゆえに、読者は世界レベルのリーダーシップ地図にガイドされて欧米・インド・中国の比較という観点から、中国ビジネスの要諦を知ることができる。後継者教育において、中国共産党の手法と世界有数のグローバル企業であるプロクター・アンド・ギャンブル（P&G）との間に共通点を見出すような視点はこの著者以外ではありえないだろう。

本書の位置づけ

生産拠点としてだけではなく広大な市場としても重要性を増してきた中国は急激な変化を遂げており、昨今は独自のイノベーションの拠点として、もしくはビジネスパートナーやグローバル市場における競合としてなどの多様な姿を見せるようになってきた。中国国内でビジネスを行う場合はもちろんのこと、中国以外の国でビジネスを行う場合でも、そして中国とは直接かかわりを持たずに日本国内のみでビジネスを行おうとする場合でも、中国そして中国企業の影響を全く受けずに事業を営むことは難しくなってきている。

これまでに中国の政治、経済、歴史、文化、ビジネスなどに関して書かれた書物、もしくは国家指導者、特定の企業やビジネスリーダーなどにフォーカスして書かれた書物は膨大な量になり、良書も多い。たとえば、周恩来(チョウ・エンライ)、毛沢東(マオ・ツォートン)などの偉人やファーウェイやレノボなど特定の個人や企業に関するミクロな知識は中国人の価値観や企業行動を理解するヒントを与えてくれる。また、中国にまつわる刺激的なニュースも少なくない。アリババが二〇一八年一一月の独身の日に一日で約三・四兆円という楽天の年間流通総額（約三・四兆円）と同等の取引高を記録したニュースに圧倒される人もいるだろう。

しかし、中国がWTO加入の際に欧米が想定したような民主化が進んでいないことに着目して中国を主要なビジネススコープから外す日系企業もあれば、一三億人が中流化する巨大市場に引き寄せられ時に現地企業とのアンバランスな提携に走るケースも散見される。つまり、こうしたマクロな知見や、断片的なミクロ情報だけでは中国市場戦略の策定や中国企業との関係構築には必ずしも十分ではないのだ。

『チャイナ・ウェイ』はアリババの馬雲(ジャック・マー)や、レノボの柳伝志(リウ・チュワンジー)などの中国トップ企業のビジネスリーダー七二名に対するインタビューと、著者たちによる綿密な分析と考察を中心に構成されている。中国のビジネスリーダーに関してこれほど包括的に研究し、彼らの思考と行動パターン、そしてリーダーシップの特質について説かれた本はおそらく世界初であろう。リーダーシップの本質の全体像は定量分析だけではつかみにくく、少数の象徴的なリーダーの密着・参与観察だけでは偏りがでる。七〇名を超す大量インタビューによってある程度の傾向値が見えてきたのだ。

実は、高度成長期にも欧米の経営学者やコンサルタントは同様のアプローチで日本企業を研究し、「日本的経営」としてその特質を形式知化した。世界中の経営者たちはそのエッセンスを自社の経営に活かして、企業成長と変革につなげてきた。ある国の企業経営モデルを他の国で学ぶには、ある程度客観的にその国の文脈・前提と照らし合わせてそのモデルを分析しないと、外の国の経営者には使いにくい。そうした客観的な分析は本国（この場合中国）の研究者には簡単ではない場合が多い。今回は米国・欧州・中国のビジネススクールを拠点にしたインド・米国・中国出身の研究者の混成チームによる調査・分析によって、中国企業のリーダーシップ・マネジメントモデルが我々にも理解し使いやすい形で提示されたのだ。

本書は、中国企業のリーダーたちに顕著な特徴として、「自力での進路開拓」、「学習する企業」、「成長が金科玉条」、「パートナーシップとしてのガバナンス」など、七つの特徴を挙げている。詳しい内容は本文で確認していただきたいが、このような中国企業のリーダーシップの特性やマネジメントの傾向値を知っておくことで、より具体的な中国市場戦略や、適切な担当者の人選、ビジネスパートナーとしての中国企業との付き合い方が見えてくるだろう。

本書の読み方

本書には様々な読み方がある。中国企業のリーダーがどのような原則で経営を行っているかを知ることで、中国におけるビジネスの手引きとするのは素直な読み方の一つであろう。中国で事業を行う企業の多くは、中国現地社員のマネジメントには常に頭を悩ましており、企業の幹部研修をしていても、どうやって中国人社員のモチベーションを上げたらよいのか、離職を防ぐリテンション対策はどうするべきかなどが論点になることは多い。中国企業を競合として戦略立案をする際にも、ビジネスパートナーとして中国企業と交渉し事業を共に推進する際にも、冒頭に「彼を知り己を知れば百戦殆うからず」と引用したように、相手の、特に経営者の考え方や価値観を知っておくことは必須である。本書はこのような課題・論点に対する重要なヒントが満載である。その際には、本書は傾向値を示しているのであり、例外もあることは留意されたい。

また、最近は中国企業の躍進の背景に、日本企業からは想像もできないような大胆なチャレンジや、顧客ニーズをとらまえたイノベーションの適用、スピード感あふれる方向転換などがあることを知り、どうすればそんなマネジメントが可能になるのかという相談を受けることも少なくない。本書は日本企業が自分たちの経営モデル、リーダーシップ原則を見直す一つの鏡として参考になる。また、日本企業がグローバルビジネスで飛躍するためのダイナミズム獲得への示唆も与えてくれる。その際には文化的な前提・背景の違いと、発展段階の違いを意識しつつ、キーワードの表面的な理解ではなく具体的な価値観・行動の類似点や差異に留意するとよいだろう。

さらに、本書は行政の方にも参考になろう。例えば、数万人の漁村だった深圳が、三〇年で中国ものづくりの中心に躍り出た。そしてここ一〇年で最先端イノベーションの核と言われるようになっている。浙江も最先端インフラの実務適用が進み交通渋滞が劇的に改善しており、こうした動向をスタディしたいという地方行政の方も少なくない。しかし、こうした地域躍進の背景は、結局は個々の企業活動の集積であり、その背景となる経営者の価値観を知らずに政策のみを参考にしても有効性は低いだろう。

中国企業の躍進は、膨大な人口を持ち先進国の工場として経済全体が成長してきたゆえのもので、リーダーたちに独自の経営方針やリーダーシップがあったからではないと思う方も少なくないかもしれない。確かに、中国企業の成長と成功は時代と場所の幸運に助けられた面があるのも事実で、それを公然と認めるリーダーも多い。

しかし、本書には時代と場所の幸運で事業成長をさせたのだが、適切なリーダーシップの欠如から没落していった経営者も数多く紹介されている。成長と成功を継続するには、短期的な機会主義で利益を得るだけでなく「長期的展望を見据えた俊敏な戦略」などのチャイナ・ウェイが必要なのである。日本ではあまり知られていないが、バンケは時価総額五・九兆円（二〇一九年四月）と、三菱地所と三井不動産の時価総額の合計にほぼ相当する世界最大の不動産会社である。皆さんはその創業者王石（ワン・シー）氏が急成長する中国の不動産市場の中で持続可能な基盤を構築するために、二五％以上の利幅を求めてはいけないという方針を一九九二年に出していたことに驚くのではないだろうか。

中国の民間企業家の歴史は三〇年程度であり、七二名のインタビュー先の六〇名は創業経営者であることから、中国企業の現状は日本企業でいえば戦後にリーダーシップを発揮した経営者が現役でいた一九七〇年代に相当するかもしれない。つまり今後世代交代が進むにつれてリーダーシップが変質する可能性はあり、著者も中国企業が直面するであろう様々な課題や変化の方向性も指摘している。

　このように文化的・歴史的前提の違いや、発展段階の違いなどを意識しながら本書を読むことで読者は今後の企業経営、自身のリーダーシップ、中国企業との関係性の持ち方など様々な点で示唆が得られることだろう。

謝辞

　本書は様々な方の支援を受けて出版に至っているが、日本大学の井上葉子先生、ゼミ生の張瀚月さん、劉芸希さん、Han Liang さん、陳思茵さん、博士課程の小野香織さんに事実確認などの支援をいただいた。心からの謝意を表したい。

　そして、『チャイナ・ウェイ』出版の意義を認めてくださった英治出版の原田英治社長、タイムリーかつ緻密なサポートをしてくれた担当編集者の平野貴裕氏と、旅行先に原稿を持ち込んでのチェックを温かく見守ってくれた妻・智子に心からの感謝を述べたい。

　本書の翻訳は早稲田大学商学学術院の太田正孝教授が主導して開始されたプロジェクトであったが、翻訳初稿ができる直前の二〇一八年九月に急逝されてしまった。私にとって本書は太田先生との最後の共同プロジェクトであるが、太田先生も読者の皆さんが本書を活用されることを望んでおられると確信している。

二〇一九年四月

早稲田大学教授　池上重輔

チャイナ・ウェイ　目次

第3章
学習する企業

第4章
長期的な勝負を見すえた敏捷な戦略

第5章 人材管理

第6章 トップが絶対権力者(ビッグ・ボス)

第7章 成長が金科玉条

第8章 パートナーシップとしてのガバナンス

第9章　独自性は何か、持続性があるのは何か

編集部注

＊訳注は〔　〕内に記した。ただし、訳注が長くなる場合のみ、★で記した。

第1章

序論　アメリカ流ではなく

「中国流（チャイナ・ウェイ）」の台頭はもはや時間の問題にすぎないと思われる。

中国の成長と繁栄は、現代史において最も注目すべき展開だった。資本主義と欧米の価値観に弱腰だと長年ソ連を非難してきた国、現代的なものを一切排除する運動に一〇年にわたり苦しめられた国、チャドのような国々と一人当たりＧＤＰの世界最低値を競った国が、二五年のうちに資本主義を利用して六億の国民を貧困から引き上げ、まもなく世界最大の経済大国になろうとしている。なんという様変わりだろう。

この展開が共産主義の経済原理を捨てた必然的な結果だと思う人は、旧ソ連が資源大国でありながら、脱共産主義後もほとんど経済発展していなかったことを考えてみるべきだ。

しかも、西側の資本主義とセットで連想されることの多い報道の自由、民主的な制度、個人の権利の重視など市民社会（シビル・ソサエティ）が重要な役割を担う慣行の多くを、中国はいまだ採用していない。共産党の支配は依然として強い――現在の習近平（シー・ジンピン）国家主席の下でむしろさらに強まっている。政府の方針と慣行の変更によって中国が変わることができたのも、国有企業の構造改革が多大な成果を上げたことも、もちろん間違いない。しかし、中国の経済成長をこれまで牽引し、今現在も牽引しているのは、厳格な反資本主義体制の中で生まれ育ちながら民間企業を経営している、卓越した一握りの起業家と企業のエグゼクティブたちだ。

中国ビジネスの重鎮の一人で世界最大の家電メーカー、ハイアールグループ（海爾集団）のCEO、張瑞敏（チャン・ルエミン）の経歴を見てみよう。張は中国共産党の幹部でもある。毛沢東（マオ・ツォートン）主席なら目を回したことだろう。張は工場労働者の息子として生まれ、若い頃は文化大革命に傾倒し、紅衛兵に入っている。紅衛兵は毛沢東の突撃部隊で、有産階級、特に資本主義と関わりのある人々を打倒する任務を負っていた。

軍の介入により文化大革命が終結した後、張は政府が経営する建設会社で働くようになる。余暇に経営学を学びながら官僚的な会社組織内で徐々に出世し、一九八二年に青島市政府の家電部門に異動した。そこからさらに、冷蔵庫を製造していた政府の工場に異動し、一九八四年に責任者となる。ちょうど中国が、このような工場にビジネスとしての経営を求めるようになり始めたときだった。この時点では張が国家公務員とみなされていたことは想像にかたくない。野心的とはいえ、官僚だったのである。

インタビューしたビジネスリーダーたちの多くと同様、張も欧米★のビジネスに接したのが開眼のきっかけとなった。供給業者を訪問してドイツに出張したときのことだ。この供給業者と自社工場、とりわけ自社の冷蔵庫との品質の差は衝撃的であり、自社と自国を恥じる気持ちになったと彼は述懐している。

帰国後の張の行動は中国のビジネス界では有名である。彼は冷蔵庫の在庫から欠陥品をすべて出し、工場の前に並べて、従業員に大型ハンマーで叩き壊させた。工場から顧客に発信された

★ 原著では west（西側）。主に欧米圏の意味で使われているが、時に日本を含めて west を使っている場合もある。本書では基本的に「欧米」と訳している。

メッセージは、前代未聞ともいえるドラマチックな企業文化の変更宣言である。「我が社は製品の品質について今後一切妥協しません」

ドイツ企業リープヘルグループ（青島冷蔵庫社はこのドイツの社名の後半部分の音をとって「青島海爾（チンタオ・ハイアール）」に、その後「海爾（ハイアール）」に社名変更する）との短期間の接触以外、張が自社を改革するうえで参考にできるような手本らしい手本はなかった。彼は給与体系を変え、会社の業績を従業員への報酬に一部反映させたが、その一方で現在の中国で一般的となった慣習にも先鞭をつけた。成績の悪い者を同僚たちの前に立たせ、ミスの説明をさせて「恥をかかせる」というものだ。それと並行して、顧客に自社製品の感想について聞き取りを行うマーケティング手法を開発した。政府から他の家電企業の経営も任された張は、それらを統合して新たにハイアールグループを設立する。経営の傍ら学校に通い直して会社のさまざまな問題へのより良い答えを探し続け、大卒の学歴を持たないながら、一九九四年にＭＢＡを取得した。[1]

国の経済開放政策にハイアールグループも従い、民間市場で資本を調達し、輸出市場に進出し、さらには外国企業を買収して海外に工場を建設した。張を従来の枠組みを破壊する威勢のいい人物と想像したくなるところだが、文化大革命の動乱を生き抜いた経験は彼を慎重なリーダーにもしたようだ。事業経営に関する彼のモットー「常に用心深く行動せよ、常に神経を張り詰めていよ」にもそれがうかがえる。[2]

ハイアール（海爾）をはじめとする中国の民間企業の台頭はけっして必然ではない。欧米の起業家が昔からあたりまえに享受してきたごく基本的な所有権が、初期の民間企業のスタート時には存在していなかった。中国が民間企業を統治する初の法律を公布したのは一九九四年になってからであり、私有財産権を憲法で保護するようになったのはようやく二〇〇七年のことだ。自分が起業し、荒波に耐えるまでに育て上げた会社を所有する権利が保証されていないとしたらどうだろうか。張瑞敏（チャン・ルエミン）のような起業家が現れた一九八〇年代当時、民間企業は正式に許可されていたというよりは、お目こぼしにあずかっていたというほうが実態に近かった。欧米の起業家が当然のように行っていた意思決定、例えば価格設定、新規市場への参入、賃金の決定などは、民間企業に法律の後ろ盾がなかった一九八〇年代にはできるかどうか定かではなかった。起業家たちは市場シェアだけでなく基本的な生存権をかけた戦いも強いられたのだ。

本書は、中国で最も重要な企業の経営者である――多くは創業者でもある――張のようなリーダーたちが、ビジネスについてどのように考え、どのように事業を経営しているかを取り上げている。彼らのビジネスのほとんどは民間企業にとって苛酷な環境でスタートし、創業者たちには――欧米の起業家たちとは異なり――従うべき身近な手本がほとんどないばかりか、助言してくれる投資銀行や経営コンサルタントもいなかった。彼らはどのようにして事業経営の体制を作り上げていったのだろうか。

実は中国のビジネスリーダーたちが進化させてきたアイデアや行動手法は、独特のマインドセットを構成している。認知的要素と感情的要素が一体となって、市場、市場における自社の立ち位置、マーケットリーダーとしての自社のあり方に対する見解を形成しているのである。ビジネスマインドセットは不変ではないが、耐久性と包括力があり、長期間にわたってビジネスへのアプローチと企業経営のやり方に影響を与える。中国のビジネスリーダーたちのアプローチはアメリカモデルでも、ヨーロッパモデルでも、日本モデルでもない。彼ら巨富の創造者(フォーチュンメーカーズ)たちは進む道をみずから創り出していったのだ。[3]

中国の重要性

新たに生まれてきた中国流の経営マインドセットに関心を持つべき理由は二つある。第一に、中国の重要性である。二〇一五年の中国の国内総生産(GDP)は一九七八年の二六倍に成長した。同じ期間のアメリカの成長が三倍に満たないのと対照的だ。この経済力の拡大によって、中国は六億人を超える国民を貧困から引き上げた。中国はすでに世界経済の五分の一を占める経済力を有しており(表1・1参照)、GDPはあと数年で世界最大になると予測されている。

この驚異的な成長の結果、中国のありとあらゆる業種の企業が製品とサービスを国外に輸出するようになっている。例えば中国の鉄鋼生産は一九八〇年の三七〇〇万トンから二〇一四年には八億二二〇〇万トン、世界の産出量の五%から四八%に激増した。同時期のアメリカの鉄鋼生産は一億二〇〇〇万トンから八七〇〇万トンに減少し、ヨーロッパの生産量も二億八〇〇〇万トンから一億六六〇〇万トンに落ちている。[4]

一九七八年から二〇一三年にかけて、中国の輸出額はGDPの四%から二四%に上昇した。一九七八年には輸出入の合計額がGDPの一〇%にすぎなかったが、この割合が徐々に増えて

表1.1　中国経済と世界経済　1700～2015年

	1700	1820	1900	1950	2001	2015
人口（百万人）						
中国	138	381	400	547	1275	1387
世界	603	1,042	1,564	2,521	6,149	7,154
中国の占める割合（%）	23	37	26	22	21	19
GDP*						
中国	83	229	218	240	4,570	11,463
世界	371	696	1,973	5,326	37,148	57,947
中国の占める割合（%）	22	33	11	5	12	20
一人当たり GDP**						
中国	600	600	545	439	3,583	8,265
世界	615	668	1,262	2,110	6,041	7,154
中国／世界	0.98	0.90	0.43	0.21	0.59	1.16

出典：Yao、2016年。*GDPは1990年時点の国際ドル基準（単位：10億ドル）。**一人当たりGDPは1990年時点の国際ドル基準（単位：ドル）。

二〇一三年には四倍強の四六％に達し、中国経済はきわめて国際色豊かになった（付録1の図A1・1参照）。

これはアメリカの消費者にも目に見える形で表れている。アメリカの店舗に並ぶ中国製品がどっと増えたのだ。二〇一〇年代初めにウォルマートのアメリカ国内店で販売された商品の七〇％が中国製と推定されている。多くのアメリカ人は製品の産地をすでに知っており、中国製を評価するようになって、ハイアールの冷蔵庫、ファーウェイ（華為技術）のコネクター、レノボ（聯想）のノートパソコンなどのブランドがついた製品をわざわざ求める人々も現れてきている。二〇一五年のボルボを筆頭に中国製の自動車がアメリカ市場に登場し始め、中国製品はさらにアメリカ人になじみ深いものになっていくだろう。ボルボは元スウェーデンの会社だが、二〇一〇年に中国のジーリーホールディンググループ（浙江吉利控股集団）がフォード・モーターから買収している。チェリー（奇瑞）やグレートウォール（長城）など他の中国の自動車メーカーの自動車もアメリカのショールームに続々とやって来ている。ゼネラルモーターズさえ、二〇一六年から中国で生産したビュイックのコンパクトタイプ多目的スポーツ車（SUV）「エンビジョン」をアメリカ市場に輸入販売するようになった。[5]

中国製品へのシフトの影響がもう一つはっきり表れているのが、欧米諸国の製品と製造業の雇用の減少である。影響が特に顕著なのがアパレル、射出成形樹脂、消費財などの製品だ。アメリカの雇用への影響は政治にも及び、二〇一六年の大統領選の中心テーマとなった。

中国企業は長らく西側諸国が独占していたハイテク製品の市場にも参入し始めている。例えば二〇一五年にＣｏｍａｃ（中国商用飛機有限責任公司）は座席数一七四席の単通路型航空機Ｃ９１９をボーイング７３７とエアバス３２０の競合機として発売した。本格的な量産は二〇一八年以降となる見込みだが、二〇一五年時点でＣｏｍａｃはすでに二一の航空会社から五〇〇機以上を受注している。後述するが、中国は巨大な国内市場を有しているため、強い国際競争力を持った企業の育成では他国に対して大きな優位性がある。Ｃｏｍａｃの航空機の国内需要は二〇三四年には四六〇〇機に達すると見込まれている。アメリカのボーイングとヨーロッパのエアバスは二〇一〇年代半ばに世界の商用機売上の九〇％以上を占めたが、その覇権がいずれ台頭する中国の航空機産業に脅かされることは間違いない。[6]

中国の不動産開発業者も国外でのプレゼンスを増してきた。グリーンランド・ホールディングス・グループ（緑地控股集団）やワンダ・グループ（大連万達集団）をはじめとする不動産会社がニューヨーク、シカゴ、ロサンゼルスなどのビルに何十億ドルも投じている。あるブルックリンのアパートメントには五〇億ドル、シカゴでは九四階建てのコンドミニアム兼ホテル、ロサンゼルスでもコンドミニアム、小売店舗、ホテルに三〇億ドルを投資している。二〇一〇年の中国によるアメリカの商業不動産買収は一〇億ドルに達したが、その不動産価値は二〇一四年に二五億ドルに倍増、さらに一年後にはその三倍となる八六億ドルに跳ね上がっている。[7]

中国企業による対外投資と買収は二〇一〇年代半ばに全般的に加速した。その主なターゲットとなったのがアメリカだ。中国の民間企業によるアメリカへの直接投資額は二〇〇〇年代の実質ゼロから二〇一五年には一三〇億ドル以上に伸びている（付録1の図A1・2参照）。例えば、ハイアールグループは二〇一六年にゼネラル・エレクトリック（GE）の家電部門を四五億ドルで買収することに合意した。ハイアールはアメリカの大型家電市場ですでに五・六％のシェアを持っていたが、GEの一万二〇〇〇名の従業員および四〇年間にわたるGEブランドの使用権を獲得したことで、CEOの張瑞敏（チャン・ルエミン）はアメリカでのプレゼンスの大幅拡大への強い意志を示した。[8]

アメリカ以外との商取引にも同じ拡大志向が強くうかがえる。中南米の中国との貿易は二〇〇〇年から二〇一五年にかけて二二倍に増え、経済協力開発機構（OECD）は中国の参加が「中南米地域の外部環境におけるゲームチェンジャー」であると評した。また中国企業は二〇一四年にドイツ企業二八社を総額二六億ドルで買収しているが、二〇一六年には最初の五カ月間で二四社を総額九一億ドルで買収している。中国企業による買収はフランス、スイス、スペインでも二〇一六年に急増した。中国企業による国内外の合併買収の総額は二〇〇五年の一〇〇億ドル未満から二〇一五年には一一〇〇億ドル以上に上昇している（付録1の図A1・3参照）。二〇一六年の前半五カ月間で中国はアメリカを抜き、世界最大の企業買収国となった。[9]

中国の世界進出の主役として存在感を増しているのが、一群の民間企業だ。この四〇年間の中国のめざましい発展の原動力が何かを知ろうと思うなら、中国の巨富の創造者たち（フォーチュンメーカーズ）がいかに国の発展の青写真を描き、その構築と維持に貢献してきたかを理解しなければならない。国家が支配権を握り、競争を阻む慣行が依然としてまかり通る体制の中で、彼らはそれをやってのけたのである。[10]

経営モデルに表れた国の違いは、トヨタの「リーン生産方式」やGEの「リーダーシップ・エンジン」のような他の手法と結びついていれば特に、当初は他国の企業リーダーたちからの大きな関心の的となる。例えば日本企業が飛ぶ鳥を落とす勢いだった一九八〇年代はアメリカで日本式の経営慣行に注目が集まり、『セオリーZ――日本に学び、日本を超える』（ウィリアム・G・オオウチ著、CBS・ソニー出版、一九八一年）や『ジャパンアズナンバーワン――アメリカへの教訓』（エズラ・F・ヴォーゲル著、TBSブリタニカ、一九七九年）などの本がベストセラーになった。中国に関しても、そのビジネス慣行にはもうすでに世界中から関心が集まっており、中国経済が拡大を続け、中国企業が世界の支配者とはならないまでも重要なプレイヤーとなるにつれ、注目度はさらに上がるはずだ。

中国モデルに関心を持つべき二つ目の理由は、西側の参考になる点が多そうだからである。アメリカの大企業は一〇〇年早くスタートを切っているが、中国の新興企業は目を見張るスピードで同じ規模に達し、いまや世界企業番付「フォーチュン・グローバル５００」に多くが名を連ねている。もちろんライバルに追いつくほうが追い越すより楽であるのはたしかだろうが、中国企業は失速する気配を見せない。大半の西側のライバルたちとは異なり、中国企業が成長したのは今の時代なので、市場が現在とはまったく違っていた過去の（負担になりかねない）遺産を引きずっていないのだ。そのおかげで、中国企業の経営手法のほうが新しい世界秩序に適応したものとなっているかもしれない。世界中の旧来型の自動車メーカーが戦後生まれた日本の自動車生産方式から画期的なコンセプトを取り入れて成功したように、新しい中国企業の経営法や彼らが新たに考案した事業運営の方法から西側の企業が学べるものは大きいと著者らは考えている。[11]

アメリカの企業研究で、市場の不確実性が増すとエグゼクティブが企業に及ぼす影響力が大きくなることがわかっている。これは当然のことで、市場の不確実性によって先行きが不透明になれば、エグゼクティブの意思決定が企業を左右する度合いは良くも悪くも大きくなる。この後さらに詳しく述べるが、中国企業はスタッフや業務手順よりもトップにいる個人によって運営されている面が強いため、エグゼクティブ個人の重要性がはるかに大きい。このような企業のエグゼクティブがどのように事業運営しているかを学ぶことは、不確実性がビジネスとは切り離せない属性の一つとなってきた今の時代、世界中の企業や企業のエグゼクティブにとって価値を増しているのではないだろうか[12]。

それだけではない。中国市場をすでに支配し、世界の表舞台にも立ち始めた中国企業と競合する――あるいは提携する――つもりなら、世界中の経営者が、中国のリーダーたちの独自のビジネスのやり方をもっとよく理解したいと思うだろう。

●

本書では、インドのビジネスリーダーの特徴を明らかにした前著『インド・ウェイ　飛躍の経営』（ジテンドラ・シン、ピーター・カペッリ、ハビール・シン、マイケル・ユシーム著、英治出版、二〇一一年）で使った手法を用いている。前著では、インフォシス、リライアンス、タタなどインド最大規模の上場企業の創業者やエグゼクティブにインタビューした。創業者やエグゼクティブ本人とじかに接し、これら企業のリーダーたちのマインドセットを理解しようと努めたのである。

本書でも同じ方法を取り、中国最大の民間企業のトップをインタビューした。ほぼ前例のないことだと思うが、私たちは創業者やエグゼクティブと直接会い、その実像に迫ろうとした。質問に答えてもらったのは、アリババ（阿里巴巴）やレノボのようなすでに有名な象徴的企業ばかりでなく、ジーリー（吉利）やバンケ（万科）のような大半の欧米人にはまだ知られていない企業も含め、中国で規模も業績も傑出した民間企業のリーダーたちである。彼らへのインタビューを通して、西側に普及している企業エグゼクティブのマインドセットと鮮やかな対照をなす、異質なビジネスメンタリティを知ることができた。面談したエグゼクティブと企業のリストを巻末に掲載したが、例えば次のような顔ぶれだ。

アリババグループ（阿里巴巴集団）。アリババはインターネットを活用したeコマース企業で、一九九九年創業、ここ数年の年間売上高は一五〇億ドルを超える。三万五〇〇〇名以上の従業員を擁し、二〇一四年にアメリカ株式市場に初めて上場したときは、二〇一二年のフェイスブック上場時の一六〇億ドルをはるかに上回る二五〇億ドルを調達した。馬雲（ジャック・マー）会長をインタビューした。

ジーリー（吉利汽車）。一九八六年に冷蔵庫メーカーとして設立されたジーリーは自動車、オートバイ、発動機、部品のトップメーカーである。二〇一〇年にボルボ・カー、二〇一二年にロンドンタクシー・カンパニーを買収、二〇一六年時点でアメリカを含む二四カ国で製品を販売している。二〇一五年の売上高は四五億ドル、従業員数一万八〇〇〇名以上、時価総額三七〇億ドル。副会長の沈暉（フリーマン・シェン）をインタビューした。

レノボグループ（聯想集団）。いまやデルとヒューレット・パッカードの販売量を上回る世界最大のパソコンメーカーとなったレノボは、タブレット端末、スマートフォン、サーバーの製造大手でもある。一九八四年創業のレノボは二〇一五年時点で従業員数六万名以上、年間売上高は四六〇億ドルを超える。創業者の柳伝志（リウ・チュワンジー）を、CEO楊元慶（ヤン・ユエンチン）他数名のエグゼクティブとともに数回にわたりインタビューした。

バンケグループ（万科集団）。同じく一九八四年創業のバンケは中国最大の不動産開発・管理会社として台頭してきた。二〇一五年の時価総額二五〇億ドルの同社は従業員数四万名以上、グレーターチャイナ〔中国、香港、台湾、および華僑国家シンガポールを含む大中華圏のこと〕と海外に不動産を所有し管理している。創業者で会長の王石（ワン・シー）をインタビューした。

インタビューの内容に加え、さまざまな官民の情報源から集めたエグゼクティブと会社に関する情報を補足した。また、国有企業は除外している。国有企業は主に政府が運営しており、リーダーたちは国家公務員だからだ。国有企業（SOE：state-owned enterprises）の生産は大半が政府の監督下にあり、公共の目的が商業的な目的より優先されている。それに対して、非国有企業の目的は従来型の西側の民間企業の自己利益追求という目的に近く、リーダーシップのスタイルをより直接に比較できる。もちろん国有企業も重要であることに変わりはなく、従業員数では世界最大の雇用主に名を連ねる。例えば二〇一五年の株式公開企業トップ二五社のうち、二二〇万人を擁するウォルマートを筆頭にアメリカ企業が八社ランクインしているが、中国も従業員数五三万四〇〇〇名のペトロチャイナ（中国石油天然気股份有限公司）をはじめ六社入っている。

国有企業の多くが民間企業に先導される形で世界市場に参入している点に注目したい。例えば国有のケムチャイナ（中国化工集団有限公司）は二〇一六年に世界最大の農薬・種苗企業の一つであるスイスのシンジェンタを四三〇億ドルで、その前年にはイタリアのタイヤメーカー、ピレリを七七億ドルで買収している[13]。

中国政府は一九九五年に大手数百社を除く大半の企業を手放す決断を下し、その後一〇年間で国有企業の九〇％以上を民営化した。一九九五年の中国都市部の会社員の半数以上は国有企業の社員だったが、その数は二〇一四年にはわずか一四％に減少している（付録1の図A1・4参照）。中国農村部では一九九〇年時点で民間企業に就職する人は一〇〇万人にすぎなかったが、二〇一四年にはその数が四五〇〇万人に増えた。大都市圏では一九七八年に会社員の五分の一が民間企業で働いていたが、二〇一三年にはその割合が五分の四になっている[14]（付録1の図A1・5参照）。

文化大革命の前年にあたる一九六五年の中国の工業生産高に民間企業が占める割合は一〇％にすぎなかったが、二〇一三年にその割合は半分近くにまで膨れ上がった（付録1の図A1・6参照）。

一年間に生産される財とサービスの価値を表す年間生産高も、一九九三年には三兆人民元未満だったのが、わずか二〇年後には五三兆人民元に迫る急成長を見せている[15]（付録1の図A1・7参照）。

民間企業は中国経済で次第に主要な役割を果たすようになり、二〇一〇年代半ばには工業生産高の半分、都市部の雇用者数の四分の三を担っており、その数字は今なお増え続けている（通称のフォックスコン・テクノロジー・グループのほうがよく知られている鴻海精密工業――ブラックベリー、iPhone、キンドルなど電子機器数十種を生産しているメーカー――は従業員数世界第二位、その一三〇万人近い従業員の大半が中国工場で働いている。しかし本社が台湾にあるため本書の対象から除外した）。

世界ビジネスに中国が今の地位を築いたのがいかに最近のことであるかを知っていただくために、一九九六年に時計の針を戻そう。この年から『フィナンシャル・タイムズ』紙の編集部が上場企業世界五〇〇社のリストをまとめている。当初は、時価総額トップ五〇〇社のうち二〇三社がアメリカ企業であるのに対し、中国企業はゼロだった。二〇年後、中国はフランス、ドイツ、日本、イギリスを抜き堂々三七社がランクインしている。『フォーチュン』誌の年間売上高世界トップ五〇〇社ランキングでは、一九八〇年に圏外だった中国企業が二〇一五年には九八社も入っている[16]。『フィナンシャル・タイムズ』紙のグローバル500（二〇一五年）にランクインした中国の上場企業三七社の時価総額は世界第七位の国の経済力に匹敵し、ブラジル、イタリア、インド、ロシアを上回っている。成長率がピークを過ぎたとはいえ、中国は二〇二〇年代半ばにはアメリカを抜き世界一の経済大国となると予測されている。一九八〇年の中国のGDPはアメリカのGDPとは比べるべくもない低さだったが、二〇一六年にはアメリカのGDPの三分の二まで急増している[17]（図1・1参照）。

国内での驚異的な成長と海外へのめざましい進出にもかかわらず、中国の民間企業を率いる創業者やエグゼクティブは国外ではビジネス界でさえほとんどその存在を知られていない。ビジネス系メディアを読んでいるアメリカ人ならほとんどが、スティーブ・ジョブズがアップルを創業し、マーク・ザッカーバーグがフェイスブックの創始者であることを知っている。だがおそらくアリババの創業者で同社を率いる馬雲（ジャック・マー）を除けば、中国のビジネスリーダーの名前を言える者を中国国外で見つけるのは至難のわざだろう。

中国の成長はけっして平坦な道のりではなかったが、本書が取り上げた民間企業は今後も力強く成長し、世界中の市場に対する影響力を増し続ける可能性が高い。例えば、年平均成長率はレノボが二〇%、バンケが

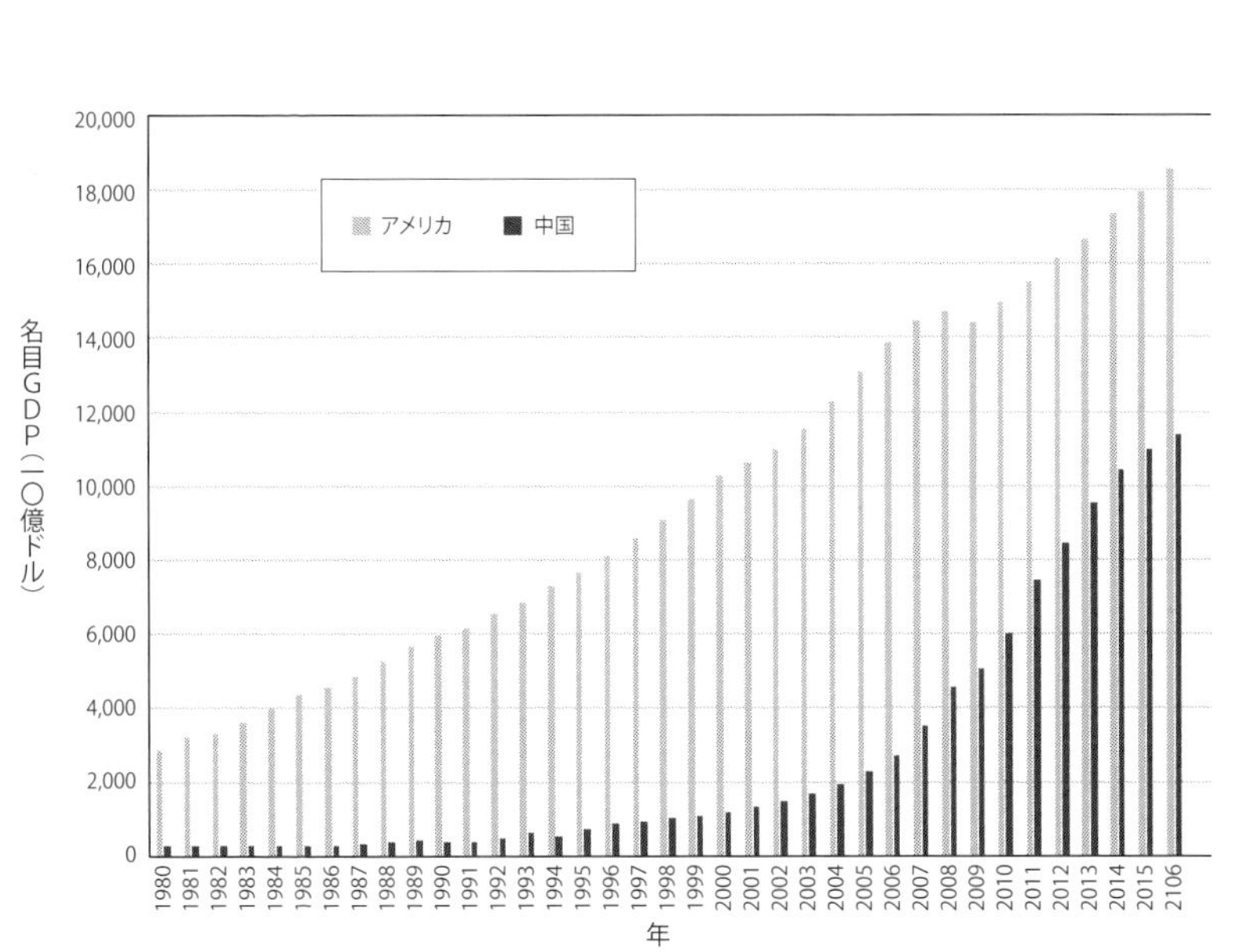

図1.1　中国とアメリカのGDP　1980〜2016年（名目GDP）

出典：国際通貨基金（IMF）、2016年。

三四%、アリババが四五%だった。中国政府が、残る国有企業に民営化圧力をかけ続けていることを考えれば、本書で取り上げた民間企業モデルは中国の躍進にとってますます重要になっていくはずだ。

チャイナ・ウェイを理解する

中国企業の成長と台頭は、これら企業を設立し、育て、経営している人々の戦略とリーダーシップのたまものだ。市場の見えざる手によって目的と意思決定に制約をかけられたとはいえ、彼らの行動は目に見える手を力強く形成してきた。私たちはこの見える手を理解したい。リーダーたちがその手をどのように動かし、その手に何を望み、その手が彼らの会社をどこに導いていくのかを理解したい。

他国の企業エグゼクティブと同じように、中国企業のリーダーたちは、誰を採用し何を製造するかに始まり、どこに投資し何を削減するかにいたるまで、毎年何百もの重要な意思決定を行っている。彼らが行う意思決定の種類はもちろん、アメリカやドイツやインドの経営者と異なるわけではない。どの企業も人を採用し、生産ラインを動かし、給料を支払い、収益を計算しなければならない。しかしその方法は、企業が過去から受け継いだ遺産、価値観、そしてその国ならではの多数の要因に影響を受けている。

国際ビジネスは、まるで世界的に画一化が起きているかのように語られがちだ。二〇〇五年に刊行されたトーマス・L・フリードマン著『フラット化する世界』（日本経済新聞社、二〇〇六年）は、特に消費者側において世界各地で同じように展開する画一化現象を数多く取り上げている。携帯電話が世界中に普及し、どこでも（多かれ少なかれ）同じように機能するのがその例だ。しかし国の違いが依然として重要であると示唆する文献はさらに多い。EU脱退を決議したイギリスや貿易障壁の緩和に抵抗を強めるアメリカに見られるように、それはむしろ目立つようになっているかもしれない。[18]

ビジネスリーダーの原則が国によって異なるという考え方は新しいものではない。ドイツの社会学者マックス・ウェーバーは名著『プロテスタンティズムの倫理と資本主義の精神』（日経BP社、二〇一〇年）で、北ヨーロッパと北米の経営者の間には独特の職業倫理が発達し、彼らは新たに獲得した富を消費するよりも民間企業を設立し、育て、再投資することによって宗教的徳を示すと論じた。ウェーバーは「倫理」とその結果生まれた「資本主義の精神」はともに宗教革命に端を発すると主張したが、これらを含む思潮はカトリック諸国のビジネスリーダーたちの中にもあると示唆する者もいた。源流がプロテスタンティズムであれカトリシズムであれ、この思潮は北ヨーロッパと北米のトップ企業群を動かす、地域特有のハイオク燃料として出現したのである。[19]

後に社会学者のラインハルト・ベンディクスは、ウェーバーが発見したのは「経営管理のイデオロギー」、すなわちエグゼクティブの行動の原動力となり、それらエグゼクティブからの指示を多数の従業員が受け入れる理由の裏づけとなる思想体系の一つにすぎないとみなした。このような経営管理のイデオロギーは、一国のさまざまな企業や業種に共通する課題にビジネスリーダーたちが直面し、理解するようになって生まれる、とベンディクスは論じた。

イギリス、ドイツ、ロシア、アメリカの工業化時代を研究したベンディクスは、民間企業の登場以前に社会を支配していた貴族階級に受け入れられようと奮闘した企業創業者たちとともに**起業家イデオロギー**なるものが生まれたことに気づいた。その後、企業のエグゼクティブは、労働者たちの間に不穏な空気が生まれ、時として反乱を起こそうとするという新たな課題に直面することになる。しかしそんな時代にあっても国による違いは残っていた。アメリカでは起業家たちが自信を持つようになり支配的な社会階級を構成していったのに対して、ロシアの起業家たちは国家権力に従属する立場のままであり、したがってそのマインドセットもアメリカほど堂々と自信に満ちたものではなかった[20]。

アメリカとイギリスの経営者のイデオロギーはロシアその他で生まれた経営者のイデオロギーとは大きく異なっていたが、アメリカとイギリスの間でもイデオロギーに微妙な差異が現れた。例えば歴史家のマーティン・J・ウィーナーは、一九世紀後半から二〇世紀前半にかけて企業の支配的地位はイギリスよりアメリカにおいてはるかに確立していたと記している。イギリスの上位文化は企業に対して、アメリカで獲得したほどの尊敬される地位を与えなかったのだ。イギリスでは金融は比較的高尚な職業とされるようになっていたが、当時の社会的価値観は若者たちが工場製品の製造や販売といった世俗的とされる職種に就くのをよしとしなかった。「この反産業文化」はイギリスでは非常に強く、実業家たち自身も「自分たちの社会的地位が上がるほどにその価値観に傾倒していった」とウィーナーは伝えている。アメリカでアンドリュー・カーネギー、ヘンリー・フォード、ジョン・D・ロックフェラーのような実業家たちに与えられた地位とはあまりにも対照的だった。[21]

著者らと同じ大学に勤務する同僚の社会学者マウロ・ギエンはドイツ、イギリス、スペイン、アメリカの企業経営者が持つ国ごとに特有のマインドセットを研究し、ウェーバーとベンディクスの思想をさらに進展させて「経営管理モデル」と名づけた。例えばテイラー主義と科学的管理法という経営指針はドイツとアメリカでは早いうちから取り入れられたが、イギリスとスペインではあまり普及しなかったとギエンは報告している。科学的パラダイムと同様、各国のモデルはその地域内で最も尊重されるビジネス目的と最も期待される経営指針を推進していたのだ。そしてそれぞれが、自国のモデルこそ唯一最高の方法だと考えていた。[22]

さらに具体的なリーダーの原則にも国による違いがあることは、他のさまざまな研究から明らかだ。例えば、企業リーダーに関する国際研究は、大半の国に共通するビジネス原則がいくつかあると報告している。研究者のロバート・ハウス、マンスール・ジャビダンらの一連の調査を例に挙げよう。彼らが行った複数の主要な研究では、二〇〇〇年代初めに六二カ国八二五社の一万七〇〇〇人の中間管理職を対象とした調査データを使い、中間管理職が好む企業リーダーの資質を評価した。ほぼ世界中で、中間管理職は自分たちの上司に活力、決断力、正直さ、他者を動機付け交渉する能力、パフォーマンス重視があれば好ましいと考えていることがわかった。その反面、国によって重みの異なるリーダーの原則もあった。地位を尊重する、自我を前面に出さない、部下のエンパワーメントを行う、などだ。[23]

著者らが行ったインドのビジネス・リーダーシップ研究でも、同様のことがわかっている。インド経済を自由化した一九九一年の経済改革以降、新しい起業家たちは、抑圧的な政府の規制（「ライセンス・ラジ」）や階層制の文化によってイノベーションや柔軟性が許されなかったそれまでの時代とは大きく異なる慣行に基づき、会社を設立し運営してきた。この新たに出現した慣行が、私たちが「インド・ウェイ」と名づけた特有の流儀を構成している。

中国企業に直接焦点を当てた国際研究も、リーダーシップに抜きがたい違いがあることを報告している。例えば、ロンドン・ビジネス・スクールのジュリアン・バーキンショーは、西側の経営者が目先の株主価値の創出を重視するのに対し、中国の経営者は長期的な株主価値を重視することに気づいた。また、西側の経営者が権限委譲と組織力で実行力を上げるのに対し、中国の経営者は権威と説得によって実行力を上げている。西側の経営者が生産性と効率を強調するのに対し、中国の経営者は反省と学習を強調している。「『中国流（チャイナ・ウェイ）』の台頭はもはや時間の問題にすぎないと思われる」とバーキンショーは結論づけた。[24]

自国の流儀に逆らうビジネスリーダーもいることは私たちも認めている。アメリカ企業でありながら組織図も肩書も持たない靴販売会社ザッポスを率いるトニー・シェイや、健康に良い製品と社員の「幸福」を重視するホールフーズ・マーケットを率いるジョン・マッキーを考えてもわかる。あるいはフェイスブックとグーグルをＧＥやＵＳスチールと比較してみると、いずれもアメリカを本拠地としながらエグゼクティブのリーダーシップ・スタイルには大きな違いがある。しかしそれを踏まえたうえで、私たちは本書で、中国の民間企業の多くのエグゼクティブの経営手法を特徴づけている共通点を、全員がすべて同じ要素を共有しているわけではないことを認識しつつ、追求した。[25]

チャイナ・ウェイを理解するために、私たちは企業リーダー本人たちに会うことにこだわった。他の情報源も大切だったが、私たちは中国企業を、それを設立し率いている人々の目を通して見ることを特に心がけた。もちろん、人間なら誰でもそうであるように、中国のビジネスリーダーたちの考え方に盲点やバイアスがあることも認識している。中国のビジネスリーダーの指針となる原則を抽出する際には、こうした制約も考慮に入れるように極力努めた。[26]

戦略的な思考や決然とした意思決定など、明確にわかる企業リーダーの能力（capacity）を私たちはリーダーの原則（principle）と呼んでいる。特定の国の企業創業者とエグゼクティブに広く共有され、一貫性と国特有の個性があるリーダーの原則の組み合わせを、私たちはエグゼクティブ・マインドセット、経営モデル、ないしビジネスの流儀（ウェイ）と表現している。そして本書に登場する中国の民間企業のリーダーたちとのインタビューから、私たちはいずれ一つの経営モデルとなりそうな固有の要素をいくつか発見した。これらが一体となってチャイナ・ウェイを形成していると見ることができよう。

中国の巨富の創造者たち(フォーチュンメーカーズ)

チャイナ・ウェイ

私たちは中国の大手グローバル企業のリーダーたちに顕著な特徴を七つ発見した。

- 自力での進路開拓
- 学習する企業
- 長期的な勝負を見すえた敏捷な戦略
- 人材管理
- トップが絶対権力者(ビッグ・ボス)
- 成長が金科玉条
- パートナーシップとしてのガバナンス

自力での進路開拓。中国のビジネスリーダーたちは、経済改革期にあってもマルクス主義のイデオロギーと共産党の統制がまだ支配的だった環境の中で、手探りで民間企業を育ててきた。新しい製品やサービスの開発が創業のきっかけとなるのが通例の欧米の起業家たちとは異なり、黎明期の中国の起業家たちは貿易事業からスタートした者が多い。外国の多国籍企業の販売業者となったり、供給業者とユーザーを仲介するブローカーになったりしたのだ。その過程で彼らはビジネスのやり方を覚え、政治の不安定さをくぐり抜け、ニッチな市場を見つけ、持続可能な組織を育て、自社の核となる能力(コア・コンピテンシー)を発達させた。

彼らは実践と反省を繰り返しながら実地にビジネスを学んでいった。必要に迫られてとはいえ、進む道を自身で見つけていったことがはからずも、過去を背負わないという利点になった。慣例や伝統に縛られずにリーダーシップを発揮する自由が得られたのだ。

中国のビジネスリーダーたちが教育と反省による自己研鑽を重視しているところは、共産党が長年取ってきたアプローチに似ている。前例がほとんどないなかで、自分で進む道を見つけていこうとする彼らの気質は、地図や羅針盤を持たずに世界を旅したかつての冒険者たちのそれに通じる。進む道を自分で見つけ、切り拓いていった創業者たちは、自分の会社に彼ら独自の刻印を残している。

学習する企業。これら企業エグゼクティブの多くが、海外の競合他社と初めて接触した際に衝撃を受け、学ぶべきことの膨大さを認識している。自分をはじめ自社の管理職らに、中国国内での事業運営はもちろん、海外の競合他社と国内外で戦う態勢があまりにも不十分であることを知るのだ。そこで彼らは組織学習のためのありとあらゆる手段を講じた。海外から管理職を雇い、さまざまなコンサルタントと契約し、欧米企業と提携した。

中国のエグゼクティブたちは自身の学習経験を会社に持ち込んだ。欧米企業で常識となっている以上に真摯に学習する組織として生まれ変わろうと主張し、欧米ではすでになじみのある自己管理型学習、経験学習、パーソナル・コーチングなどの手法を取り入れた。自社独自の大学まで立ち上げた者もいる。

長期的な勝負を見すえた敏捷な戦略。向こうっ気の強い人々と、無駄のない組織体制を強みに、新たなチャンスを見つけていち早くつかみに行くことに主眼を置くのは、世界に共通するスタートアップ企業の必然的な事業運営法だ。見習うべき実績あるモデルも、従うべきロードマップもない中国のエグゼクティブたちは、自分たちが有望と信じた製品やサービスに自社を全力投球させては、別の方向に進んだほうがもっと有望だったという経験を繰り返して学習するしかなかった。彼らは機敏に方向転換したが、その一方で遠くを見る視点も失わず、目先の変化にまどわされず自社を数十年先まで維持することに努めた。

この敏捷な戦略というリーダー原則を支えるのが、市場と目的についての長期的な考え方であり、企業の具体的な戦略を形成しつつも戦略を超えたところにある基本思想である。だから必要に迫られて生まれた企業の敏捷性は、同時に長期的な勝負を前提とした土台の上にある。そのおかげで、中国のＣＥＯたちは新たなチャンスをつかもうと決断するとき、将来を視野に入れ、いずれ達成すべき目標のためなら今は株主が離れてもやむなしと割り切ることができるのである。

人材管理。中国のビジネスリーダーたちは、家父長主義的なリーダーシップ・スタイルを取り、大家族的な企業文化を構築することによって、急速に企業を成長させた。何十万人という従業員の監督法を身に着けたわけだが、人材管理の手法や人事制度は私たちが研究対象とした中国企業の最も遅れている部分である。ほとんどの西側企業には業務を体系化し、パフォーマンスを評価し、成功に報いる仕組みが確立しているが、中国企業にはそのような仕組みがはるかに少ない。

中国企業の採用、動機付け、従業員管理の慣行が進んでいると主張する者はいないだろう。だから従業員の定着、適切なスキルの確保、仕事に対する主体性などの問題が、欧米より中国において深刻なのも不思議ではない。パフォーマンスを監視して不正行為を抑止する内部統制システムを整備している中国企業は多くない。

トップ（ビッグ）が絶対権力者（ボス）。民間企業はトップに君臨する個人に圧倒的に権力が集中している。欧米ではビッグ・ボス・モデルはすたれたが、中国では健在だ。トップ・エグゼクティブが特別な地位に就いているのは創業者だからということもあるが、他に参考にすべきモデルの前例がないせいもある。個人主義の度合いがどちらかといえば低く民主主義の伝統のない国では、労働者が企業のリーダーに従いリーダーの関心事に自己同一化したがるのも不思議ではないかもしれない。そのため、中国企業のエグゼクティブは他国のエグゼクティブに比べると特大の役割を社内で演じる――「ビッグ・ボスの存在感」と形容するにふさわしい。西側でＣＥＯに権力があるのは会社組織を統制しているからだが、中国でＣＥＯに権力があるのは、会社組織の頂点にいるからなのである。

しかしビッグ・ボスに権力が集中することには葛藤も生じる。中国の企業文化は個人に謙虚さを求め、全体の利益のために個人を犠牲にすべしとする国の規範をいまだ引きずっている。そのため、中国の企業リーダーたちは大胆不敵さと謙虚さ両方の顔を持ち、個人として高い代償を払うことになっても冒険的な行動をいつでも取る用意があるという姿勢を強調してきた。その結果、ビッグ・ボス・モデルはヒエラルキー型でありながらトップは謙虚さを装うという、相反する二面性を持つ経営スタイルになった。

成長が金科玉条（Gospel）。中国の民間企業のリーダーたちは自国の倫理観と資本主義の精神が目指すべき目的を、欧米の私たちが歴史的にも今現在もなじんでいるそれとはかなり違う形で定義している。成長に特別な重きを置き、利益は一義的な目的というより事業の成長の副産物と考えているのだ。中国の企業リーダーが他国のビジネスリーダーと同様に事業戦略を重視しているのは当然だが、驚くのは現在の市場の拡大と新市場の開拓に向ける彼らの関心の高さだ。

そのため、株主価値よりも企業の成長のほうが重要課題となった。そして成長の拠り所と大義名分は、他企業や消費者が求める自社製品の供給を増やすことである。このような成長に関する経営イデオロギーは一時的なもので、永続的なマインドセットというよりは歴史の一段階なのかもしれないが、当面は企業の拡大が金科玉条となっている。

パートナーシップとしてのガバナンス。ここまで挙げてきた要素――無駄のない低コストの運営体制、継続的な学習と高度に中央集権化した意思決定、ボスに従属する従業員――をまとめると、中国企業の競争力の本質が見えてくる。中国企業のエグゼクティブは報告書の提出や委員会の協議など待たず迅速に動くことができ、実際に動いているのだ。

アメリカ企業のエグゼクティブが役員会から利益最大化の圧力をかけられているのに対し、株主価値という会社に発破をかけるお題目を中国企業の取締役はあまりうるさく言わない。その結果、コーポレートガバナンスはアメリカで見られるものとはまるで異なっている。中国企業のリーダーは会社の進路を計画するにあたって、役員会に評価と承認よりもアイデアと助言を大きく期待する。取締役は会社を監視するよりも、導く手助けを求められるのだ。企業の役員会が経営陣に株主への還元を最大化するための締めつけをほとんどせず、成長を助けるのがチャイナ・ウェイの特徴である。

独自性は何か、持続性があるのは何か

ここまで述べてきたのが、私たちが研究した中国企業が欧米企業と明確に異なる点だ。このチャイナ・ウェイは中国の成長の強力な推進要因だが、この先残るかどうかまだ答えが出ていない疑問点もある。例えば、これらの企業は洗練された人事制度や内部統制機能がないまま存続できるだろうか。最近では中国でも個人主義が台頭し、職場に入ってくる新しい世代に親世代が持っていた権威への従順さをそのまま期待できるとは限らない。

今の中国にはＣＥＯに絶大な権力が集中する下地がある。私たちが研究した企業――それは

とりもなおさず、中国で最も成功している企業群――では、その権力が通常は賢明に、ほとんどのケースでは立派に使われてきた。次の世代、企業リーダーが会社のレガシーへの配慮を持たなくなり、会社の資産形成（フォーチュンメーキング）より自分の個人的資産に意識を向けるようになるかもしれない時代に、これは受け継がれるだろうか。

現在のところ、これらの企業のコーポレートガバナンスは、無能だったりトラブルを起こしたりするCEOを排除する役目を果たせていないようだ。また大半の企業では後継者計画もきちんとされていない。ウォーレン・バフェットが好んで口にするように、裸で泳いでいたのが誰かは潮が引いてみないとわからない。中国経済が大きく減速すれば、お粗末なリーダーシップの下で経営されていた企業がどれかがはっきりわかるだろう。こうした問題に何らかの解決策が取られるだろうか。

もっと全般的な問題として、これらの企業はさらに規模が大きくなり複雑化しても、CEOが直接指揮を執り続けるのだろうか。現地のリーダーに自主権を与えないまま海外に拡大することは可能だろうか。ごく一握りのマネージャーにしか意思決定権と実質的な自主権を与えない現在の経営モデルで、未来のリーダーをどう育成するのだろうか。活況を呈する中国の国内市場で生まれた競争優位性は、市場の成長がもっと遅く、事業経営がもっと複雑な海外で、市場を知り抜いた現地の競合他社と直接対決したとき通用するだろうか。

こうした疑問すべてが本書『チャイナ・ウェイ』の次の版を待ち受けている。

資本主義の精神は（中略）ありとあらゆる敵対要因に抗って、覇権に至る道を戦い取らねばならなかった。

マックス・ウェーバー

『プロテスタンティズムの倫理と資本主義の精神』

第2章

自力での進路開拓

アメリカのビジネスモデルをそのまま中国に適用するのはとても難しい。(中略)自分たちのビジネスモデルを開発するしかない。

一九七八年に改革開放が始まった当時、中国には民間企業は実質的に存在せず、未来の起業家たちが手本にすべき創業の伝統は国内にほとんどなかった。市場の開拓や組織の構築にどう手をつけたらいいのか。他国ですでに成功しているモデルに従うべきか、自分で作り上げるべきか。

一九八〇年代に海外では二つの個性的な経営パラダイムが隆盛を誇っていた。その一つ、日本モデルは学者ウィリアム・オオウチによってうまくまとめられている。日本人経営者を対象とした長年の研究成果を世に問うたオオウチの『セオリーZ』は『ニューヨーク・タイムズ』紙のランキングに入るベストセラーになった。日本の成功の秘訣は技術力ではなく優れた人材管理にある、とオオウチは主張した。「これは確固とした企業理念、独自の企業文化、長期的なスタッフの育成、合意形成型の意思決定を中心とする経営スタイルである」とオオウチは書いている。その「セオリーZ」モデルが離職率の低さ、強いコミットメント、高い生産性につながっているエビデンスをオオウチは整理してみせた。[1]

もう一つのベストセラー、『エクセレント・カンパニー』(英治出版、二〇〇三年)はアメリカモデルを世に広めた。マッキンゼーのコンサルタント、トム・J・ピーターズとロバート・H・ウォータマンはアメリカの大企業四三社を調査して、好業績の裏にある一連の経営慣行を特定した。すなわち、(一) 行動の重視、(二) 顧客密着、(三) イノベーションの醸成、(四) 品質の源泉として社員を処遇する、(五) 価値観に基づいた実践的経営、(六) 基軸から離れない、(七) 単純で無駄のない組織体制、(八) 価値観を保持しながら前線に自律性を与える、などである。こうした経営慣行が目指したのは、市場機会を活用し、他社を買収し、経営陣にインセンティブを与えることによって、株主価値を構築することだった。[2]

日本型経営モデルもアメリカ型経営モデルもともに、会社の所有権が個人にある民間企業が主流であることと、比較的自由な市場経済を前提としていた。しかし中国人起業家たちにはどちらの条件も整っていなかった。現在では中国のトップ企業の多くを占める民間企業を彼らが創業した当時、事業環境は日本やアメリカであたりまえだったそれとは大きな隔たりがあったのだ。

一九八〇年代と一九九〇年代の中国の事業環境

一九四九年の建国以来、一九七八年に経済改革が始まるまで、中国政府は中央主導の計画経済を堅持してきた。政府官僚が生産目標の設定、賃金の統制、価格の決定、資源の配分を行い、中国の経済活動と生産高の大半を彼らが指揮してきた。一九五六年から一九七八年までは私有企業と外国企業は存在が許されなかった。一九七八年時点で中国の工業生産高の四分の三は中央政府が管理する国有企業、残りを地方政府が管理する集体企業が占めていた。

中国政府は一九八〇年代前半から試験的に私有企業を認めるようになった。改革派の指導者たちは価格統制の緩和や国際貿易の開放により徐々に市場の自由化を進めたが、国有セクターの民営化には一九九〇年代半ばまで手をつけなかった。この漸進的なアプローチの一つの結果が、国家統制経済の外にいる者に異なる製品を製造販売するチャンスを作り出したことだ。起業家精神のある人々が、国家による原材料と製造設備の割当に頼らずに営利を追求できるようになった。

民間企業立ち上げのチャンスを求めてたくさんの起業家たちが、中央政府による計画を迂回し自社独自の川上の原材料調達と川下の流通チャネルの確保が可能となるような新たな経営手法を試した。民間企業を守る法律や規制の枠組みがないことにも、政府が管理する希少な資源にアクセスする困難さにも、未来の資本家たちはくじけなかった。二〇〇四年にようやく民間企業が憲法による保護の対象となり政府所有の企業と同等の地位を保証され、二〇〇七年に中国初の私有財産法で法的保護を受けられるようになったときには、すでに五五〇万社の民間企業が操業しており、一億二〇〇〇万人が働いていた。

研究者のヴィクター・ニーとソーニャ・オッパーが「下からの資本主義」と的確に描写した創発のプロセスで、民間の製造業は三つの段階を経て確立していった。第一段階では、中央政府による計画が市場のメカニズムに徐々に取って代わられ、その結果、国家官僚と政府機関から民間の製造業者にパワーシフトが起こった。起業家にとって選択肢が増え、新たな生産方法を実験できるようになった。また、国家計画の範囲外に非公式に新しい商取引の形態を作り上げていった。[3]

第二段階では、自由市場が拡大し、事業でイノベーションを起こすインセンティブが生まれた。政府との人脈よりも市場での実績によって得られる報酬が増えてきたからだ。この段階になると、民間資本市場、労働者の自由な移動、産業クラスター、自前の流通網のおかげで、起業家たちは市場参入に立ちはだかる障壁を乗り越えやすくなっていた。国からの差別的な待遇は残っており社会的地位もまだ低かったが、民間企業は国有企業よりも成長が速く、やがて都市部の労働者の大半が非国有企業で働くようになった。そして第三段階ではついに起業家が急増して臨界点を超え、自己増殖的に厚みを増していく民間セクターの層が現れた。それに対応しつつ胎動期にある民間セクターの実態を統制するために、政府は規制を緩和した。

資本主義が下から実現するプロセスは、下からそれを推し進めようとする者たちにとってけっして楽ではなかった。例えば、中国で民間企業を創業するリスクはアメリカよりはるかに大きかった。中国の国家統計局による企業の年次調査からデータを引用した二人のアナリストによれば、事業が失敗する危険はアメリカより中国のほうが高い。この調査は年間売上高五〇〇〇万人民元以上の国有企業と民間企業全社を対象としている。一九九九年から二〇〇六年までの開業率と廃業率を表2・1に示すが、平均すると一年間の開業率は二五・八％、廃業率は一八・六％となっている（「廃業」は事業登録した企業が消滅したことをいう）。これに対して、アメリカ企業の開業率と廃業率は中国の半分にすぎない。例えば一九九九年から二〇一一年にかけてのある調査では、アメリカの年間開業率と廃業率はそれぞれ一定して一二％と一〇％未満となっている。[4]

経済改革初期に中国で事業が失敗する確率が高かった要因は多数あるが、特に問題だったのは以下で解説する制度の隙間、ビジネスに敵対的なイデオロギーと規制、政治の不安定さ、レントシーキング〔政府に働きかけて自分たちに都合のよい規制の新設や緩和をさせ、利益を得る活動〕と偶発的利益、の四つだ。この四つの要因が、中国の民間企業のリーダーが独自の経営モデル創出に奮闘しながら耐えしのび、乗り越えなければならなかった障壁である。

制度の隙間。第一の障壁は、社会学ではよく「制度の隙間」と呼ばれるが、商取引を成立させるための政策、ルール、慣行――例えば市場仲介者、専門の監査機関、会計ルール、政府規制の不在である。ごく基本的な法的基盤すら欠けている部分があった。中国には一九八一年まで契約法が、一九九〇年まで商品取引所が、一九九二年まで証券取引所が、一九九四年まで会社法が存在しなかった。研究者のタルン・カナとクリシュナ・パレプが主張したように、こうした隙間は資本市場、労働市場、製品市場における経済取引を著しく阻害する。マイケル・デルは一九八四年に大学の寮の一室でパソコン事業を立ち上げたとき、テキサス・インスツルメンツに電話一本かければ部品の注文ができたが、同じ

表2.1　中国の平均年間開業率と廃業率、1999～2006年

	1999	2000	2001	2002	2003	2004	2005	2006	平均
開業率	23.1	21.0	31.8	21.0	23.7	45.1	18.9	21.8	25.8
廃業率	22.6	24.9	16.4	16.6	25.4	18.7	12.3	11.8	18.6

出典：He and Yang、2015年。

年に中国でレノボ（聯想）を創業した柳伝志は、部品を購入するのにすら政府の許可を求めなければならなかった。[5]

アメリカでは起業家が成功すれば、新規株式公開後も自社のオーナーか、少なくとも主要株主になるのが常識だ。ところが中国では、レノボの創業者である柳が自社株のたった一・四％を所有するのに二〇年かかった。当時中国の法律に私有財産権の概念そのものがなかったためだ。柳は一〇名の共同創業者とレノボの主要社員たちにも彼らが創出した株主資本の一部を所有する権利があることを、政府の諸機関に説得しなければならなかった。一九八〇年代に設立されたほぼすべての企業と一九九〇年代に設立された企業の大半は、最初は都市部であれば国有、農村部であれば集団所有だった。ハイアール（海爾）、レノボ、バンケ（万科）といった現在の一流企業の多くは、国有企業か農村部の集体企業から一部門が独立して誕生した。民間企業の設立のやり方を教えてくれる既存のマニュアルなど存在しなかったのだ。

ビジネスに敵対的なイデオロギーと規制。民間企業のためのインフラがないぶん民間企業の事業環境が中立的ないし公平だったたか、といえばそうではない。民間企業への逆風の二つ目の要因は、根深い反ビジネスイデオロギーだった。当時のマルクス主義の教義では財産の私有が大半の社会悪の根源とみなされていた。そのため中国では、民間の企業と市場を政府の担当官僚と国有企業幹部が立てた包括的な計画に置き換えることを意図した、中央計画体制が敷かれていた。中国政府は一九七八年から経済改革を始めたが、マルクス主義の教義のほとんどは長年にわたり根強く残った。規制政策はことあるごとに民間企業に敵対した。

一九七九年に中国政府が初めて民間企業の設立を許可したとき、当初の従業員数はわずか五名に制限された。オーナー夫婦を加えた全従業員数は八名未満でなければならなかった。それ以上になれば、マルクス主義の教義では労働者階級の重大な搾取となる。中国政府がこの極端な従業員数の制限をようやく廃止したのは一〇年後の一九八八年だった。その後も、私有財産権が憲法の保護の対象となるには二〇〇四年までかかっている。

民間企業を敵視する過去の遺産を引きずっていたために、規制当局も規制も民間企業を差別することが多かった。例えば、国有企業（SOE）は原材料を計画制度を通じて定価で購入できた。ところが中央計画には民間企業が必要とする投入量が含まれていないため、民間企業は原材料を公開市場で高値で奪い合わなければならなかった。国有企業は運転資本を国有銀行から公定金利で借りられたが、民間企業ははるかに高い金利で外部の業者から借り入れなければならなかった。

民間仲介業――買い手と売り手の仲介を行って利益を上げる――のような欧米では標準的な商慣行が、中国では政府の中央計画から資金を吸い取りかねないという理由で犯罪とみなされた。ある民間工場のセールスマンは一九七九年にそのことを学んだ。馬漢文（マー・ハンウェン）は一メートル当たり〇・〇四～〇・〇八人民元の歩合でガラス繊維織物を販売する契約を交わした。馬は一回の取引で二〇万八〇〇〇メートル売り、五三三二人民元の手数料を受け取った。当時の月給四〇人民元に比べれば莫大な金額だ。ところが彼は「巨額の利益を得る目的で仲介業を行った」という理由で、地元の裁判所から実刑五年の判決を受けてしまった。当時の中国の刑法ではこのような行為を「投機」として禁じていたのだ。[6]

政治の不安定さ。未来の民間企業リーダーの足かせとなった第三の要因は、政治の不安定さだった。経済改革が「ショック療法」としてもたらされた一九八九年以降のロシアや東欧諸国とは異なり、中国政府のリーダーたちは漸進的なアプローチを取った。大改革論者は国有企業の民営化を市場経済への移行や規制緩和と協調して行うべきだと主張したが、実績の裏づけがある青写真がなく、包括的な改革は学習アプローチを踏襲しなければならないとの立場を取る漸進主義者が勝った。中国政府の改革派は試行錯誤で政策を検証していくことになる。

漸進的な経済改革で中国が成功したのは、地方での実験を国家政策に取り込むという、下から学ぶ慣行によるものと見る向きもある。学者のセバスティアン・ハイルマンが論文のサマリーで述べているように「中央政府の政策担当者は地方政府の官僚に問題解決の新しい手法を試させ、地方の経験を国家の政策策定にフィードバックしている」。この実験的プロセスは、農村部の（郷村）集体企業解体から国家セクターの構造改革や株式市場規制まで多岐にわたる分野で、政策策定に影響を及ぼした。しかしその副産物として、政治の不安定さが継続することになった。政策担当者同士が競合し、数年単位で優劣が入れ替わったためだ。すばらしい改革として持ち上げられたビジネス政策が、翌年には反社会主義の烙印を押されるというようなことが起きた。[7]

「温州の八大王」が良い例だ。中国政府は一九八〇年に実験的に財産の私有を認めるようになり、国務院が一九八一年に「所有形態の異なる企業間の競争」を承認する指令を発布した。浙江省温州市の八人の起業家がこの新たなチャンスに飛びつき、当時不足していたさまざまな製品の製造と販売を行う私営工場を設立した。彼らの事業は急成長した。需要の高い製品に目をつけて製造したおかげもあるが、国有企業で認められているよりも柔軟な人事慣行――販売歩合制や成績の悪い従業員の解雇など――を採用できたからでもあった。

八人の起業家はたちまち大富豪になったが、政策はまもなく覆された。起業家たちのビジネスモデルと経営手法は本質的に中央計画に背くものだったため、国家官僚が彼らの落ち度を見つけるのはいとも簡単だった。一九八二年までに八人の起業家のうち七人が「社会主義の経済秩序を破壊した」罪で収監された。[8]

あえて改革を推進した政府官僚にさえ、大きな政治的リスクがあった。中国共産党の総書記だった胡耀邦（フー・ヤオバン）は、マルクス主義イデオロギーと党の監督が不十分であるとして一九八七年に解任されている。一九八八年には政治的実験であった消費財に対する価格統制の自由化と企業経営の党支配からの切り離しは、翌年には政治犯罪となった。それに従い、改革推進派だったもう一人の総書記、趙紫陽（ジャオ・ズーヤン）は全職務を解任され、亡くなるまで自宅軟禁下に置かれた。今日の改革支持は明日には一転、「反革命の陰謀」にされかねなかったのだ。

レントシーキングと偶発的利益。中国の漸進的改革の一つの重要項目は「双軌制（二重制度）」の自由化と呼ばれるもので、企業間の契約価格は中央計画が定めたレベルに固定されるが、生産量が中央計画レベルを上回った製品については価格が自由化された。二重価格制が初めて適用されたのは一九八一年の原油で、割当を上回る原油は政府が定めた価格よりも高い価格で輸出することが許可された。一九八四年には、計画価格の二〇％の範囲内であれば生産財を市場価格で販売することが許された。一九八五年にはその制限も撤廃されている。[9]

しかし二重価格制は一九八〇年代後半のレントシーキングというよからぬ副次効果ももたらした。「レント」とはここでは賃借料のことではなく、アダム・スミスが収入を利潤、賃金、地代（レント）に分割したことに由来する言葉である。つまりレントシーキングとは、新たに獲得した富を投入することによってではなく社会的・政治的環境を操作することによって、価値を付加するのではなく搾り取ることによって、経済的利益を獲得しようとすることをいう。利益の追求（プロフィットシーキング）は富を創出できるかどうかに依存するが、レントシーキングは新たな富を創出せず、集団間に富を再配分する政府などの機関に影響力を及ぼせるかどうかに依存する。[10]

ある研究によれば、一九八七年の中央計画による鉄鋼価格は一トン九〇五人民元だったのに対し、公開市場価格は一トン一五四〇人民元まで上昇した。一九八七年の鉄鋼生産総量が四三〇〇万トンでうち五三％が計画外だったので、差額の合計は一五四億人民元に達した。これは鉄鋼生産を担当する政府官僚と企業経営者にとって大きなレントシーキングの機会となった。ある研究は、政府の腐敗が増加した原因の一端は双軌制によるレントシーキングにあると結論づけている。だがレントシーキングは民間企業側にとってリスクもあった。政府官僚との関係が本質的に不安定だったからだ。[11]

このように、現在のトップ民間企業が設立された改革初期の中国の事業環境には、制度の隙間、民間企業に敵対的なイデオロギー、政治の不安定さ、短期的には莫大な利益をもたらすが長い目で見るとリスクの高いレントシーキングに手を染める誘惑、という特徴があった。レノボの柳伝志（リウ・チュワンジー）やバンケの王石（ワン・シー）が北京と深圳でそれぞれベンチャーを始めたのはこのような環境の中だった。彼らは自力で方法を模索しながらビジネスを構築しなければならなかっただけではなく、政治体制が自分たちの事業に基本的に敵対する時代に事業を育てなければならなかったのだ。レノボの創業者、柳伝志（リウ・チュワンジー）がインタビューで次のように語ったとおりである。「アメリカのビジネスモデルをそのまま中国に適用するのはとても難しい。（中略）自分たちのビジネスモデルを開発するしかない」

試行錯誤の果てに

一九八〇年まで民間企業がほぼ存在せず、手本にすべき伝統がほとんどなく、逆風の吹く環境の中で、中国のビジネスリーダーたちは試行錯誤しながら自社を率いるすべを身に着けていった。そして中国人のマネジメント人材を自前で育成する方法も覚えていった。欧米企業が長らく当然のように享受してきた、マネジメント経験のある人材が黙っていても集まるような状況ではなかったからだ。

その結果、一九八〇年代と一九九〇年代の中国のビジネスリーダーたちは自己流の経営手法を発明せざるをえなかった。それまで四半世紀以上の間、中国で民間企業を設立したり経営したりした者は皆無に等しかった。ビジネスモデルも、大学で教える経営学も、ビジネス誌すらもなく、ビジネスの基本など誰も知らない。自分たちで一から考えなければならなかった。

アメリカでいえば一〇〇年前の状況だった。このときにAT&T、モンゴメリー・ウォード、スタンダード・オイルが産声を上げ、まもなくカーネギー・スチール、ゼネラル・エレクトリック、シアーズ・ローバックが誕生している。経営史家のアルフレッド・チャンドラーが『組織は戦略に従う』（ダイヤモンド社、二〇〇四年）に記しているとおり、これらの企業が「アメリカ・ウェイ」を創始した。経験を頼りに複数事業部門の経営管理を習得しながら、大規模企業の構築と経営の手法を学んでいったのだ。その後、企業研究者アドルフ・バーリとガーディナー・ミーンズが記したように、創業家から経営を引き継いだ、オーナーではない専門経営者による経営法ができあがっていった。[12]

一〇〇年後、「アメリカ流（アメリカ・ウェイ）」資本主義はすっかりアメリカの生活の一部になった。企業買収がトップニュース扱いを受け、アメリカの大学では経営学を専攻する学生の数が最も多く、新米経営者はジム・コリンズ、ピーター・ドラッカー、シェリル・サンドバーグらの知見や過去数世代分の慣行が集積した膨大な規範の恩恵を受けている。

現代のアメリカのエグゼクティブがリーダーシップをすでに身に着けた状態でトップの地位に就いているとすれば、中国のエグゼクティブはトップの地位をみずから創り出して就任している。アメリカの経営者が大学の教室や教科書やコンサルタントが提供してくれる、先達から伝授された一〇〇年分以上の経験に頼れるのに対して、中国の経営者には大学のカリキュラムも指南書も自国のコンサルタントもなく、自分たちのやっていることに制度そのものが敵対的な環境と対峙していた。アメリカ西部を探検したメリウェザー・ルイスとウィリアム・クラークのように、彼らは未開の地に覚悟のうえで乗り込んだのだ。

それがわかる一例として、ある大手工業メーカーの会長の発言を挙げよう。彼は工業生産の技術を自力で学ばなければならなかったという。「先進国には経営の経験なりモデルなり理論がたくさんある」。だが中国には、「成熟した経営理論やビジネスモデルはほとんどなかった」と彼は言う。三〇年以上かけて自社を育てる中で、彼は研究、購買、生産、営業、財務の内部統制システムに特に力を入れたが、それぞれをほとんどゼロの状態から自力で構築しなければならなかった。約二五年前に建設・不動産管理用のシステムプログラム開発会社を設立した会長は「問題に突き当たるたびに、実地に覚えていく」と語った。

別の会長は、一九九〇年代初めに創業した会社がインタビュー時点で、航空宇宙、銀行、通信、運輸まで幅広い産業の研究開発、製造業、情報技術を支える中国最大のハイテク企業の一つになっていたが、会長と創業時の社員たちは手探りで前に進まなければならなかったと述懐する。中国に進出する多国籍企業のトップたちの姿とはまったく対照的だった。

ほとんどの有名外国企業の会長は雇われた専門経営者だ。会社の創業者ではない。だから彼らには、私たちが対処しなければならない山のような困難を経験する機会がない。中国企業の会長は創業者だから、ルールや規制はもちろん政策も確立していない環境で事業と会社を育てるために、ありとあらゆる予想外の難しい状況に取り組まなければならない。

設立から二〇年、現在は化粧品、家具、ヘルスケア製品、家庭用品など、一〇〇〇種以上の製品を製造しているバイオテクノロジー企業の創業会長は、創業時は経営人材が会社の発展をどれほど左右するかまったくわかっていなかったと打ち明けた。だが会社を育てた二〇年の経験から、今では国内外から採用している一万人の従業員の中でも経営の能力がある人材を非常に大切にするようになった。

同じく創業二〇年の不動産投資会社の会長で中国初の非国有金融機関の設立にも参画した人物は、著者らが研究したエグゼクティブの多くに共通して見られるマインドセットをもっと一般的な言葉で次のように表現した。

中国の営利事業のリーダーたちに共通する顕著な強みは、高い学習能力と自己啓発への意欲だ。皆、国内外の新しい物事を学ぶことに熱心だ。中国でビジネススクールが急成長しているのもその証拠。（中略）最新の知識と慣行を学んでいるおかげで、激変する現代のグローバル市場にいち早く順応する事業ビジョンの形成に成功している。リーダーがたゆまず自己成長しようとしていることが、中国企業の大きな競争優位性だ。

中国で大きな市場シェアを占め、アメリカでベストセラーとなったブランドを有する大手消費財メーカーの会長も、同様のやり方で学習した。同社は自社ブランドを強化する戦略を取ってきたが、この戦略を遂行する方法は自身の仕事のノウハウを頼りに見出していった。「自分のいる業界を自分なりに理解しなければ、競争優位性を見抜いて的確な戦略を立てることはできない。このような特別な（中略）理解は実際の仕事経験を何年も重ねるうちに徐々に深まっていく」

この消費財メーカーの会長は、海外の競合他社のいくつかが使ってきた度重なる買収合併など他の拡大戦略は取っていない。事業を有機的に成長させる手法を、彼は自己管理型学習によって学んだ。彼は余暇もほとんど勉強に費やしている。「勉強やコミュニケーションや会話やセミナーを通じて新しい物事を学ぶのは、私にとって非常に重要だ。会長としてビジョンを持つべきで、日々の業務だけを見ていてはいけない」と言う。また、多国籍メーカーを目指すうえでも――同社は二〇一〇年代半ばにグローバル売上トップテンにランクインした――直接の経験が源泉であることに変わりはない。

これらエグゼクティブたちによるビジネス流儀(ウェイ)の創案と現代に引き継がれたそのレガシーをもう少し説明するために、中国で最も傑出したビジネスリーダーに数えられる二人、柳伝志(リウ・チュワンジー)と王石(ワン・シー)の人生にさらに迫ってみよう。柳は中国最大のテクノロジー企業で現在は世界最大のパソコンメーカーを創設し率いてきた。王は中国最大の住宅開発会社を創設し、この会社はいまや世界最大の不動産会社となっている。この二人や他の企業エグゼクティブとの対面インタビューおよび公開されている情報源をもとにこれから紹介する話には、エグゼクティブたちが進む道を自力で開拓し、地図のない世界で自分の運命の舵を取ろうと奮闘した例が繰り返し出てくる。彼らの企業創成をつぶさに観察すると、彼らがいかに徒手空拳で前に進んできたかがよくわかる。

柳伝志（リウ・チュワンジー）のレノボ創業

レノボを創設し、育て上げ、率いてきた柳伝志（リウ・チュワンジー）は、ほぼ自力で進路を切り拓いてきた。国共内戦の混乱のさなかに生まれ、一九六六年から一九七六年まで猛威を振るった文化大革命の直前に高校を卒業した柳は、空軍パイロットになるのが夢だった。しかし親戚が紅衛兵から「右派分子」、走資派〔資本主義の道を歩む者〕として吊し上げに遭い、少年の夢はついえる。柳は身を守るために通信研究所に入ったが、それでも文化大革命の嵐を逃れることはできなかった。研究所は人民解放軍に牛耳られており、柳がプライベートで口にした「革命」批判が研究所の上層部に届くと、彼は「思想改造」のため米農家に下放され、さらに政治犯用の強制労働農場に送られた。

強制労働農場から解放されると、柳は別の国有研究所、中国科学院にコンピュータ技術者として職を得た。政治的迫害から免れたのはありがたかったものの、ここでの仕事は知的に満足できるものではなかった。科学院の技術者たちはたしかに創造の才に恵まれていた――中国初のコンピュータを作っていた――が、彼らの科学者としての気質は柳の生来の気質とはあまりにもそりが合わなかった。コンセプトを形にしたコンピュータを一台作っただけで同僚たちは満足し、次の新しい作品に取り組みたがった。発明品を商品化することなど彼らの頭にはまったくなかったのだ。だが柳はそうではなかった。柳にとっては幸いなことに、鄧小平（ドン・シャオピン）と彼の市場改革が新たな勢力として台頭し、中国の反資本主義の分厚い壁に割れ目ができようとしていた。その隙間に柳は身をねじこんだ。

文化大革命は社会的・経済的惨状をもたらし、ようやく終息した一九七六年には中国は財政破綻寸前に陥っていた。赤字解消の一環で、柳の勤務先の中国科学院の研究助成金が大幅に削減された。資金をまるごと国に頼るわけにいかなくなった科学院は、研究員に独自の収入源として営利事業の立ち上げを奨励した。

これを機に一九八四年、柳伝志（リウ・チュワンジー）は科学院のコンピュータ研究所の同僚一〇人とともにレノボの前身となる企業を設立した。設立の途中ですぐに、チャンスをどう利用したらよいのか、その先どうしたらよいかを教えてくれる既存の道などないことをさとった。すべて自分でやるしかなく、行く手は障害物だらけだった。欧米でスタートアップ企業を設立する者は、マックス・ウェーバーの言う「プロテスタントの倫理」と「資本主義の精神」が自分たちの行為を少なくとも是認してくれると期待できる。とはいえウェーバーは欧米ですら、その精神は「敵対するありとあらゆる勢力に抗して戦いながら覇権を目指さなければならない」と気づいていた。まして東側の敵対勢力はさらに大きく立ちはだかっていた。柳は自国の反資本主義がいまだに、自分がなしとげたいことを阻んでいるのを知った。「楽ではなかった。一九八〇年代前半に科学者がビジネスの世界に入るのは卑しいこととされていた」と柳は回想する。当時の計画経済の中で「我々のような自由に活動する会社の居場所などほとんどなかった[13]」

アメリカの新米スタートアップ企業でもあたりまえだが、中国のスタートアップ企業の第一世代となればなおさら、柳たちは何度も失敗した。西側のテレビの輸入、新規購買者向けのコンピュータ品質の認証、デジタル時計の販売。戦略もまずければ実行も拙かった。基本的なビジネスモデルすら定まっていなかった。「経営陣の間で商売のやり方をめぐってよく意見が対立した」と柳は当時を振り返る。「それで、特に技術部門長とは大論争になった。彼は製品の品質が良ければひとりでに売れると思っていたのだ[14]」

根底にある問題は、柳も仲間たちも事業として回る組織を作り、製品を売るための基本すらわかっていないことだった。「我々は主に科学者だったから市場を理解していなかった」と柳は告白した。「試行錯誤で学ぶしかなかった。それはとても面白かったが、とても危険でもあった[15]」

西側のテクノロジー起業家はまずコアとなる独自の技術があって、そこから徐々に製造、マーケティング、営業、流通と下流に向かって事業を発展させていく者が多いが、柳と仲間たちは逆のプロセスを考案した。営業と流通という下流からスタートし、徐々に上流へ、まず製造に手をつけ、次にイノベーションへと移行していったのだ。

レノボが創業した一九八〇年代、中国のパソコン市場を支配していたのは外国の準大手メーカーで、トップブランドはカリフォルニアに本社があるＡＳＴリサーチだった。レノボは中国初のＡＳＴの販売代理店になり、その後ヒューレット・パッカードやＩＢＭなど他の国際的ブランドも扱うようになった。これがレノボにとって当初の主要な収益源となったが、もっと大きかったのは、お金を稼ぎながら実地に市場を熟知していったことだ。柳たちは消費者行動、営業とマーケティング、会計や売掛金、在庫や物流、つまり中国での事業のやり方を直感的に理解していった。

一九九〇年には自社としての中国市場や消費者行動への見解と、パソコンの製造と販売のノウハウができあがっていた。輸入パソコンの販売代理店からメーカーに成長したレノボは、一九九〇年に自社ブランドのパソコンを中国市場で発売した。そして急速に力をつけ、一九九四年にIBMとコンパックを買収、中国のトップパソコンメーカーとなる。その地位はいまだ変わらない。

レノボは一九九〇年代に消費者行動と事業障壁を現場から研究し、知識の裏づけのある成長の土台を築いた。中国ではインターネットがまだ黎明期にあり、柳らは試行錯誤しながらその数多い制約を乗り越えるすべをつかんでいった。当時はインターネットに接続するのさえ面倒だったため、レノボは電話会社と協力して接続方法を簡素化した。キーボードに専用のボタンまで追加した。ボタンをタッチすればすぐウェブにつながる仕組みだ。柳は十代の若者とシニア世代のユーザーが特殊な機能を求めていることを知ると、自社のパソコンをそれらのサブマーケット向けにカスタマイズした。レノボが中国のパソコン市場を取り込んでいった足跡を表2・2にまとめた。

高くつく失敗のリスクを抑えるため、柳は早いうちから学習の手法を導入し、以来ずっと使っている。スピーチや大きな報告書を求められると、側近を集めて内々に討議を行い、主要分野での自社の現状を率直に検証して成功要因と失敗要因を特定するのだという。その後、部下やプロのライター任せにせず、みずからスピーチ原稿や報告書を執筆する。さらに金曜日の午後は側近

表2.2　レノボ発展の足跡、1984～2014年

1984	政府の出資により中国科学院の研究開発機関としてICT Co. 設立。
1987	AST を皮切りに HP など外国ブランドのパソコンの販売代理店に。
1988	香港企業との合弁で香港コンピュータグループ（香港聯想電脳公司）を設立し、パソコンのマザーボードとアドオンカードの製造および貿易事業に従事。
1989	「レジェンド（聯想）・グループ」に社名変更。
1990	輸入コンピュータ製品の販売代理店から自社ブランドのコンピュータの製造・販売に転換。
1993	中国最大の国産パソコンメーカーに。だが依然として AST とコンパックの後塵を拝していた。
1994	香港証券取引所に上場。
1996	市場シェア 30％を超え、中国の市場リーダーに。
1998	「レジェンド」ブランドの販売店第1号を開店。
1999	アジア太平洋地域（日本除く）で中国パソコンメーカーとして初めて販売台数1位に。
2001	デジタルチャイナ（神州数碼［中国］有限公司）が分離独立し、別会社として香港証券取引所に上場。
2002	英文社名をレジェンド・ホールディングス（Legend Holdings Limited）からレジェンド・グループ（Legend Group Limited）に変更。
2004	英文社名を「レジェンド」から「レノボ」に変更。中国農村部市場をターゲットに。
2005	IBM の PC 部門買収を完了、デルとヒューレット・パッカードに次ぐ世界第3位のパソコンメーカーに。
2006	グレーターチャイナ以外に自社ブランド製品を販売開始。
2007	2008 年北京オリンピック大会のパートナーに。
2008	「Think」ブランド（ThinkPad デスクトップパソコンなど）とともに「Idea」ブランド（IdeaPad ノートブックなど）を投入。
2009	リサイクル材料の採用でパソコン業界をリード。
2011	『フォーブス』誌の「世界で最も評判の良い企業 100 社」に選出。
2014	世界最大のパソコンメーカーに。IBM のサーバー事業とグーグル傘下にあったモトローラ・モビリティ部門を買収。

出典：レノボのウェブサイトおよびXie and White（2004年）、Sunら（2013年）の文献から著者がまとめた。

とミーティングを行い、その週の達成事項と未達事項を率直に話し合う。次週にどう軌道修正すべきかを知るためだ。多くのミスを犯したが、反省会が「将来的に（同じ）ミスをしない」役に立っているという。中国には一〇〇年前からのビジネスの前例がないため、柳は自分の経験に学んで経営の知識を積み上げなければならなかったのだ。

欧米でも今になってようやくコンセプトが普及し始めた、このような定期的な事後検証をしていても試練は待ち受けていて、意思決定と修正と改善のサイクルが繰り返された。まだ若い会社だったレジェンド〔レノボの社名変更前の名称〕を一九八八年に香港に移転させたときは資金繰りが苦しく、コストをたえず気にして倹約することを否応なしに覚えた。通勤にも安い公共交通機関を使ったほどだ。あるエグゼクティブが多額の着服事件を起こすと、柳は今後責任ある地位につけるのは清廉潔白な人物でなければならないと肝に銘じた。一九九四年に香港証券取引所にレジェンドを上場させた際には、投資家とアナリストに自分の戦略や成果を問いただされ、カッとなる気持ちを抑えることも覚えた。株式公開前は、最初のオーナーだった中国科学院からとやかく言われたことなどなかった。だが上場したからには自分の戦略を説明し、成果を詳細に述べ、大勢の株主に対して自分が信頼できる人物であることを伝えなければならないと理解したのだ[16]。

中国を飛び出したレジェンド

一九九〇年代後半から二〇〇〇年代前半にかけて、柳はレジェンドを中国国内でのパソコンの製造と販売からさらに多角化しようとしたが、当初の試みは実を結ばなかった。レジェンドは国産パソコンのトップメーカーになっていたが、中国市場首位の座を脅かすデル、ヒューレット・パッカード、その他国内外のメーカーからの攻勢が激しくなりつつあった。レジェンドは一九九四年には中国のパソコン市場のシェア四%にすぎなかったが、わずか六年後にその数字を二九%に伸ばした。しかしその後シェアを落とし始め、二〇〇四年には二六%となる。柳らは成長力を取り戻すには海外進出しかないと決断した。ただしそのためには社名変更が必要だった。「レジェンド」はすでに他の国の会社が商標権を取得していたからだ。また、経験は皆無だったが多国籍企業の経営スキルを身に着けなければならないと決心した。

しかし当時、社名変更してレノボとなった同社には、その経験を積むべきグレーターチャイナ（大中華圏）外の足場がなかった。折しも、IBMからPC事業部買収の打診を受けた。IBMのPC事業部の売上はレノボ本体の四倍もあったため、買収金額は莫大になる。しかもこの事業部はIBMで赤字だった。しかしよく調べてみると、赤字の大部分はIBMから事業部に押しつけられた間接費であることがわかった。柳はレノボの間接費がはるかに少なく、製造手法も効率的であることを考慮し、IBMがアメリカで二四ドルで組み立てていたパソコンを中国では四ドルで組み立てられると見積もった。

柳は買収金額を一七億五〇〇〇万ドルで交渉し、二〇〇五年に実現したこの買収によりレノボは一夜にしてグローバル市場に進出を果たした。そして世界八位のコンピューターメーカーから三位に躍進した。従業員数は二万人に倍増、売上は四倍の一二〇億ドルとなり、一〇〇%依存していたグレーターチャイナの売上比率も三六%になった（表2・3）。

ＩＢＭの事業部買収に続いて、株主構成も多様化した（表2・4）。中国科学院がレノボの親会社であるレジェンド・ホールディングス（聯想控股有限公司）を通じて大株主だったが、買収後はＩＢＭや、合わせて三億五〇〇〇万ドルとなるアメリカのプライベート・エクイティ会社三社が多額の株式を保有するようになった。プライベート・エクイティ会社の内訳はテキサス・パシフィック・グループ（ＴＰＧ）、ゼネラル・アトランティック（ＧＡ）、ＴＰＧの関連会社であるニューブリッジ・キャピタルだ。

二〇〇四年一二月、北京での記者会見でＩＢＭのＰＣ事業部買収を発表したときは、会場となったホテルの一室に五〇〇人の記者が詰めかけ、純中国企業がグローバル市場に一夜で進出することへの国内の関心の高さを柳に再認識させた。失敗すれば代償はとてつもなく大きいが、それだけでなく、多国籍企業の経営を一から学ばなければならない。そこで柳は、拡大した同社の中長期の意思決定を綿密に調査する任を負った戦略委員会を立ち上げた。メンバーは柳とナンバーツーの楊元慶（ヤン・ユエンチン）、そして外部からもプライベート・エクイティ投資会社ＴＰＧとＧＡの代表としてジェームズ・カウルターとウィリアム・グレーブ（カウルターはＴＰＧの共同創立者、グレーブはＧＡのマネージングディレクター）を入れ、この二人をレノボの社外取締役にした。

柳と楊は赤字のＩＢＭ事業を黒字転換させるもう一つの鍵は、サプライチェーンの「ワールドソーシング（世界市場からの調達）」を成功させることだと考えた。「このプロセスの効果を最大限に上げるため、少しでも利益を絞り出そうと苛酷な取り組みをしてきた」と社外取締役の

表2.3　2005年のIBMパソコン部門買収前と後のレノボの地域別売上

地域	**2004年**（%）	**2006年**（%）
グレーターチャイナ	100	36
米州	0	30
ヨーロッパ、中近東、アフリカ	0	21
アジア太平洋	0	13

出典：レノボのアニュアルレポート2004～2005年、2005～2006年、2006～2007年。

表2.4　2005年のIBMパソコン部門買収前と後のレノボの株主構成

レノボの株主	**2003年**（%）	**2005年**（%）
レジェンド・ホールディングス	57.8	57.0
一般株主	39.9	20.4
プライベート・エクイティ会社	0	9.5
IBM	0	12.3
取締役	0.3	0.8

出典：レノボの2003年度および2005年度の取締役会報告書。

単偉建（シャン・ウェイジエン）は語っている。柳と楊は経験不足を補うため、アジア企業の調達に詳しいカウルターとグレーブの力を借りた。

また、レノボの分離独立前の親会社で最大株主である中国科学院からの信用を維持するためには、海外進出のリスクにさらに手を打つ必要があると柳は考えた。柳は大きなリスクを三つ想定していた。ＩＢＭの顧客は中国企業になっても買いたいと思ってくれるか。アメリカ人従業員を中国人経営者の下でうまく管理できるか。中国人エグゼクティブと欧米人エグゼクティブの考え方の違いをすりあわせることができるか。

ＩＢＭのＰＣ事業部買収前は、中国科学院と自社のつながりを柳自身の力で維持していたが、買収後、海外進出のリスクを負った自社への科学院の信頼を維持するにはそれ以上のことが必要だと柳は考えた。ＩＢＭほどの規模の海外企業買収にも、調達と製造のグローバル統合にも柳は慣れていない。カウルターとグレーブを役員会と戦略委員会に入れたのはそのためだ。二人の関与は「蛇が象を飲み込むような買収」を柳と楊が本当にやり抜くことができると「大株主に納得してもらうため」に重要だった、と楊は言う。

レノボを築き上げてきたこれまでの人生を振り返って、柳伝志（リウ・チュワンジー）は経営と市場を独学でマスターしたことについて次のように総括した。「アメリカではたいていの経営者がＭＢＡの勉強を経験している」が、「中国では企業の創業者はＭＢＡを取得していない」。そのため、大半のアメリカ人「経営者は非常に科学的」で、企業の意思決定では「スタンダードなメニュー」に従う。「だが中国企業は欧米企業とは事情がまったく異なり、中国人経営者は自己流で学び、経営している。

だからアメリカのビジネスモデルを中国の事業環境にそのままあてはめるのは非常に難しい。中国の起業家は自分の経営と実践から経営スタイルをたえず作っていかなければならないのだ」。そのため「中国流のメニューに従い、中国の慣行に合わせて会社を経営すべきだ」

中国流の慣行でレノボを経営しながら、柳は同社を従業員数一〇人そこそこのスタートアップ企業から、三〇年足らずで従業員数六万人以上の世界最大のコンピューターメーカーに育て上げた。この一〇年間、Ｓ＆Ｐ５００の株価が六三％成長したのに対し、レノボの株価は一七〇％の成長率を達成、平均的Ｓ＆Ｐ５００企業の倍速で伸びており、二〇一六年の時価総額は五〇億ドルを超えている。また柳は欧米の経営慣行を多数受け継ぎ、アメリカのビジネスリーダーたちを招聘して自社の指導を仰いだ。レノボの手法の特徴は、欧米の慣行を排除するより取り込んだところにある。[17]

王石（ワン・シー）のバンケ創業

自力で経営法を学んだもう一つの例を、中国最大の住宅開発会社であるバンケの創業者の軌跡に見ることができる。その途上で王石（ワン・シー）は何度となく急な方向転換をした。運転マニュアルを持たず独力で企業経営を覚えていった王の姿は、柳伝志（リウ・チュワンジー）のレノボの舵取りに見てきたそれと似ている。

彼の独学のすごさを評価するには、ナイキのフィル・ナイト、アップルのスティーブ・ジョブズ、グーグルのセルゲイ・ブリンとラリー・ペイジ、ウーバーのギャレット・キャンプとトラビス・カラニックのようなアメリカの有名起業家が起業したときの状況を考えてみるといい。創った製品は斬新だったとはいえ、彼らはアナリスト、銀行家、取締役、従業員、エグゼクティブ、投資家、販売業者、供給業者と働く中で、昔からある規範やビジネス知識に頼ることができた。

例えばアップルのスティーブ・ジョブズの場合、筆頭取締役だったエドガー・S・ウーラード・ジュニアは、デュポンの会長兼CEO、シティグループやIBMやニューヨーク証券取引所の取締役、一流の企業リーダーが集まる団体ビジネス・カウンシルの会長を歴任した人物だった。クローンメーカーとの契約を破棄すべきかということから、スタッフの再編、エンジニアの解雇、ティモシー・クックのようなエグゼクティブの採用や小売店の開設にいたるまで、アップルが意思決定を行う際、ウーラードは長年の企業経験に裏打ちされた助言を提供した。[18]

中国が経済開放政策を取った当初の起業家が歩んだ道はもっと孤独なもので、彼らはまず商社、すなわち特定市場の顧客と供給業者を結びつけ、両者のやり取りを助け取引コストを下げるブローカーとしてスタートすることが多かった。商社の創業者たちは、次第に制度が不安定化していく市場での取引を体系化する新たな方法を編み出していった。中央計画の支配はもはや及ばず、その一方で市場のルールはまだ普及していなかったからだ。

鄧小平（ドン・シャオピン）の経済改革導入に伴い、国は慎重に民間企業の設立を認可した。鄧は地方分権化と近代化、「対外開放政策」、そしてまだ輪郭が定まらない――矛盾するような――共産主義と資本主義の融合を通じて、「改革」を推し進めていた。鄧の有名な理論によれば改革は「中国的特色を持った社会主義」となるはずで、うまくいったものは許可の範囲を広げる。その中に民間企業もあった。

一九八二年に人民公社が解体されると、地方に点在していた小さな工房や店舗は市町村の権限下に置かれた独立企業になった。集落や町が経営する企業は商品をどこで売ってもよく、従業員に医療から住宅まで福利厚生を提供するのも自由だった。その四年前の時点で、人民公社には二八〇〇万人ほどが働き生産高は四九〇億人民元だった。一〇年後、郷鎮企業は一億六〇〇〇万人を雇用し生産高は一兆七九八〇億人民元になっていた。五〇倍近くも成長したのだ。[19]

中国政府は改革路線を拡大し、工場の作業システム合理化のインセンティブが上がらない要因となっていた生産目標の割当と指定価格政策を一九八四年に廃止した。かわりに工場長に損益の責任を持たせ、税引後利益を留保する権利を与えた。生産を効率化できるようになれば差額を留保し、資本を作って拡大が可能になる。資本の額は国の計画担当者ではなく自分の才覚で決まる。最初の数年間、新方式はなかなか浸透しなかったが、成果が出始めると税収も増えていった。新しく生まれた民間セクターと支配側である公共セクター両者が得をした。[20]

しかし中国は依然として、それまで長らく民間企業とは対極にあった指揮統制マインドセットの名残を引きずっていた。中央政府は一九八五年まで食糧配給制度を温存し、家族企業は一九八七年まで八名以上雇用できなかった。「価格裁定取引」は一九九七年まで死刑に相当する犯罪とさえされており、二〇一五年まで肥料から医薬品まで幅広い製品に対する統制が続いた。[21]

それでも、中央計画支配と新市場開放の不安定な共存によって、商売気のある者には儲けのチャンスが生まれた。危険がなかったわけではない。商社を興して一度の取引で大きな利益を手にし、次の取引で破産する起業家はめずらしくなかった。しかも、私有財産の概念はまだ芽生えたばかりだったため、新会社の所有権の大半は省政府か地方当局が保有していた。自力での設立が容易ではないスタートアップ企業には国家機関が資金と保護を与えたが、独立が冒険であることに変わりはない。王石（ワン・シー）が商社を立ち上げたのは、この進化しつつもあやうい事業環境の中だった。

商社

王石（ワン・シー）が生まれたのは、長年の内戦と革命を経て中華人民共和国が成立した一九四九年のわずか二年後である。この時代に生まれ育った人の例に漏れず、王の人生とキャリアは周囲で起きていた歴史的変化に大きく影響を受けた。

一九八三年、三二歳の王は深圳経済特区発展公司（SRDC）に入社する。SRDCは準政府企業で、当時大半の中国企業には許されていなかった輸出入業務に従事する権限を持っていた。王は会社から事業を行うための銀行口座とライセンスを与えられたが、スタッフも資金もなかった。事業運営の保証以外は何も持たず、自分で商売を創り出さなければならなかったのだ。

当時よく売れていた輸入品は台湾の折り畳み傘と日本の調味料だった。いずれも商品として魅力があったが、王はまもなく需要が飽和すると踏み、別の分野を探しているうちに不思議なことに気がついた。アメリカのコンチネンタルグレイン社とタイのチアタイ・グループ（正大集団）の二社が、中国北部で大量に耕作されているトウモロコシを、高いコストをかけて中国南部向けに輸入していたのだ。やがて理由がわかった。トウモロコシ農家が多数ある北部と、養鶏農家が多い南部の広東省を結ぶ航路がなかったためだ。取引を可能にする市場インフラがなかったために、養鶏農家は飼料となるトウモロコシの供給者にニーズを伝えることができていなかった。王は金の鉱脈を発見したのだった。

王石(ワン・シー)は中国のトウモロコシ取引市場をみずから作ろうと野心的な決意をした。まず輸入していた多国籍企業に接触し、中国国内からもっと安くトウモロコシを確保すると約束した。次に、北部の売り手に対しトウモロコシが南部に到着したら支払いをすることを保証する信用状を用意した。供給の確約をとりつけると、今度は物流に手をつけた。深圳港と広州海洋管理局と広州の海運会社の役人を説得し、中国北東部の大連の港と南東部の広東に近い沿岸部の都市、深圳を結ぶ航路をオープンさせた。

当時、王は会計ルールも支払いの手続きもほとんど知らなかった。初めて受注した南部向けのトウモロコシ三〇トンを納品したときには、現金で支払われると思って回収用の袋を持参した。ところがクライアントは王が初めて見る小切手を持って現れ、これまた王にとって初耳だった領収証を要求した。必要に迫られて王は毎晩、会計の手引書と首っ引きで、貸借対照表やキャッシュフローや損益計算書の初歩を勉強した。

トウモロコシ取引業が拡大すると、ＳＲＤＣは家畜飼料貿易部を設立し、王石(ワン・シー)を部長に据えた。当初の免許に制約がなかったため、王は関連商品の取引にも手を広げ、鶏の飼料から鶏の売買、養豚用飼料へと業務を拡大していった。自分の本当の強みはトウモロコシや鶏や豚の知識よりも取引の手腕だと自覚した王は、繊維製品や電化製品から化学薬品や医療機器にいたるまでまったく関連のない商品――同社のあるエグゼクティブの言葉を借りれば「利益になるなら何でも」――の取引に転じた。王の貿易部が急成長して部員数一五〇名に達した一九八四年、SRDCはこの部門を深圳現代科教儀器展銷中心として分離独立させ、王は会長兼総経理になった。

分離独立は絶妙のタイミングだった。中国経済は一九八〇年代後半から一九九〇年代前半にかけて二桁成長していたからだ。商社のチャンスは爆発的に増えていた。王はほとんどあらゆる分野に商売の種を探し求め、印刷業や宝飾品製造から、百貨店小売販売、電力供給、住宅用や商業施設併用の不動産、エンターテインメント、広告、さらには映画製作まで多数の市場に参入した。一九八八年にはバンケと社名を変更する。一九九一年頃、王は急成長する会社の指針を海外に求め、三菱商事、三井物産、住友商事など日本の商社を自社の手本にしようと決めた。そしてバンケは全社員向けに「日本の総合商社」と題する二〇〇ページもの冊子を発行した。彼の判断は黎明期の学びの対象が欧米だけではなかったことを示す好例だ。一九九二年には、バンケは一二都市一〇業種で事業展開する完全子会社および共同出資会社を五五社以上も傘下に置いていた。

事業転換

バンケを設立したとき、王には成功の選択肢が二つ見えていた。一つは、新興市場の抜け穴やまだ市場の大半を統制していた国家官僚への賄賂さえ利用しての、レントシーキング。もう一つは、製品イノベーションやコスト削減といった基本に集中する正統派の事業経営。多くの起業家がレントシーキングの道を選択してきたが、もっと持続性の高い道として、価値創造が注目されつつあった。

その転換ができなかった企業リーダーたちは一九九〇年代にトラブルに見舞われた。例えば、有名起業家の牟其中（ムー・チージョン）は中国とロシア間のバーター貿易を構築して当初は事業を急成長させた。トラック何台分もの消費財をロシア製の商用機と交換したエピソードで全国に名を轟かせた。

しかし、当初の成功を再びと次第に投機的な取引に手を出すようになった牟は失敗し、二〇〇〇年に国から信用詐欺の罪で終身刑を言い渡された。『ニューヨーク・タイムズ』紙の記事は彼が価値創造への転換を果たせなかったのだと見て、牟は「資本主義的な起業家精神」の象徴というよりも「オポチュニスト〔商機に敏感なご都合主義者〕」が中国の情実政治と透明性の欠如をどれだけ利用できるかを体現した人物」であり、中国のビジネスリーダーが企業設立にあたって負わなければならない未曽有の個人的リスクを思い出させる事例だった、と書いている。[22]

王石（ワン・シー）は当初バンケが志向したオポチュニズムの道を突き進む危険にいち早く気づいた一人だった。王は一九九二年にイギリスの金融サービス会社スタンダードチャータードから投資銀行家チームを招聘し、バンケ初の香港証券取引所へのB株（外貨建てで取引される）上場の支援を求めた。バンケのビジネスモデルを検証した投資銀行家らはその取引仲介業を中心とした経営法に疑問を呈した。取引仲介業がバンケの成長の原動力となってきたのはたしかだが、事業が多角化しすぎてスケール効率が悪く、永続性のある顧客ベースもない。バンケのコア・コンピテンシーは何なのか。

この問いかけに促され、王は財務部門に一九八四年から一九九二年までのバンケの取引記録を収益性という観点から検証させた。基本を浮き彫りにすべく財務マネージャーは利益の出た取引を黒字、損失の出た取引を赤字で表記した。色分けされた結果に王も部下も衝撃を受けた。赤が目立つうえに、取引仲介業では利益より損失のほうが大きかったのだ。売上の大半を占めていたのは取引仲介業だったが、会社の利益を実際にもたらしていたのは新しく始めた非取引仲介業だった。この検証によって、王は自分の市場が足元で変化していたことに気づき、別の市場での価値創造に意識を向け直さなければならないと結論した。

王は戦略計画部門にアメリカの住宅市場の調査を指示した。その分析結果をもとに、急成長している中国の住宅市場だけで自社の成長を支えるには十分な規模があると考えるに至った。市場インフラがすでに発達している中国の大都市、なかでも深圳にターゲットを絞ればいい。

当時、バンケの売上の大半は小売と取引仲介業が占め、不動産は四％にも満たなかった。不動産一本に事業を絞るのは会社にとって危険な賭けだ。王が今まで築き上げてきた事業からの撤退さえ必要になる。バンケは多数の合弁事業や提携を行っており、通常はその主体となっていた。事業を売却するなら多数の提携関係を解消しなければならない。提携先の多くがバンケの離脱に抵抗し、評価額の査定や配分をめぐる紛争に莫大なコストがかかることが予想された。バンケ自体のエグゼクティブも多くが事業売却計画に反対した。バンケのコングロマリット経営という手法が一〇年間会社を繁栄させてきたように見えるからだけでなく、エグゼクティブたち自身の生活もかかっていたからだ。

だがどれほど困難でも転換を行うという王石（ワン・シー）の決意は固かった。その後九年間かけて、バンケは数十の提携事業から手を引き、数十名のエグゼクティブを退職させ、当時中国最大の小売チェーンだった華潤萬家超級市場（China Resources Vanguard Shop）をはじめ他の資産も多数売却した。二〇〇一年にバンケは住宅不動産専業となり、二〇〇三年には中国で売上ナンバーワンの住宅開発会社となった。二〇一一年には不動産開発が同社の売上の九八％以上、収益の九九％以上を占めるようになっていた。鶏の飼料からスタートした会社は驚くべき転身を遂げたのである。

王石（ワン・シー）の新たな組織構造

投機的な取引仲介業からの撤退は王石（ワン・シー）の会社再建の一面にすぎない。もう一つの側面は、住宅開発会社になるための会社の組織体制の再構築である。

商社時代のバンケの事業は個別事業部の取引契約が主だった。商圏にも相互の関連性はなく、洗練された組織図も統制システムも必要なかった。ところが多数の都市のマス市場を対象とした住宅建設に特化するという王の決断に伴い、マネージャーたちは中国全土の何百もの住宅建設プロジェクトを監督することになった。都市ごとに事業展開する仕事のやり方に変わると、専門知識やベストプラクティスや建築業者を担当マネージャー同士が共有できる。王はその調整を行う組織体制が必須だと気づいた。

また、仕事を個人的な人間関係――「グワンシ」――に頼る中国の伝統は、成長を続けるために欠かせないと彼が考えるパフォーマンス原則にそぐわないという懸念もあった。市場に不可欠な雇用契約などの法制度が十分に整備されていなかった時代には、多くの起業家が事業運営に個人的な人脈を使っていた。だが王はグワンシ頼みの道を進みたくなかった。

王は自分の親族のバンケ入社さえ禁じた。例えば、王の長期出張中にある部下が王の母親の親戚を採用した。もちろん人情としては嬉しい話だったが、王は戻ると即刻、ルールを破った社員を解雇した。「中国には会社組織で血縁による人間関係と序列を重んじる伝統があるが、私はバンケにそれを踏襲させたくない」と王は説明した。

王はバンケの組織体制を、強い意志を持った個人や忠誠心の高い仲間よりも、プロフェッショナリズムとパフォーマンスを中心に築こうとした。それがわかる施策の一つが、エグゼクティブ・ローテーションの創設だ。王は事業部門長に、会社の必要に応じて異動や転勤を義務づける合意書への署名を求めた。この厳しい要求は真っ向から抵抗された。特に上海と北京のゼネラルマネージャーに知識移転のためにポジションの交換を命じたときの反響は大きかった。上海と北京は中国最大の都市圏でいずれもバンケにはきわめて重要な市場であり、二人のゼネラルマネージャーは突出した実績の持ち主だった。上海のマネージャーは北京への転勤が避けられるなら上海で降格させてほしいと申し出るほど異動に抵抗した。北京のマネージャーも同様に抵抗したが、王は決定を曲げなかった。まもなく二人のマネージャーは解雇された。こうした決定が示すように、中国企業では忠誠心という原則には限界があった。創業者のビジョンに反抗した従業員は、考えを変えるよう説得されるのと同じだけ解雇されてしまうことも多かったようだ。

王のローテーション方針のために二人のトップ・エグゼクティブを失ったのは高すぎる代償ではなかったか、と私たちは質問した。中庸の道は見つからなかったのだろうか。「優秀なトップ・エグゼクティブを、彼らの力がどうしても必要だった時期に失ったのは痛手だった」と王は言う。「しかしここで例外を作ってしまったら、けじめがつかなくなる。部門長の裁量で会社の方針が曲げられてしまうようでは、バンケには本当に効果的な体制やシステムが永久にできない。あのような抵抗に屈しては、バンケは地方豪族たちに支配される会社になりかねない。そんなことを許すわけにはいかなかった」

スター社員二人が退職したにもかかわらず上海と北京のその年度の業績は絶好調で、個人の人格より事業原則に信頼を置く王の考えの正しさを裏づけた。「北京と上海の事業が大きな影響を受けなかったことで、どれほど優秀でも個人よりシステムのほうが重要だとわかった」と王はしめくくった。バンケのナンバーツーである郁亮（ユー・リアン）〔現在は会長〕も同様の原則を口にした。「当社ではふつうの人々が大きな業績を上げられるシステムを作り上げている。個人に多額のボーナスを出したり個人責任契約制に頼ったりしていないのはそのためだ」。こうした決断がバンケのような企業にたった一人のスター――ビッグ・ボス――の存在を許すものだったかどうかについては、まだ答えが出ていない。

バンケの前身、万科企業股份有限公司は世界最大の住宅不動産開発・管理会社の一つになった。二〇一四年の売上総額は二三九億ドル（一四六六億人民元）で、アメリカ最大の住宅建築会社パルテグループの同年の売上、五九億ドルの四倍にも上る。二〇一三年からは香港、ニューヨーク、サンフランシスコと海外にも事業を広げ、二〇一四年時点でバンケは中国の六五都市で四万名以上を雇用している。一九九一年の上場以来、株価の上昇率は一万二〇〇〇%を上回った。

中国のその他の億万長者

ここまで紹介してきた中国最大の民間企業のビジネスリーダーたちは多くの点で傑出している。だがその成功は彼らにはコントロールできなかった不確定要素(リスク)の産物でもある。彼らが皆、まったく異なる環境でも成功しただろうことは間違いないが、あれほどまでの権力と影響力と富を手にしたのは、少なくとも部分的には時代や場所など幸運の要素に恵まれた結果だ。

そこで、もう少し状況が違っていれば中国の新しいビジネスエリートの頂点に立てたはずの、惜しくも大成功を逃したエグゼクティブたちを観察することで何かがわかるかもしれない。ある推計によれば中国には現在、数百人の億万長者がいる。その多くは、ここまで紹介してきた人々に富と影響力がほんの少しだけ届かない人々だ。中国が輩出する新しい億万長者の数は他のどの国よりも急激に増えている。『フォーブス』誌が一九八七年に「世界の億万長者」ランキングを開始したとき、中国人は一人もいなかったが、二〇一五年には二一三名がランクインしている。[23]『フィナンシャル・タイムズ』紙がその一人、李勇会(リー・ヨンフィ)を新興の億万長者の代表として詳細に取り上げた。[24]李はいくつも会社を立ち上げたが、本書で取り上げた有名起業家たちとは異なり、中国国内で名前が知れ渡るほどの「ホームラン」は一社もない。逆に、後の成功ときわだった対照をなす大きな挫折も経験していない。

本書で取り上げたビジネスリーダーの多くと同様、李も大学を卒業しているが、彼は大学で専攻した物理学の一分野、光物性を追究したわけではなかった。かわりにトラック工場で働くようになる。起業家の例に漏れず、この最初の経験がその後の起業のための学習基盤となった。

一九九四年にカナダを訪れた李は、中国ではまだ行われていなかったビジネス慣行を知る。欧米の事業経営者はあたりまえのように借金をしてトラックを購入し、製品の出荷や配送に使っていたのだ。中国では好況に沸く製造セクターでトラック需要が非常に高いが、その一方で小規模企業は事業予算からトラック購入の資金を捻出できずにいることを彼は知っていた。李は帰国するとトラック購入用資金の融資会社、オート・チャイナ・インターナショナルを立ち上げた。

事業は大成功したが、他の領域の起業家とは異なり、李はやがて市場からの退出を余儀なくされる。国有銀行がもっと魅力的な金利で融資を提供するようになったためだ。二〇〇〇年代前半に彼は別の好況産業だった不動産開発に転身し、それまで以上の利益を上げた。ところがその後、政府の規制をはじめ不動産建設をめぐる環境が厳しくなり、不動産開発から手を引かざるをえなくなった李は、その頃には国有銀行が放棄していたトラック融資市場に舞い戻る。しかし市場はまもなく同業他社であふれるようになり、二〇一五年に李は不動産事業の一部を残しながらも事業戦略を再び転換し、トラックオーナー向けに日常資金の短期融資をインターネットで提供するようになった。今までの取り扱い商品を二〇〇五年に設立した会社「フィンセラ」の名前の下に統合し、一連の金融商品として提示した。

李に見られるのは、今いる市場に隣接した事業機会を見出す能力で成功した中国人起業家の姿である。スタートアップ企業は身軽な組織で機敏に動ける――一人のリーダーと数名のエグゼクティブしかおらず、組織図が複雑ではない――ため、大企業に比べると衰退市場から退出して新たな市場に移行しやすい。新しい機会に資本を投じ、スタッフを新規プロジェクトに再配置し、迅速に目的を達成できるのがもう一つの重要な能力だ。中国ですばやく行動するスキルとは、国の規制機関や監督機関を知悉（ちしつ）していること、新しい事業を任せられる有能な人材を連れてくる能力、コントロール不能な負のリスクから立ち直る力などだ[25]。

中国人ビジネスリーダーたちが会社の舵取りをしなければならなかった未知の土地には光の部分も闇の部分もあった。賭けが当たれば一夜にして大富豪になれたが、裏目に出れば起訴、有罪判決、悪くすれば処刑という結末が待っていた。表2・5に、一時は起業家としてもてはやされながら後に非難されたり収監されたりさらなる悲運に見舞われた、有名な中国人起業家たちを挙げた。

ハナジー創業で中国一の大富豪になった李河君（リー・ホージュン）

自力で道を切り拓いた四つ目の例を、李河君（リー・ホージュン）の事業の紆余曲折に見ることができる。ただし、李の場合は個人資産の蓄え方と示し方がこれまで紹介した創業者たちとは異なる。バンケの王石（ワン・シー）の自我を前面に出さない態度とは対照的に、李河君（リー・ホージュン）は自分の成功ぶりを世の中に知らしめるのを

表2.5　転落した民間企業の起業家たち

エグゼクティブ	会社	業種	在任期間	末路
歩鑫生（ブー・シンション）	海盐襯衫公司	アパレル	1981～1988年	会社から追放
戴國芳（ダイ・グオファン）	江蘇鐵本鋼鐵公司	鉄鋼	1996～2003年	収監
顧雛軍（グー・チュージュン）	格林柯爾公司	投資／エレクトロニクス	1995～2005年	収監
黄光裕（ホアン・グアンユー）	國美集団	小売／不動産	1987～2007年	収監
黄宏生（ホアン・ホンション）	創維集団	家電	1989～2006年	収監
頼昌星（ライ・チャンシン）	遠華集団	商社／運輸	1991～1999年	逃亡
牟其中（ムー・チージョン）	南徳集団	商社／製造	1980～1999年	収監
年廣久（ニエン・グアンジウ）	傻子瓜子公司	菓子類	1978～1997年	会社から追放
沈太福（シェン・タイフー）	長城機電	製造	1989～1993年	死刑
孫大午（スン・ダーウー）	大午農牧集団	農業	1985～2003年	収監
萬潤南（ワン・ルンナン）	四通公司	情報技術	1984～1989年	国外退去
禹作敏（ユー・ズオミン）	大邱荘公司	製造	1974～1993年	収監
周正毅（ジョウ・ジョンイー）	農凱集団	投資／その他	1997～2003年	収監

出典：Ma、Lin、Liang、2012年。

好む。アメリカの億万長者ドナルド・J・トランプのビジネス指南書からそのまま抜け出てきたとはいわないまでも、それを連想させる人物だ。

李は一九六七年に香港からおよそ一〇〇マイル（約一六〇キロメートル）ほど北に位置する河源市のつましい家庭に生まれ、北京交通大学で工学の学位を取得後、一九九四年に玩具と電子機器の会社を設立した。しかしその後、別分野に将来性をかぎつけ、突如として野心的にエネルギー市場に参入する。ハナジー・ホールディングス・グループ（漢能集団）を設立して中国南西部で水力発電所の買収や建設を始めたのだ。

電力会社を成長させながら、李はケンブリッジ大学を訪れて中国政府が提唱していた代替エネルギーについて勉強した。まもなく有望な太陽光発電の新手法――薄膜技術――に方向転換し、すでにその分野で活動していた四つの企業を買収して統合、この技術の製造販売を手がける新子会社、ハナジー・シン・フィルム・パワー・グループ（漢能薄膜発電集団、ＨＴＦＰ）を作った。二〇一三年にこの子会社を香港証券取引所に上場させ、著書の執筆や講演活動を行い、精力的に「クリーンエネルギー」を提唱するようになった[26]。

『フィナンシャル・タイムズ』紙をはじめとするメディアの二〇一五年の記事は、取引パターンとＨＴＦＰとハナジー・グループ間の株式取引パターンとの関係に対する投資家の懸念を報じている。ＨＴＦＰの株式を購入していたのはほぼすべて親会社か別の子会社だった。他の疑惑も浮上してきた。『フォーブス』誌が不正会計を取り上げ、『フィナンシャル・タイムズ』紙は公式市場で取引されない私益信託（一種の債権）を通じた新規の借金方法を報道した。借入金の大半は会社の株式と李の個人保証を担保にしていた。ＨＴＦＰの株価は急落し、会社は損失を出してレイオフを行った。そして二〇一五年五月二〇日、香港証券先物委員会により同社の株取引は停止された。[27]

その間ずっと、李河君（リー・ホージュン）は自分が手に入れたものを喧伝していた。柳伝志（リウ・チュワンジー）や王石（ワン・シー）とはまったく対照的だ。李は香港証券取引所が認める七五％未満ぎりぎりまで会社の所有権を保有し、会社の株価が高騰するとともに巨大な個人資産を築いた。彼は自分の富を隠そうとするどころか、自社のウェブサイトに『フォーブス』誌の中国の富豪ランキングを掲載していた。ランキングにはアリババグループ（阿里巴巴集団）の馬雲（ジャック・マー）とワンダ・グループ（大連万達集団）の王健林（ワン・ジェンリン）と李がランクインしており、一時は三人の中で李が最も裕福だった。多くの中国人エグゼクティブは個人資産をなるべく非公開にしているが、李は正反対だった。自分の資産を公表するために、李は会社から『フォーブス』誌に監査済みの自分の銀行口座を提出させ、自社のウェブサイトでも個人資産の規模をことこまかに公開した。しかしその富の大半はつかのまのものにすぎなかった。二〇一五年に会社の株の取引が停止されると、李の財産も急激に縮小していった。ＨＴＦＰの株価は規制当局による株取引停止の直前に五〇％下落し、一日で一四〇億ドルの含み損を李にもたらした。

先述したように、自分の資産の上下や規模に関係なく、李はそれをあからさまに開示した――柳伝志（リウ・チュワンジー）が自分の資産に人前では無関心であったり、王石（ワン・シー）が個人資産のひけらかしを避けたりしてきた姿とは実に対照的だ。創業ＣＥＯたちが歩んできた道の多様さから、派手な自己開示と自我を前面に出さない態度のいずれが好ましいかについてのビジネス規範がまだ定まっていないことがわかる。しかし全員が自分で進む道を決めてきたという事実は、中国のビジネスリーダーたちが既存の事業育成モデルではなく自分の才覚を頼りに学ばなければならなかったことを示している。個人的な富を追求し世間に公開するか、私的財産を求めずあるいは隠すかは、共有価値を後に発展させるかもしれない、しかし個人の行動の自由を制約するわけではない、付随的な教訓の一つなのだろう。[28]

欧米の影響

私たちがインタビューしたエグゼクティブの大半は、企業リーダーシップの多くを実践で学び、ゼロからマスターしてきた一方で、実は西側から少なくとも一部の要素を拝借している。その突出した例が、ウェブ機器、通信機器、スマートフォンの中国トップメーカー、ファーウェイ（華為技術）の創業者だ。

任正非（レン・ツェンフェイ）は人民解放軍でエンジニアを務めた後、一九八七年に電話交換機を製造するファーウェイを立ち上げた。創業当初、任らは外国の技術のリバースエンジニアリング（他社の機器を分解・解析して技術情報を取得し、自社製品に応用すること）を多数行い、欧米から技術を盛大に拝借して自社の機器の多くを設計し、成功した。だがその期間も事業経営は自己流で、創業者本人の言葉を借りれば、組織は「大混乱」だった。事態を収拾するために頼ったのはまたも欧米だった。任は一九九七年にアメリカのトップ技術メーカーの一つ、ＩＢＭに助言を求める。従業員たちはアメリカを代表する企業の言うことなら耳を傾けるだけでなく、どんなに自社にはそぐわないように見えても全面的に受け入れたと任は言う。よく引用される発言の中で、任は「靴に合わせて足を斬れ」と乱暴なことを言っている。この場合でいえば、アメリカ製の靴に合わせたわけだ。

欧米を手本に組織体制のリバースエンジニアリングを行ってからは、「混乱がなくなり、ファーウェイに骨格ができた」と任は述べている。二〇一五年には年間売上が三九〇〇億人民元（六〇一億ドル）に達し、ファーウェイは中国最大の非国有企業一〇社に仲間入りした。同社は人を管理するノウハウは外部に頼ったが、技術上のノウハウは社内に育ててきた。二〇一五年時点で一七万人の従業員のうち七万人が研究開発職に就いており、国際特許の出願数でファーウェイは世界ナンバーワンとなっている。[29]

他社のエグゼクティブたちも欧米に関心を向けてきた。例えば、北京大学の張志学（ジー・シュエジャン）教授の研究チームが従業員数一〇〇名以上の国有企業九社と民間企業二六社のビジネスリーダーをインタビューした。研究者らは企業の所有形態や規模ごとの内訳を示していないが、インタビューされた三五人のうち二五人のエグゼクティブが欧米の経営書とリーダーシップ・スタイルの影響を口にしている。手本として挙がった筆頭がジム・コリンズ、ジェリー・ポラス著『ビジョナリー・カンパニー』（日経ＢＰ社、一九九五年）だ。マックス・ウェーバーの『プロテスタンティズムの倫理と資本主義の精神』を挙げたエグゼクティブも数人いた。[30]

結論

中国のビジネスリーダーは必要に迫られて試行錯誤で会社を率いてきた。少なくとも最初のうちは、見習うべきモデルもなく、学ぶべき成功例もなく、教えてくれるベテランもおらず、参考とすべきピーター・ドラッカーの経営書もないまま、レノボやバンケのような会社を創業し大きくした人々は、自力でそうするしかなかった。それはつまり実行、分析、修正のサイクルを回すことだった。あるトップソフトウェア企業の会長が多くの創業者たちが持ち続ける姿勢を言葉にしている。「我々はやりながら学んでいくのだ」。後年、これらのエグゼクティブたちの大半が、既存の大手企業である外国の競合他社から多くを借用しているが、まるごと借用したケースはまれだ。何を模倣しどの部分は自己流でいくべきかの取捨選択が、独自の中国モデルを創り上げた。

もちろん、このモデルには仕事人生を通してずっと学び続ける意欲が必要だった。これは私たちがインタビューした七二人の経営トップにきわだっていたマインドセットである。二〇一六年時点で従業員数二万人を超える中国有数のＩＴ企業の創業者は、創業以来二五年間、多くの「成功しているビジネスリーダーたち」と仕事をしてきたが、経験上「真に成功しているリーダーたちに共通するのは、全員が非常に謙虚で学ぶ意欲が高いことだった」という。

一九八四年にレノボを創業した当時の柳伝志(リウ・チュワンジー)にはたしかにそのマインドセットがうかがえる。彼は毎週スタッフと反省会を行い、自社を現在のようなグローバルプレイヤーに育てるために何が必要かを帰納的に学習した。彼の学習は取り扱い製品の試行錯誤から、戦略委員会にプライベート・エクイティ会社から役員を二名招致することまで多岐にわたった。

バンケの王石(ワン・シー)が自社を実験や撤退を経て進化させ、鶏の飼料会社から住宅建設会社に変容させた姿にも、同じマインドセットを見ることができる。他のエグゼクティブたちもまめなメモ取り、読書の習慣、幅広い人脈作りといったシンプルな方法をはじめとする学習を取り入れていた。

自力での進路開拓は必要に迫られてのことではあったが、中国人ビジネスリーダーたちは皆、今となってみると予想外の利点を享受しているのではないだろうか。欧米の組織の変化を扱う研究者や戦略コンサルタントは、企業の伝統が会社を安定した軌道上で前に推進する強力な弾み車として機能する反面、軌道から逸脱しづらくさせていることにかねてから注目していた。過去の事業を背負っていない――なぜなら存在しないから――中国人経営者たちには、西側の経営者たちとは対照的に、何の束縛も受けない施策を市場で採用し、過去だけでなく未来の顧客需要の行方に集中する自由があった。[31]

中国流(チャイナ・ウェイ)の自力による進路開拓は、しかし世代的なものだ。民間企業が中国で力を発揮するようになるにつれ、次世代の企業リーダーたちは経験則の恩恵を受けながら会社の舵取りをしていくだろう。その兆しを一つ挙げよう。経営管理学修士号の取得者だ。中国で初めてMBAプログラムが創設された一九九一年には、北京大学、中国人民大学、清華大学など在北京の名門大学をはじめとする九つの大学にしかなく、学生数もごくわずかだった。本書を執筆している二〇一六年現在は二三五以上のMBAプログラムが運営され、年間三万名の卒業生を輩出している。プログラムの質もだんだんグローバル水準に近づいてきた。『フィナンシャル・タイムズ』紙の二〇一六年度世界ランキングトップ１００には中国のＭＢＡプログラムが七つもランクインしている。経営学の勉強は、これからの世代が先駆者たちが中国経済の覇者となった民間企業を育てていたときの知識をはるかに凌駕する助けとなることは間違いない。その一方で、彼らにとっては、過去が情報源にも足かせにもなるだろう[32]。

新世代のＭＢＡホルダーたちは、リーダーたちがＭＢＡモデルをあえて避けている企業にどうなじんでいくだろうか。この疑問は、これらの企業が今後の前進の途上で取り組まなければならない多くの軋轢の一つを暗示している。章をしめくくるにあたって、本章以降の章末に巨富の創造者たち（フォーチュンメーカーズ）の言葉を紹介する。自身や中国の大企業のリーダーたちについて本人の言葉で語ってもらおう。ここに挙げたエグゼクティブのコメントには、私たちがインタビューしたビジネスリーダーの多くの思想が反映されている。

巨富の創造者たち（フォーチュンメーカーズ）が語る「自力での進路開拓」

私は一つのことに打ち込んでそれで一番になれるタイプの人間だ。（中略）当社ではやろうと決めたら、きわめて高い水準と期待を掲げる。通常の資本市場では利益を出せれば成功と考えるが、我々はそれ以上のものを期待する。プロの経営幹部であっても私の要求や期待に完全には応えられないだろうと考えている。人生で取り組むことは一つだけにするのがよいと考えるのはそのためだ。

——寧波方太厨具有限公司〔キッチン家電の製造・販売企業〕、会長、茅忠群（マオ・ジョンチュン）

自社の能力や貢献によってではなく、偶発的な幸運やコネ、ましてや違法な手段頼みで利益を出すような業界は、社会から受け入れられず尊敬もされないだろう。実際の市場競争メカニズムによって利益が正常なレベルに落ち着いてはじめて、その業界の全企業が消費者の尊敬を勝ち取り、悪評を一掃できる。長い時間がかかるかもしれないが、それこそが合理的な選択であり、長い目で見ればそのほうが経済的見返りも大きい。

——不動産・金融サービス会社会長

優秀な外国企業と比べると、中国の民間企業はまだまだ改善の余地が大きい。だが若い起業家たちの勢いと情熱には実に感銘を受けている。私の知り合いの若者たちは皆、新しいスタートアップ企業を立ち上げようという覇気と意欲にあふれている。彼らのアイデアを聞かせてもらったり行動を見たりしていると、自分は年を取ったなとつくづく感じる。（私たちが創業したときは）民間企業は合法か違法か不明確な時代だったから、自分だけを頼りに毎日少しずつ進むしかなかったし、あまり欲を出してはいけないと自戒しなければならなかった。

——電気設備・送電会社会長

私が深圳に来たのは金儲けのためではない。たまたま深圳が経済特区に指定され、思い切った新しい挑戦ができる土地になったからだ。それが私にとって新しいチャンスになった。だがそこで何ができるか実際に試す前に、まずあらゆる制約や障害を打破しなければならなかった。

——万科企業股份有限公司、会長、王石（ワン・シー）

第3章
学習する企業

私がすることすべてに学びがある。

中国のビジネスリーダーが欧米のビジネスリーダーと違う点はたくさんあるが、最も重要な違いはおそらく学習、特に自分自身の学びに対する真剣度だろう。中国のビジネスリーダーたちは自分の勉強がビジネスの成功には不可欠だと認識しており、仕事のスケジュールをコントロールしやすいからにせよ、単純に学習を優先事項としているからにせよ、とにかく学習に多大な時間を費やしている。彼らのアプローチの柱は自分の無知を真摯に受け止めることだ。学習の重視は、直属の部下たち（自分に直接報告する立場のマネージャーたち）にもたゆまぬ学習を求め、ひいては組織全体に経験からの学びを求める姿勢に及んでいる。

ナレッジ・マネジメントとは、学習と知識の習得がビジネス上の競争優位性に不可欠であるという認識をいう。**組織学習**はそれに関連して、コンピテンシー（成果につながる行動・能力等）を創出する物事のやり方を企業ぐるみで学習でき、それによって競争優位性を高められるという考え方である。いずれの考え方にも、企業は他社にできないことができれば大きく成功する、自力で慣行や原則を発見することによってそれが可能になる、という昔からの概念が表れている。ナレッジ・マネジメントの好例は、あるクライアントと仕事をした経験から学んだ知恵を同じ業種の他のクライアント向けサービスに活用するコンサルティング企業だ。組織学習の最も有名な例は、トヨタのリーン生産方式かもしれない。長年の模索から同社は他社を圧倒する自動車組み立て方式を編み出した。

中国文化は伝統的な教育と知識を重んじるとよく言われるが、企業のエグゼクティブは自社の経営において、かならずしもその価値観を組織学習とナレッジ・マネジメントに持ち込まなかった。そこにはもっと実践に即した思慮が働いていた。この数十年間に起業した民間企業は、グローバルな競合他社に自分たちがどれほど後れを取っているかをすぐに理解した。学ばなければ、早く学ばなければという切実で現実的な必要性を身をもって体験したのだ。彼らはこれまで見たこともない世界、自由市場と民間資本と企業収益と労働者の流動性という世界に飛び込んでいた。起業してまもなく、創業数十年、会社によっては一〇〇年以上も続く老練な海外企業としのぎを削るようになった。

新しい中国企業が国内での事業運営はもちろん、ＧＥやシーメンスのような海外の競合に伍してやっていくにはあまりにも準備不足だという事実を、創業者たちはしっかりと受け止めた。欧米企業に追いつこうとするのは当初は屈辱的だったが、必死で取り組んだ。組織の部門分けや製品の販売のしかたといった基本から学ばなければならなかった。エグゼクティブたちは自分の学習法そのままに、部下のマネージャーたちにも経験から学習せよと発破をかけた。

自己管理型学習

欧米企業と同様に、最も成功している中国企業はリーダーシップを三通りの方法で学んでいる。他人の行動からリーダーシップを個人で意識的に学ぶ**自己管理型学習**、己が従事するさまざまな仕事への取り組みから学ぶ**経験学習**、ベテランのエグゼクティブから一対一で指導やフィードバックを受ける**リーダーシップ・コーチング**だ。学習と内省は重要な属性に決まっているではないかと思われるかもしれないが、これらは欧米のエグゼクティブの典型的なモデルに見られる属性として最も顕著というわけではない。欧米では鋭い観察力よりも決断力が優先されることが多い[1]。

中国のビジネスリーダーたちは圧倒的に自己管理型学習を求めた。彼らのほとんどがキャリアを起業によって始めており、メンタリングという形で学べる相手がいなかったことを考えれば、それも不思議ではない。欧米の大企業が管理職育成プログラムを通じて提供しているような、仕事をベースにした学習も存在しなかった。

インタビューしたある会長は中学校教師からキャリアをスタートしたから、後継者が「継続的に学習する能力」を持っているべきだと考えているのは意外なことではなかろう。「外部環境は急速に変化するから、成功していた企業でも新しい環境で行き詰まる可能性がある。だから私の後継者は新しい物事を学び、外部の変化を鋭く観察する意思と情熱を持っていなければならない」。ある不動産開発会社の創業者兼会長もよく似た助言を口にした。「内省力だ。成功している企業のリーダーは皆、内省を強く好む傾向があると思う。問題の根本要因を自分で見つけ出そうとするのだ」

実践的な経験から自己管理型のリーダーシップ育成を行っている例は、航空輸送から情報技術や金融投資業までさまざまな業種を扱う従業員数一万名のある企業トップだ。自社の人材育成の話になると、彼は最も重要なリーダーシップ能力の筆頭に「学習力」を挙げた。「中国には手本とすべき確立した実績のあるビジネスモデルがないから、皆いろいろなアプローチを試して正しいビジネスモデルを見つけていかなければならない」と彼は言う。「外国のビジネスモデルを単に真似るだけではたいていはうまくいかない。外国の慣行や経験をどう修正しローカライズすれば中国市場に合うのかを考える必要があるのだ」。例えば、彼が手がける事業の一つは、他社より優れた機内サービスともてなしを提供して航空業界で成長の道を切り拓いた。彼をはじめ同社のマネージャーたちにとっては、自分自身の体験を考察することが最大の学習手段だった。「既存の理論をうのみにして、そこで言っていることをそのまま受け入れるべきではない」。そうではなく、「自分自身の仕事上の経験」からビジネスモデルを構築し、「自分の環境に適用して、自分なりのアイデアを考え出すべきだ」

別のエグゼクティブからは自身の経験を生かす他の手法が挙がった。ある不動産開発会社の会長は思い浮かぶことをその場で小さな手帳に記録し、自分の経験を課題解決に役立てている。「毎日、長い間解決していない問題について考え、原因の理解に努める時間を取っている」

多角的事業を手がけるハイテク企業、サンパワー・グループ（三胞集団）の会長はスケジュール帳を几帳面に四分割して学習経験の多様化を図っている。今では従業員五万名以上を擁し製造、物流、輸出入、投資運用、不動産を扱う企業の創業者でもある彼は、自分の時間の四分の一だけを本社での執務に使い、残りは海外の多国籍企業のリーダーや北京の政府高官と面会したり、上海で「現地の優秀な人材」と会ったりするようにしている。また北京大学の修士課程の学生に各分野の一流の書籍の要約を作成してもらっている。そして毎日二時間を一人きりの静かな思索に充てる。

サンパワー（三胞）会長が、職務の遂行に時間の四分の一しか使わず、残りの四分の三を学習に充てるのをいとわないのは、優先順位づけの見事な実践といえる。欧米のエグゼクティブに不公平にならないように言っておくが、この会長は創業者で会社の筆頭株主という立場だから、欧米のＣＥＯを拘束しかねない株主対応の時間を免れている。それでも、会長が会社と会社全体の戦略課題に意識を集中させていることは間違いない。「私は会った人々や読んだ本について考えをめぐらせ」、そのうえで「自分なりの理解をまとめ」、サンパワーの「経営哲学」を発展させていくのだ、と彼は言う。

従業員数約一万名のある百貨店事業会社の会長も、時間を明確に三分割して三分の一を会社の戦略、三分の一を会社の経営、三分の一を勉強と社外との面会に充て、学習の効果を最大化している。「チェスの試合はプレイヤーより観戦している者のほうがよく見える」と彼は説明した。だから自分のビジネスを「部外者の視点から」見て、「先に潜む罠や危険の見落とし」を避けたいのだという。

ビジネスリーダーたちの自己管理型学習の対象は、中国国内での自身の経験にとどまらない。取り入れられそうなものを外部に探した人々の話も聞いた。彼らは欧米企業から学ぶために時間とお金を費やしている。例えば台湾やシンガポールを中心に国外の中国人を採用したり、合弁事業を行ったり、コンサルティング企業と契約して欧米の慣行を導入したり、もっと最近では、幹部を欧米のビジネススクールや中堅エグゼクティブ養成プログラムに送り込んだりしている。

何を、どこから借用するかの判断も技術のうちだ。例えばある医療機器メーカーの会長は、欧米のコンサルティング企業を雇って、組織体制、事業運営システムの多くと、企業文化まで含む会社の土台の一部を構築させた。ある大手食品会社の会長はもっとピンポイントに、コカ・コーラから採用した従業員たちから事業戦略の立て方を学んだ。ジーリーホールディング（浙江吉利控股集団）の副会長でジーリーボルボ（吉利富豪）CEOでもある沈暉（フリーマン・シェン）は、買収したばかりの会社――ボルボ――の経営を、同社がフォード・モーター・カンパニー傘下にあったときボルボにいた欧米人マネージャーを呼び入れて学んだ。ある電力管理会社の会長はGE社の従業員として欧米の経営慣行を学んだ。だがこの技術が目指すところは、ある工業サービス会社のエグゼクティブが代表して語っているが、欧米の慣行を模倣することではなく、「外国の慣行と経験を中国市場に合わせてどう修正しローカライズするかを知ること」である。

経営幹部より下のレベル――CEOより二階層以上低い人々の学習を充実させるために、自社独自の大学を創設した企業もある。これらの学校は、既存の研修プログラムを統合して企業の研修部門の名称を立派にしただけのことも多いアメリカ式の「企業内大学」とは違う。一般的な教育から基本スキルや自社特有の仕事のトレーニングまで含む、総合的なプログラムを用意している。例えばある海洋エンジニアリング会社の会長は、経営人材の不足が拡大計画のボトルネックになっていたため、ビジネスの基本からもっと高度なテーマまで何でも教える社内ビジネススクールを設立し、今では約三〇〇〇名の従業員が学んでいると説明してくれた。ある大手工業企業の会長は、コースを修了すると報奨金を出すインセンティブ付きの「学習プラットフォーム」を従業員に提供していると語った。

中国の民間企業はこのような学校をはじめとする慣行を作り、事業拡大のボトルネックであった人材市場の基本的ビジネススキル不足を乗り越えてきた。だが最高峰レベルの学習にも費用をかけている。フィラデルフィアにあるペンシルベニア大学ウォートン校のマネージャー育成プログラムには一時、さまざまな中国企業から毎週のようにシニアマネージャーが入学してきていたが、このプログラムが特に抜きんでていたのはリーダーシップ能力の重視だった。ある家具会社は年間一〇〇〇名の従業員を海外に派遣し、ビジネスの授業を履修させている。ある不動産開発企業グループは新卒以外は採用せず人材育成を社内で行う決断をし、従業員をビジネススクールに派遣してプロフェッショナルスキルを幅広く学ばせている。

幹部候補向けの学習体験

私たちがインタビューしたトップ・エグゼクティブの多くが幹部候補に、創業ＣＥＯが会社を育てたときのように個人的体験によって自力で進路開拓する力をつけてほしいと願っていた。あるコンピュータ・エレクトロニクス製品メーカーのエグゼクティブのマインドセットを取り上げてみよう。会社の育成時に彼はマネージャーたちに、自分に対して畏まった態度をとるなと言い渡した。マネージャーたちが自身の意思決定から学ぶ意欲をそいでしまわないようにするためだ。そして彼らが自分を正式な肩書でうっかり呼びかけると一〇元（約一・五ドル）の形だけの「罰金」を徴収した。また、幹部会議にはあえてなるべく出席しないようにして、直属の部下たちが自分で経営上の意思決定をする責任を負い、それを引き受けられるようになるよう仕向けた。「自分でやり方を考えるべきだ」と彼はその方針を総括した。もっと身もふたもない言い方をすれば、決定するのに「ボスに許可を求めるな」ということだ。中国の伝統的な事業運営の慣行とは正反対のアプローチだった。

この学習原則の当然の帰結として、こうした企業の多くでは一回目のミスは叱られるよりも褒められる。中国最大に数えられる産業用電気機器メーカーの会長がその教育方針をうまく述べている。「会社が着実に発展するためには優れたチームが不可欠だ。だからふさわしい仕事をしてくれるふさわしい人材を、優れたビジョンで見つけて採用しなければならない」。そのためには彼らのミスを「受け入れる」のが望ましく、「厳しく批判するよりも話をする」ほうがよいとわかったという。そこに秘められた意図は「従業員の才能を取り込んで存分に発揮させる」ことであり、彼らが失敗を怖がりすぎていてはそれがうまくいかない。

柳伝志と楊元慶もレノボ（聯想）で同様の方針を取ってきた。部下のマネージャーたちに会社の雇われではなくオーナーとしての意識を持て、率先して行動し自分で決断せよと迫った。レノボ社内で広く流布した、従業員は会社の歯車ではなくエンジンだ、という喩えがそれを表している。中国の一昔前や、現在でも一部の企業の従業員の扱われ方とは大きな隔たりがある。この原則を強化しようと、楊は一時、従業員に上下関係を意識させないようにするため「ファーストネームだけで呼び合おう」というキャンペーンを行った。伝統的な中国の規範では、部下は通常、上司を「楊ＣＥＯ」や「柳会長」のように肩書をつけて呼ぶ。楊は全従業員に対して自分を肩書抜きのファーストネームで呼ぶよう求めたが、伝統からかなりかけ離れた人間関係のあり方になるため多くの従業員にとっては難しかった。しかしそれこそがこの試みの主眼だった。楊は抵抗にひるまず、部下にオフィスの壁に向かって「元慶」と連呼させたりもした。直属の幹部たちを朝、会社の玄関に立たせて、入ってくる従業員一人ひとりに「私は［肩書抜きの名前］、ファーストネームで呼んでください」と言わせたりもした。

船舶、エンジニアリング、工業、物流を手がける従業員数二万五〇〇〇名以上の会社の会長は、マネージャー全員が自分の担当する事業を「ゼロから」築くべきだと主張した。彼は幹部候補に人真似をせず自分のミスから学べと迫った。会長自身が経験から学んだのは親族の採用を避けることだった。「当社は家族のようなものだが、同族企業ではない」という。さらに「ＣＥＯ然とせず、それよりも教師であろうと心がけている」とも述べた。

ある不動産と金融サービス会社の創業者兼会長は社員たちの間で「校長」と呼ばれるようになっ

た。二〇〇〇年代前半に資産管理会社を立ち上げた彼は、グリーンテクノロジーを打ち出して中国で年間一万軒以上の住宅の建設を指揮し、ドイツとアメリカでも不動産開発事業に乗り出している。彼は自分のあだ名を次のように説明した。

私は時間の大半を学習に費やしている。本を読み、さまざまなテーマを勉強し、各種業界の成功している起業家たちに会い、ありとあらゆる社会活動に参加している。私がすることすべてに学びがある。学習が私の時間の大半を占めている。受け取った情報をすべて本当に吸収し、熟考のうえで自分なりの仕事の指針と方法論に落とし込むには、物事を徹底的に考え抜くことが重要だ。えてして私たちは日常業務に忙殺され、考える時間がない。社員たちが私を「校長」と呼ぶのは主に、私が全社員に勉強するよう訴え、会社をバーチャルな陸軍士官学校か訓練校に変えようと熱心に取り組んでいるからだ。

このエグゼクティブがリーダーシップを自力で身に着け育成することにこだわる裏には、経験を重ねるにつれ学習曲線が下がり自信のレベルが上がっていくことへの懸念があった。マネージャーたちが四〇代にさしかかる頃にはこれまでの成果に自信がついているだろうが、残念ながら自信がつくにつれ新しいことを学ぶ意欲は減退する場合がある。「さらに憂うべきは、成功者はたいがい自信曲線が上がる傾向にあり」、それが高じれば他人の助言を聞き入れなくなる。だから必然的な解決策として、エグゼクティブたちに「謙虚さとハングリー精神を失うな」、若手マネージャーなど他者からの学びに時間を使え、と求めるのだと彼はしめくくった。

企業の学習の源泉

中国のエグゼクティブの多くは、当初は在外中国人マネージャーやエグゼクティブを海外から採用してビジネスの知識を手に入れた。自社の中国人リーダーたちのメンターになってもらうためだけに、欧米企業からエグゼクティブチームをまるごと引き抜いた会社もある。例えば、電源装置とグリーンテクノロジーメーカーの会長は、GEから雇い入れられた。彼は会社のリーダーシップとガバナンスを、中国人起業家にありがちな個人中心のスタイルから一般に欧米企業らしいとされる整備された体制に移行させる手伝いが自分の役割と考えている。中国の自動車メーカー、ジーリー（吉利）はボルボから乗用車事業を買収したとき、外国の競合他社から学ぶという特異な機会を手に入れた。通常なら買収したジーリーがスウェーデンにあるボルボの本社機能を中国に移転させるか、少なくとも中国人リーダーをボルボの本社に派遣して経営させたはずだ。しかし、ジーリーのボルボ・カー社会長を務める沈暉（フリーマン・シェン）は、その反対に、ボルボのエグゼクティブにスウェーデンとアメリカから中国に来てもらい、彼らから学んだと語った。

しかし欧米の慣行を最短で移転できたのは、マッキンゼーやBCGといった一流経営コンサルティング会社や大手会計事務所のコンサルティング部門を大規模に使ったケースだ。思いつく限りの欧米のコンサルティングはどれも中国で広範囲に活動しており、こうした企業の中国での事業規模は年間一四〇億ドルほどとも推定される。中国の経営コンサルティング会社、ガオ・フォン・アドバイザリー（高風咨詢公司）の創業者、謝祖墀（エドワード・ツェ）は「二〇年前は経営という概念もなかった」が、現在では大手コンサルティング会社から多くの原則が取り入れられていると言う。[2]

西側企業との合弁事業を通じてビジネスの知識を獲得した企業もある。ある多角化企業の会長は、ウォルマートと正式な関係はなかったが、ウォルマートの事業モデルの相当な部分を自社の小売事業で模倣した。また、投資銀行にいた者を採用して自社の戦略計画を策定させた。[3]

西側のビジネス慣行が広く借用されているとすれば、中国企業が多くの面でなじみ深く見えるのも不思議ではない。だが中国人ビジネスリーダーたちは西側モデルを使えば自社を経営できるという考えをすぐに手放した。レジェンド・ホールディングス（聯想控股有限公司）の創業者兼会長の柳伝志（リウ・チュワンジー）は、アメリカ人経営者はＭＢＡプログラムで均質化されると見ているが、彼はそれを経験していない多くの中国人経営者の一人だ。「ほとんどの中国人起業家にはあのような教育のバックグラウンドがない。アメリカのビジネスリーダーたちは自社の経営について標準化された体系的な方法論を持っている。標準的なレシピで料理をするようなものだ」と言う。それとは対照的に、「中国人起業家は自分の経験と慣行から自分なりの経営スタイルをたえず抽出していかなければならない。だからアメリカ式レシピと中国式レシピの両方で料理できるようにならなければならない」

中国企業は欧米企業からあれだけ多くを借用しているように見えながら、どうして自社独自のモデルを持てているのだろうか。欧米モデルにつきものとされる標準化に対する不評のある部分は防衛的心理ゆえであろう。だが、欧米モデルを多用しながらも自力で事業のやり方を数多く考案することができたのは、中国企業がゼロから立ち上げられたものだからだ。中国企業は欧米モデルを借用する際、一つの情報源からすべてを模倣するのではなく、取捨選択を行う。ビジネスのすべての要素がよそから借用したものだとしても、部分ごとの出どころは異なっているので、結果的にできあがったモデルは独自のものになりやすいのである。

では独自の部分はどこから来ているのだろうか。ある工業サービス企業のCEOは、成功するために唯一にして最も重要な要因は経験からの学びだと主張した。模倣すべき標準的モデルや借用するのに最適な対象など存在しないからだ。「中国には手本とすべき確立した実績のあるビジネスモデルがないから、皆いろいろなアプローチを試して正しいビジネスモデルを見つけていかなければならない。外国のビジネスモデルを単に真似るだけではたいていはうまくいかない。外国の慣行や経験をどう修正しローカライズすれば中国市場に合うのかを考える必要があるのだ」

中国人リーダーと中国企業が突出しているのは、組織的な学習がリーダーみずからの学びにかかっていると考える、その度合いの大きさ――後の章で詳しく取り上げる、ビッグ・ボスというリーダーシップモデルの論理的な延長線上にある考え方だ。あるメーカーの創業者兼会長は、これをどのように自分に課してきたかを語った。「創業以来、私は長年にわたって南京大学、江南大学、清華大学、北京大学、長江商学院、中欧国際工商学院（CEIBS）とたくさんの大学で勉強してきた。学ぶことは私にとって、視野を広げ分析スキルを向上させる最も大事な方法だ。また、自分の欠点に気づくので、学習意欲に拍車がかかる。その途上で手本になるような優秀なビジネスパーソンたちとの親交もできた」。こうした経験すべてが彼の企業を導く能力を強化してくれた――見習うべきモデルが見つかったという点でも、他人のミスから学んでその轍を踏まずに済んだという点でも。

エネルギー、不動産、資産管理の業界で事業展開しているある企業の会長は、自分が成功を実感したことを会社全体に適用している。「立ち上げ当初から、会社を『学習する組織』に育てようと決意した」。そこで、「教育に関するインセンティブ制度など、勉強のモチベーションを与えるさまざまな制度を設け、従業員に学習プラットフォームを提供している。また企業内大学を設立し、私が学長を務めている。自分の時間の三分の一を学習、トレーニング、フォーラムでの意見交換、広報に費やし、私自身にもおおいにためになっている」。企業内大学の学長を企業の創業者兼ＣＥＯが兼任するケースは他の中国企業でも見られるが、学習がきわめて大切だというシグナルをトップが発信する点に、その重要性がある。

一五億ドル以上を運用しているベンチャーキャピタルの創業者兼マネージングディレクターは、学習をどれだけ優先事項としているかがその企業の成功を予測する主要な指標だという。ある企業に投資を行うかどうかを、彼は学習の優先度を見て判断している。「当社は学習力がしっかりある起業家に投資をしたいと考えている」。また、テクノロジーの天才や単に優れたアイデアを持っている人という、アメリカのステレオタイプからイメージされる起業家とは一線を画し、ナレッジベースと学習への関心を中国の起業家は持つべきだ、と彼は考えている。「社内業務の処理はもちろん、政府、メディア、顧客との付き合いなど、あらゆることに長けていなければならない。だから起業家であればすばやく学べる能力は必須だ」

リーダーシップ・コーチング

こうした中国企業のリーダーシップ育成は、欧米に見られるものとはかなり異なる形でなされる。幹部レベルのマネージャーのパフォーマンスや改善を要する点に、創業者が欧米企業以上に口を出し、人格にまで踏み込むことも多い。批判が人前で厳しく行われる場合もある。その様子を、有罪宣告を受けた者が罪を公衆の面前で告白することを強いられる政治裁判になぞらえる人もいる。

衛哲（デヴィッド・ウェイ）は二〇〇六年に西側からアリババ（阿里巴巴）のＢ２Ｂ部門に入社した。三年後、彼は同社の四〇〇人のシニアリーダーに自分の学びを話している。その大半は自分自身をいかに変えるかについてだった。「二〇〇七年に私は自分を変える良い機会を逸してしまった」と彼は語った。「馬雲（ジャック・マー）から（一〇〇点中）七五点しかもらえなかったときのことだ。私は原因を分析して修正するのではなく、翌年はもっと実績を上げて自分の実力を証明してやるという意気込みにとらわれてしまった」[4]と説明した。

ある日、組織部門会議が終わったあと、馬雲（ジャック・マー）はＢ２Ｂ部門の二〇人ほどの部員に声をかけて居残りさせ、Ｂ２Ｂ部門の部員たちをさらに呼んで延長会議に参加させた。

（馬雲（ジャック・マー）は）こう言った。「今晩のような会議を行うのはアリババの九年の歴史の中で二度しかない。一度目は、創業メンバー一八人で重要な問題を洗いざらい議論し、アリババを今ある姿にしたとき。二度目が今回だ」。ジャックの言葉ですぐ、中国共産党史で有名な廬山会議を思い出した。[5]

一九五九年の中国共産党の廬山会議では、国防部長だった彭徳懐（ポン・ドーホワイ）が毛沢東（マオ・ツォートン）の政策に反対を表明したことを、主席の毛をはじめとする党の指導層から批判され、糾弾された。「馬雲（ジャック・マー）は続けて、全員に私に対する率直な意見を言うよう求めた」と衛は言った。「正直なところ、会議中の二〇時半から二一時にかけて、参加者の四分の一が起立して私のマネジメントを批判し石を投げていた時間は本当につらかった。そして半数が意見を述べ終わるまでの次の二時間、私の味方をしてくれる者は一人もいなかった」

欧米のマネージャーがこのような公然の集団批判にさらされたり、これを甘受したりするとは想像しづらい。それをなぜ甘受できたかを衛は説明した。「アリババは他のどの企業に比べても安心感がある。アリババの安心で健全な環境では、落ち度を指摘する会議でどれだけ厳しいことを言われても心配する必要がない。また、もし馬雲（ジャック・マー）が私を解任する決断をしたのであれば、このような会議は開かれないはずだとわかっていた。私を辞めさせるつもりなら、八時間にもわたってこのような会議を行う意味はない。『党』なり『組織』なりがこれほど大きな労力をかけてでも一人の社員を救おうとしたからこそ、会議ができたのだ」

衛哲（デヴィッド・ウェイ）は、馬雲（ジャック・マー）とのいうなれば延長コーチングセッションで、「君はまだ自分を証明しようとしている」と言われたという。このセッションがきっかけで「私は三カ月以上も考え込んだ。深い意味が理解できるようになったのはつい最近のことだ。ようやく『道（タオ）（普遍的な真理と道理）』がつかめたような気がする。それは我が社のミッションと価値観、自分を幸せにし、チームと組織を幸せにすることを行う信念だ」

　欧米の人間には、リーダーの過ちを公然と非難して皆の前で告白と謝罪をさせるのは公開裁判だと思えるかもしれない。衛のケースでは政治イデオロギーではなく組織の価値観が問題とされたわけだが、この場合でも政治的な状況でも、個人に考え方を変えさせる圧力は相当なものだ。衛は、馬雲（ジャック・マー）からの批判（主に自分がアメリカ的なマネージャーから脱し切れていないことに対して）を正しいと思っていること、批判に抵抗した自分が間違っていたこと、馬雲（ジャック・マー）が提唱する考え方を受け入れて自分の人生が上向いたことを明言している。しかしこのときのコーチングは不十分だったようで、数年後に馬雲（ジャック・マー）は正しい価値観をまだ理解していないとして衛を辞職させている。

学習への説明責任

　多くの企業では、ＣＥＯがシニアマネージャーたちにリーダーとしてのあり方を学ぶ責任を課し、その技術を個人的に指導している。例えばあるハイテクメーカーのＣＥＯは、同社の上級幹部全員に毎月、共産党でかつて求められた自己批判を思わせなくもない、自分が犯したミスと何を学んだかを開示する報告書を書かせていると語った。同様にある食品会社の会長は、上級幹部にリーダーシップとチェンジ・マネジメントについての考えや思うところを書かせ、一つひとつに目を通しているという。

私たちがインタビューしたビジネスリーダーのうち、会社全体を学習する組織にする重要性を強調していた何人かは、エグゼクティブのコーチングないし個人指導が鍵だと言及した。ある工業グループのＣＥＯは、トップクラスの人材に対してそれをどのように行っているかを説明した。「当社の会長と私は二〇一三年に正式なメンターシップ・プログラムを開始した。九人のメンティー、つまり高い潜在能力を持つ従業員を選定した。メンタリングチームを構成するのは会長、事業部門バイスプレジデント、私だ。一人が三人のメンティーを担当する。社内トレーニングプログラムも開催している。会長と私が講師を務める」

中国の家具小売最大手の一つの創業者兼ＣＥＯは、すべてのマネージャーに年最低五冊は本を読み、「マネジメントチーム・ミーティングの際に読んだ感想を話し合う」よう求めている。本の選択と本からの学びの報告が、上司に査定されて年間の業績評価に組み入れられている。「中国人起業家にとっては学習が成長と成功につながる道だ」とＣＥＯは言う。自身は小学校しか卒業していなかった彼は、創業後に再び学校で学びＭＢＡを修了した。[6]

ある食品メーカーの会長とあるハイテク企業の会長は、自社のシニアマネージャーに会社での体験から学んだことについて——何がうまくいき何がうまくいかなかったかの報告書を書かせている。前者はさらに踏み込んで、「ハート・トゥ・ハート・トーク」というプログラムを実施し、会長みずからシニアリーダーたちと膝を交えて「現状に満足していないかの気づき、新しい市場の動向や変化の発見、会社の競争力をいかに維持するかについての話し合いを指導する」という。リーダーに考えや考え方そのものまで変えさせようという発想は、日本式経営の合意形成手法を反映している。とはいえ、これがもう一つの日本的慣行――上司という公的な権威よりも同調圧力に頼る――にどれだけ類似しているかは不明だ。ある医療機器メーカーのCEOは、以前は会社の優先事項やプロジェクトに反対する従業員を解雇していたが、今は慰留して昇進させるようにしていると語った。不動産投資会社の創業者兼会長は、スキルは価値観や姿勢よりも身に着きやすいので、自社のトレーニングプログラムは従業員に会社の価値観を伝えるように作っていると言った。「漬物作りのようなものだ。野菜を塩水に数カ月浸けて、酸っぱい風味が出たら漬物になる」

中国の民間企業は海外で出資や企業買収を行うようになると、学習する組織というマインドセットを海外にも持ち込んだ。一億二〇〇〇万ドルかけてアメリカにエアコン用銅管の製造工場を建設した金龍精密銅管集団がそのケースだ。同社はアラバマ州の新工場に二九〇名の従業員を採用したが、施設の運営支援として七〇名の中国人従業員も赴任させ、その中には同社の社長もいた。しかし中国から自国流の手法を持ち込んだ中国人マネージャーたちは、仕事の教え方が不十分、働かせすぎ、時にはいじめと受け取られる言動で、工場のアメリカ人従業員の多くから反感を持たれてしまった。アメリカで最も労組の組織率が低いこの地域で、アメリカ人従業員たちは全米鉄鋼労働組合の支部開設を投票で決めた。

人事部門長は遅まきながら、それまで不十分であった「従業員の尊重」が、「お金よりも評価される」ことに気づいたという。同社の中国人マネージャーたちは組合および現地のマインドセットと折り合いをつけることを学んだ。あるコンサルタントいわく、アメリカに進出した日本企業は、完成度の高い自社流の業務プロセスを課してきた。それに対して中国企業は試行錯誤を行い、学びながら順応していったという。[7]

覆盤

個人の学習から集団の向上に焦点を移すのはさらにハードルの高いことかもしれない。ピーター・センゲの影響力ある著書『学習する組織――システム思考で未来を創造する』（英治出版、二〇一一年）は、組織がどのように知識の創造と獲得と移転に習熟し、オープンな議論と包括的思考によって他社に先駆けて市場の変化に順応できるかを例示している。中国のように変化の速い経済においては、そのような能力がとりわけ重要になりうる。

レノボはここでも例として参考になる。レノボの創業者の柳伝志（リウ・チュワンジー）は自分の体験から組織の学習を重んじるようになったが、そのプロセスで「覆盤（フーパン）」（将棋の「感想戦」ないし囲碁の「局後の検討」にあたる）と名づけた独特の方法論を編み出した。コンセプトの発端はレノボの黎明期、柳の部下のマネージャーたちが、当時まだ狭かった彼の執務室を入れ代わり立ち代わり訪れては緊急の課題を話し合ったことだった。一人との会話が終わらないうちに次のマネージャーがやって来るので、話が中途半端なまま果てしなく連続する日々になったと柳は説明した。夜帰宅してその日を振り返りながら、彼は時間の使い方が非効率で、しかも立ち上げたばかりの会社の収益にはあまりつながらない問題ばかりに気をとられることを嘆いた。一日をこのように細切れで散漫にしていてはいけないと柳は決心した。明確な目的を掲げ、時間の優先順位づけをする。この二つがうまくできるようになろうと。

もともと研究者だった柳は、一日の経験の振り返りが改善の重要な手段になることに気づき、これを意識的に学習の方法論として発展させ、自分だけでなく側近へ、さらに側近の部下たちへと広めていった。最初、このプロセスは単にレビューと呼ばれていた。新製品の発売、資源計画システムの導入、新規採用スタッフ必修の企業教育プログラムの導入など、大きな施策が完了すると、柳は主要な関係者を集めて内輪のレビューを行い、率直で建設的な評価を求め、当初の目標の再検討、実行の振り返り、成功と失敗の要因の特定、管理課題の抽出を行った。

事後レビューが定着すると、柳は囲碁から「覆盤」という手法を借用した。これは棋士が上達のため対局後に一手一手を振り返る慣行をいう。レノボでは長年のうちにこの慣行が定形化し、経験に磨かれて一つの能力になっていった。柳は二〇〇一年に公式にこの名称を採用し、二〇〇六年には明確に企業文化の中心に据えた。二〇一二年までに覆盤は世界中のレノボグループで推進され、レノボが出資する企業にも取り入れられている。

レノボの覆盤では四段階のレビューのサイクルを回す。（一）当初の目標と期待した成果を振り返る。（二）結果を当初の目標および期待した成果と比較し、効果があった施策と行動、効果がなかった施策と行動を見きわめる。㈢複数の視点から成功ないし失敗の根本要因を分析する。㈣総括を行い、経験から汎用的なマネジメント原則を抽出し、改善のための行動を特定する。

柳伝志（リウ・チュワンジー）の英語通訳が骨子を簡潔に伝えてくれた。「ビジネスで起こる現象を私たちはよく、ある中国のことわざでとらえます。『意図して花の種を蒔いたところに花は咲かず、たまたま種が落ちた柳が成長して生い茂る』」。レノボは自社の花が柳に負けてはいないかを自問する。花を植える目的が間違っていたのか。植え方が正しくなかったのか。植えた場所が適切でなかったのか。

同社のリーダーたちは柳伝志（リウ・チュワンジー）も含め、覆盤から出てくる経営批判に身をさらす。目標の未達が自分の落ち度であれば、自分の行動をかえりみて改めなければならない。例えば柳は、昔は短気ですぐ机を拳で叩く癖があったが、自分のふるまいのせいで社内に緊張が生まれるとわかってからは、こらえるようになった。

レノボのエグゼクティブたちが戦略の方向修正からどのように学んだかを考えてみよう。同社の最初の成功は、ＩＢＭとアップルのコンピュータが中国語の漢字を処理できるようにする独自デバイス――漢（ハン）カード――の開発でもたらされた。このカードは大きな利益を生み、レノボの初期の売上の大半を占めていたが、まもなくレノボはＰＣ販売業に進出し、そのおかげで、パソコンにハードウェアの追加が不要となりカードの需要が激減しても生き延びた。その後、同社は他社製ＰＣの販売から自社ＰＣの製造と販売に移行している。

レノボのエグゼクティブたちは覆盤の四段階を踏まえ、市場の崩壊を生き抜くべく市場機会を継続的に探し、新たなビジネスモデルを模索するというレノボの当初の目標に、いずれの転換も沿っていると判断した。資本はわずかで（創業時は二万五〇〇〇ドル未満）ビジネスの経験もなく、ミスをする余裕がほとんどなかったこのスタートアップ企業にとって、ハードウェアメーカーにおさまらず模索と探求を目的に据えていたことが、結果的に会社を救った。

覆盤の第二段階は結果と当初の目標の比較だ。柳伝志（リウ・チュワンジー）は戦略の方向修正を振り返って、結果が自分の期待を上回り、おかげで会社が破壊的技術による致命的な打撃を免れたと判断した。新技術の模索と探求という目的に導かれて同社がPC販売に転換したのは、まさにきわどいタイミングだった。だが一九九〇年には「ウィンテル」システムが有力になり、PC業界の競争は製品イノベーションからコスト管理に移った。IBMやHPなど他のメーカーが当時PCの製造にかけていたコストより自社のほうが安くできると考えたのと、新市場の模索と新たなビジネスモデルの探求という目的を貫く方針から、レノボは自前のPCの製造に踏み切った。その賭けは当たり、二〇〇〇年には同社製品が中国市場で二七％のシェアを獲得して首位に立った――柳の当初の期待をはるかに上回り、またも当初の目標を果たす結果となった。

覆盤の第三段階は成功または失敗の決定要因の分析だ。この場合でいえば、柳らは技術動向を積極的にモニタリングし、波が来る前に先手を打つことに先見の明があったと結論づけた。柳はレビューから、三つの要因が重要であり将来も活用すべきだと気づいた。（一）市場の徹底したモニタリングと、情報の裏づけがある次の進出ターゲットの見きわめ。（二）技術動向、サプライチェーン・マネジメント、品質管理とコスト管理の体系的研究による深い理解。（三）たとえIBMのようなグローバルリーダーと戦うことになっても勝つのだという決意。

覆盤の第四段階は経験の総括と、創発的なマネジメント原則の抽出だ。この段階は柳に大きな果実をもたらした。つまり、会社の現在の成功を離れた次の一手に目を向けることを学んだのだ。農業で使われる格言を引きながら、柳はこう言った。企業のリーダーはまず「すでに手に持っている茶碗の米を食べ」それから「釜にまだ残っている米に目を向けよ」、しかしそれだけでなく「田に稲を植える」ことも忘れるな。茶碗が空になってから新しい稲を植え始めるのでは遅い。だから今の事業を大事にしながらも、先を見越した計画を立てなければならない。

レノボの覆盤モデルに代表される事後レビューという考え方は、中国で広く使われるようになる前から欧米ではよく知られていた。レノボが画期的だったのは、このモデルに実際に真剣に取り組み、継続的に実行し、結果に基づいて変化していく意思だった。

主体的にことに当たる姿勢もきわめて重要だ。レノボが創業した一九八四年は、中国はまだ計画経済で、レノボのようなスタートアップ企業があてにできるリソースはほとんどなかった。コンピュータ製造ライセンスのような基本的リソースさえもだ。だが柳はこのような障壁に屈せず、アプローチを変えて、まず香港のＰＣメーカーと提携した。やがて柳は、企業のリーダーとして自分は日々の業務から一歩引いて全体像を見なければならないことを学んだ。

レノボはこの手法を繰り返し使ううちに、使い方を最適化するためのガイドラインを多数蓄積していった。同社は現在、マネージャーたちにオープンマインド、率直なコミュニケーション、内省を求めている。また覆盤の四段階それぞれに、学習を最適化するための原則を掲げている。

①　当初の目標ないし期待した成果を思い出そう。

- 目標と目的を分けて考える。目的は目標設定に方向性を与え、明確で段階的な目標はステップ・バイ・ステップ方式で目的を達成するのに役立つ。
- 目的を定めるだけでなく、定量的な目標またはマイルストーンとなるターゲットを特定しなければならない。定量的なあるいは測定可能な目標がなければ、目的の達成も成果に対する評価も難しい。
- 当初の目的と目標が十分に明確でなければ、覆盤を行った際に明確にして、レビューのプロセスが容易になるようにしよう。それにより、将来の目標設定と目的設定の質も上がる。

②　成果を当初の目的と比較しよう。

- まず、結果を当初の目標および目的と比較し、想定外の得失を分析しよう。
- 強みと弱み、成功と失敗の要因を見きわめよう。成功について理解する重要性を過小評価してはならない。謙遜しすぎるのも考えもので、自分の強みを見過ごすべきではない。
- レビューのプロセスを大きな文脈で行うために社外の関連事例を加え、客観的な結論を出すようにしよう。

③　成功や失敗の決定要因を分析しよう。

- 成功の要因を分析する際は、客観的な原因に特に注目し、組織自体のコンピテンシーを批判的に評価しよう。
- 失敗の原因を振り返る際は、チームの弱みの検証に特に時間を割こう。目的と目標の設定に明らかなミスがあって最終的な失敗につながったのではないか、じっくり検証しよう。これをしないと、レビューのプロセス全体が間違った目的と目標を前提として行われることになり、無駄な努力となる。
- 成功体験やベストプラクティスを振り返る際は、近視眼的にその件だけに目を向けず、一歩引いて普遍的なパターンを探すようにしよう。

④　体験と原則の総括を行おう。

- 総括の結論を出す際には、くれぐれも慎重に。常に課題を動的で大きな文脈の中で考えよう。具体的な体験から得た一つの考察を、普遍的な法則として扱う過ちを犯してはならない。

結論

私たちがインタビューした中国の民間企業のエグゼクティブたちは、不慣れなビジネス環境の中で自力で道を切り拓くすべを習得しながら、その学習体験を会社に投影した。彼らは必要に迫られて自分たちなりの「学習する組織」を発明した。欧米の経営でも何年か前から受け入れられていた指針だが、彼らは自覚的にではないが、外部から借用せず自分たちでそれを築き上げた。だが、これも必要に迫られて、彼らはもう一歩踏み込み、欧米で通常見られる以上の熱意で学習する組織になることを自社に求めた。

エグゼクティブたちは欧米ではすでになじみ深い三通りの方法で、学習する企業というマインドセットを構築した。自己管理型学習、経験学習、一対一のリーダーシップ・コーチングだ。第一の手法である自己管理型学習としては、未解決の経営課題に取り組む時間を日常的に確保したり、自分の時間を複数の領域に分割して理解の最大化を図ったりし、幹部候補にも同様のことを求めた。また、中国人としてのプライドに縛られず、欧米のコンサルタントを招聘したり西側にいた在外中国人を採用したりして知見を取り入れた者もいる。できるだけ多くのマネージャーに対象を広げようと、社内に独自の大学を設立した者もいる。

第二の手法である経験学習として、エグゼクティブたちは幹部候補に意思決定、結果についての内省、結果に学んで将来的な意思決定を向上させることを促した。第三のリーダーシップ・コーチングとして、エグゼクティブたちは部下に職制上の地位に対して畏まらず、オーナーとしてふるまい、責任を引き受けられるようになれと迫った。

巨富の創造者たちが語る「学習する企業」

中国企業の強みは我々がまだ若いことで、優良な外国企業に比べると中国の民間企業にはまだ大きな伸びしろがある。（中略）だからどれだけ勢いがあろうと、エネルギーにあふれた熱意があろうと、大きな目的を掲げていようと、謙虚に学ぶ姿勢を持ち続けなければならない。（中略）我々の未来は明るいと信じているし、いつか中国企業がグローバル競争の中できっと大きな役割を演じるようになると思っている。

――電気設備・送電会社社長

偉大なリーダーは未来と［自分自身］の両方を理解できていなければならない。特にリーダーの立場にいる者にとっては、自分を理解することのほうが実は難しい。（中略）成功しているビジネスリーダーをこれまでの職業人生で数多く見てきたが、共通するのは皆とても謙虚で勉強熱心なことだ。

——情報技術企業会長

当社は学習力がしっかりある起業家に投資をしたいと考えている。中国人起業家とアメリカ人起業家は違う。アメリカ人起業家はスペシャリストでもいいが、中国人起業家にはオールラウンダーであることが求められる。

——ベンチャーキャピタル企業CEO

［リーダーシップ原則の］第一は学習力だ。中国には見習うべき確立し成熟したビジネスモデルがないため、私たちは皆、リスクをとってさまざまなアプローチを試しながら正しいビジネスモデルを見つけようとしている。また、外国のビジネスモデルをただ真似るだけではたいていはうまくいかない。

——工業サービス企業エグゼクティブ

この事業を一から立ち上げたとき、私たちはどうすれば自社製品がうまく売れるのかわからなかった。経験はすべて実践によって得た。例えば新製品を売るとき、ただ店頭に並べても売れない。販促担当者に製品の使い方を実演させ、（中略）豆乳などの食品なら消費者に試食してもらわなければならない。マーケティングのやり方を学び、自分たちの実践を集約して経験マーケティングなどに理論化しているのは、必要に迫られてという面もある。効果を確認したら、実店舗とネット両方の販路で販促する。やがてそれが私たちの中核的な競争優位性になる。

――九陽股份有限公司会長、王旭寧（ワン・シューニン）

第4章

長期的な勝負を見すえた敏捷な戦略

私は揚子江のワニだ。

成功している企業の戦略は、アメリカの新米起業家のテンプレートとして長らく役立ってきた。アメリカの組織のエグゼクティブは、エスティーローダーやGEやサウスウエスト航空が競争力ある進路をどのように築いたかを研究することができる。しかし中国人の模範は、中国が経済を開放した一九八〇年代には存在しなかった。

中国人エグゼクティブは、フォーチュン500企業と肩を並べる企業を築き上げた人々でさえ、同じ市場で成功した他社のモデルから学ぶのではなく、どの戦略がうまくいくのか、経験をどう生かすかを発見しながら、自力で進路を決めていかなければならなかった。会社育成のための指針がほとんどないなか、中国のビジネスリーダーたちは欧米のリーダーたちとは違い、見習うよりも試行することによって学んできた。そのため、中国のビジネスリーダーたちは敏捷さを武器としてきた――敏捷さとは、どうすれば成長するのかを徐々に学びながら成長戦略を機敏に変える能力だ。彼らは、不安定な政治と急激な変化の中で必要に迫られて、自身の体験と試行錯誤と経験学習に頼ってきたのだ。

企業戦略とは通常、企業の方向性を定め、持続可能な価値と優位性を創出するのに最もふさわしいものを特定すること、とされる。支柱となる戦略は、企業にとっての中心的思想であり恒久的なビジョンである。会社が目指す基本線、何千人もの従業員が達成するための北極星となるものだ。それを踏まえていえば、急激に変化する中国市場は柔軟に適応できる企業に報いてきた。だから中心的思想は比較的定まったものであってよいが、企業戦略は固定的であってはならない。

古典的名著『組織は戦略に従う』で経営史家アルフレッド・チャンドラーは、二〇世紀前半のアメリカ企業は会社組織を事業戦略に従わせるという慣行に従っていたと説いた。企業組織の構造的変化とリーダーシップはおしなべて戦略の変化に従うことにチャンドラーは気づいた。しかしアメリカについてのチャンドラーの有名な公式は、中国でストレステストにかけられ試されてきた。中国では戦略の矢継ぎ早な変更が生存と成長には不可欠であり、さらにはその戦略も迅速に方向修正することがたびたび求められた。

本章でこれから見ていくが、アリババ（阿里巴巴）が小さなスタートアップ企業からニューヨーク証券取引所の寵児にまで成長したのは、何よりもその戦略の敏捷さのおかげだった。CEOの馬雲（ジャック・マー）はアリババの戦略を急速に変化する市場に合わせて繰り返し方向修正し、それにより、企業としてはもっと体制が整っているが順応性が劣っていたアメリカのイーベイの中国事業を倒すことに成功した。

中国の俊敏な配車サービス大手のディディチューシン（滴滴出行）が二〇一六年にアメリカのウーバーを打ち負かしたときも、同様のことが起きた。その二年前、ウーバーCEOのトラビス・カラニックはディディ（滴滴）の買収を持ちかけたが、ディディは拒絶し、同社CEOの程維（チェン・ウェイ）は

「我々が貴社を超える日が来る」と警告した。そしてその言葉は現実になった。二年間の激しい競争を経て、ディディはウーバーの一〇一〇万人に対し四二一〇万人のアクティブユーザーを獲得した。敗北を認めたウーバーCEOのカラニックはディディにウーバーの中国事業を売却し、すでに時価総額三五〇億ドルになっていた中国の宿敵に二〇%の資本参加をする道を選んだ[1]。

中国でも欧米でも、企業戦略を策定する際に企業リーダーはいくつかの問いを立てなければならない。第一に、市場でどのようなポジションを狙うか。この場合、競争戦略にまつわる定石――供給業者の影響、新規参入者の可能性、代替品の脅威など――が最大の関心事となる。第二に、会社の特長、厳密にはマネージャーの裁量がきくもののうちどれが、優れた価値を生み出すか。第三に、社内外の要因を考慮したうえで、マネージャーのどんな意思決定が市場で自社に付加的な優位性を生み出せるか。これら三つの問いの中心にあるのが、いかに優れた価値提案（value proposition）――顧客に最も訴求力の高い製品の特長とコストの組み合わせ――を創出し維持できるか、という問題だ。

事業戦略が何であれ、戦略的適合性というマネジメント原則では、経営層のリーダーのスキルセットと会社が直面している具体的な戦略課題がぴったり適合していなければならない。したがって、自社のリーダーとしてどのような人を求めるかは企業の戦略が決める。アメリカで広く認められた慣行として、財務上の難題に直面している企業の役員会は最高財務責任者を社長室に送り込む可能性が高い。マーケティングの難題に取り組んでいる企業の役員会は営業畑のエグゼクティブをトップに据えやすい。海外進出をもくろむ企業の役員会はグローバルな経験のあるマネージャーを昇進させがちだ。[2]

ところがこの因果関係が、中国ではしばしば引っくり返る。明確な既定路線を持たない企業リーダーたちは、市場とともに進化していく自身の経験からうまくいくこと、いかないことを学びながら、自社を新たな方向に進ませる決断を重ねてこなければならなかった。

中国市場が向かう先の不確実さを考えれば、民間企業エグゼクティブにとって企業戦略の策定と改定はきわめて重要だったことがわかる。これはインタビューで過去五年間にＣＥＯもしくは会長として果たしてきた最も重要な責務を三つ、そして最も時間を投じた分野を三つ挙げてもらったとき、明らかになった。責務として事業戦略の策定を挙げ（図４・１）、最も時間をかけている分野を事業

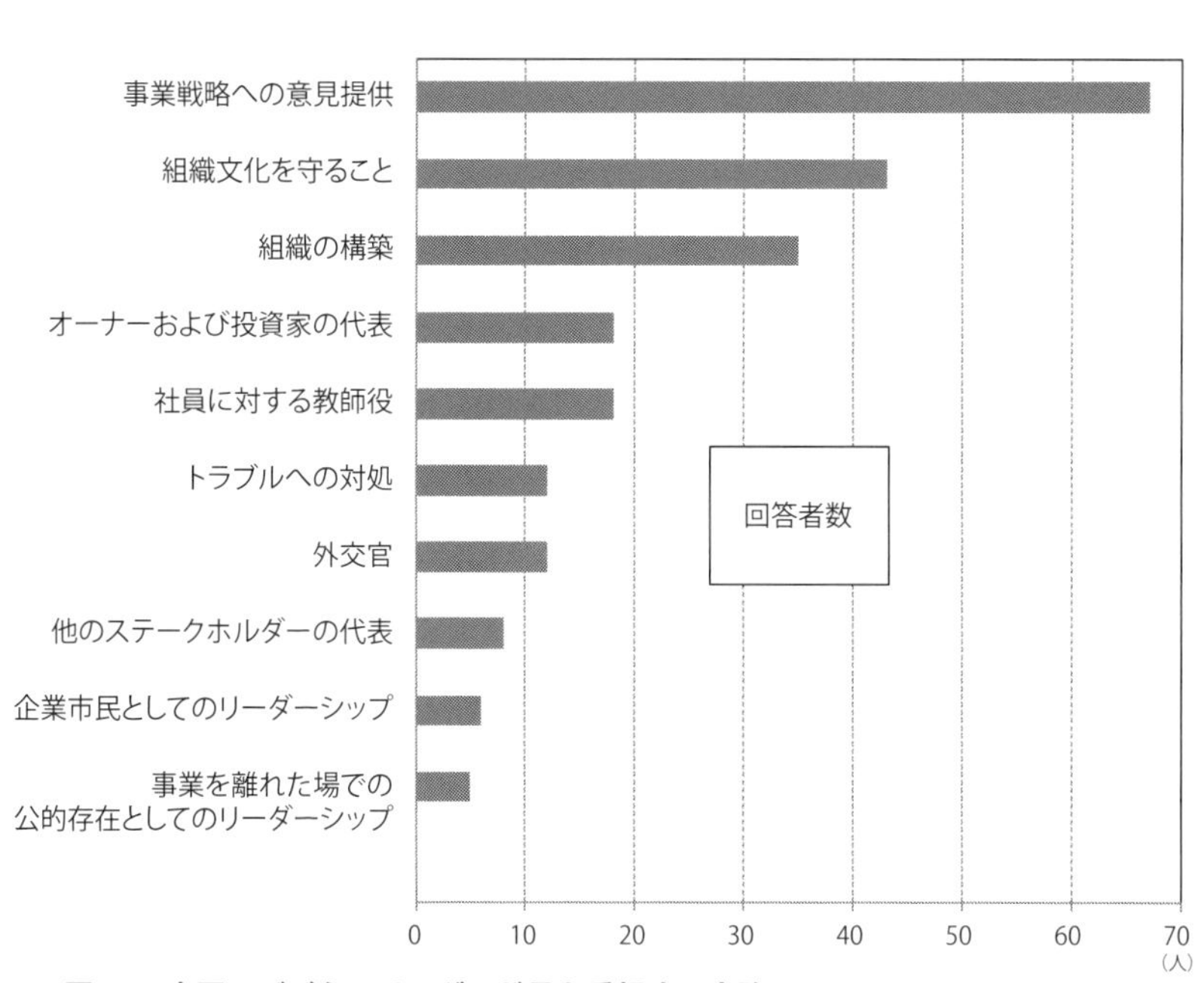

図4.1　中国のビジネスリーダーが最も重視する責務

質問：「過去5年間にCEOもしくは会長として果たしてきた最も重要な責務を3つ挙げてください」
対象のCEO／会長＝72名。

戦略の策定と答えた（図4・2）エグゼクティブが多かったのだ。特筆したいのはオーナーと投資家の関係にはほとんど関心が向けられていないことで、中国でビジネスリーダーが株主にあまり配慮していない事情と一致する。

アリババの敏捷性

戦略の敏捷性の価値を評価するために、私たちは馬雲（ジャック・マー）の軌跡を追った。馬雲（ジャック・マー）はアリババの創業者で、同社が産声を上げた一九九九年から中国のネット小売市場を支配するまでCEOを務めた。彼がどのように会社の方向修正を繰り返し、世界有数のネット小売業者、オークション

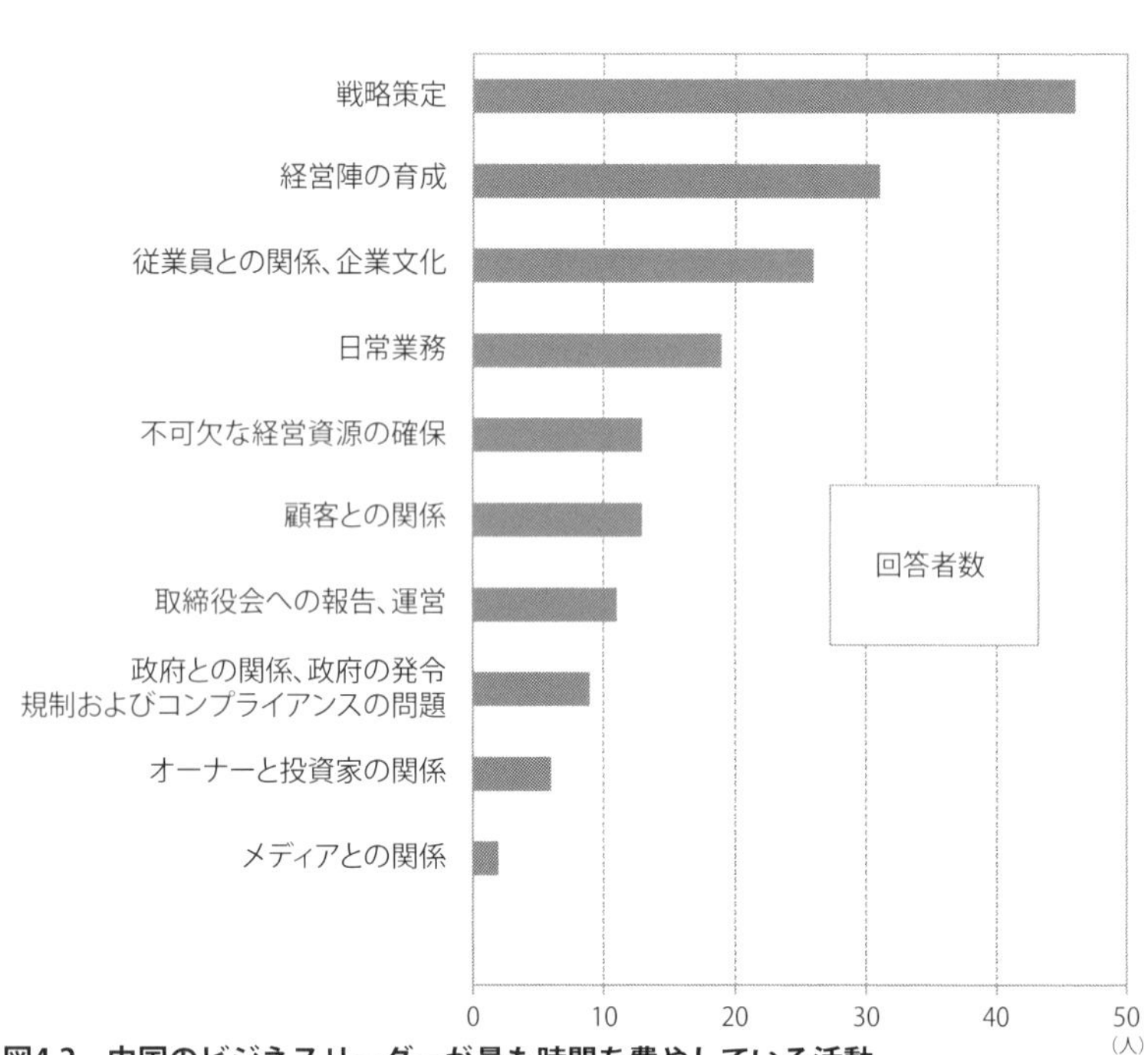

図4.2　中国のビジネスリーダーが最も時間を費やしている活動

質問：「最も時間を費やしている活動を3つ挙げてください」
対象のCEO／会長＝72名。

サイト、決済ポータルに導いたかを私たちは見た。
馬雲（ジャック・マー）は一九六四年、上海から南西約一二〇マイル（約一九三キロメートル）にある浙江省の省都、杭州市に生まれた。両親は伝統音楽の演奏家だったが、彼は幼い頃から音楽で研鑽を積むよりも英語を話せるようになることに夢中になった。外国人と英語で会話するために八年間、自転車で四〇分かけて市内のホテルに通ったほどだ。師範学校で英語を学び、五年間英語教師として働いた。新しい言語によって馬雲（ジャック・マー）の世界はグローバルに広がった。「学校の先生や本から習ったことは外国人から聞いた話とは違っていた」とマーは言う。「あの八年間が私を本当に変えてくれた。大半の中国人よりもグローバルになるきっかけになった」[3]
一九九五年にマーが訪米したときは、インターネットの商業的な可能性に目が向けられつつあった。前年にジェフ・ベゾスがアマゾンを創業し、ピエール・オミダイアがイーベイを設立している。友人にインターネットを教えてもらった馬雲（ジャック・マー）がためしに母国のビール会社を検索してみたところ、現地に何百とあるのがわかっているのに、一社も表示されなかった。インターネットはアクセスをとてつもなく広げる可能性があるが、世界最大の市場の一つがほとんど可視化されていないのだと馬雲（ジャック・マー）は気づいた。「これは面白い。中国の企業を取り上げて専用のホームページを作れたら、大きな商売になりそうだ」。そう考えたと彼は言う。その可能性にほとんど誰も手をつけていない。「盲目の身でトラの背に乗るような無謀なことをしている気持ちだった」と馬雲（ジャック・マー）は回想する。[4]
ウェブサイト開発の経験がまったくなかったにもかかわらず、馬雲（ジャック・マー）は帰国すると二万ドル調達した。アメリカで見つけたネットのイエローページ風の、中小企業カタログにアクセスできる消費者向けウェブサイトを作るためだ。彼のサイトに関心を寄せたのは主に自社の存在を知ってほしい地域の小規模企業だったが、競合するサービスをすでに始めていた地元の通信事業者、杭州テレコムの目にもとまった。資金力のあるこの相手に、馬雲（ジャック・マー）は対抗するより合併を選んだが、戦略上の違いがあらわになり、馬雲（ジャック・マー）は八〇万ドル受け取って手を引いた。対外貿易経済合作部所属のある会社に就職したものの、そこにもなじめなかった。「上司は中小企業をコントロールするためにインターネットを使おうとしていた。だが私はインターネットを中小企業に力を与えるために使いたかった。理念がまったく違っていた」[5]

　中国でインターネットが急速に勢いをつけ始めたのを受け、馬雲（ジャック・マー）は一九九九年に一七人の友人を杭州市の自宅アパートに呼んで、ビールやカタログの表示にとどまらないウェブベースのサービスを検討した。何日間ものブレーンストーミングを経て、馬雲（ジャック・マー）と仲間たちの話は小規模商店が商品の販促をするプラットフォームにまとまった。馬雲（ジャック・マー）は四〇人の盗賊が隠していた財宝を探し当てるアリババの物語になぞらえて、このプラットフォームにアリババという名前を採用した。後に彼が、サイトのフォーカスグループだったサンフランシスコのコーヒーショップでウェイトレスに社名から何を連想するかとたずねたところ、彼女は「開けゴマ！」と答えた――馬雲（ジャック・マー）がこの構想で目指したものをまさに言い当てるメタファーだった。

　当初、アリババ・ドットコムは主に小規模企業の商品を取り上げ、商品を輸出したい企業に世界中の顧客から注文が直接入る手段を提供していた。ささやかに始めた事業だったが、馬雲（ジャック・マー）

のビジョンは壮大だった。上海オフィスの開所祝いで何人かの顧客に会った馬雲（ジャック・マー）は「アリババを世界で十指に入るウェブサイトにしたい。あらゆるビジネスパーソンのパートナーにしたい。八〇年続く会社を築き上げたい！」と野心的に宣言した。[6]

その意欲的な目標はおよそ非現実的に見えた。アリババには引当金が一〇〇〇万ドルしかなく、一カ月二〇〇万ドルというスピードでキャッシュが失われていっていた。だが馬雲は輸出したい企業を西側諸国の買い手に直接つなげられる――要するに世界を彼らの市場にする――有料製品を実験し、それが当たった。二〇〇二年に会社は黒字化し、馬雲と幹部らが顧客の要望に応えてサービスを修正していくにつれ、拡大し続けた。[7] 馬雲は中小規模の商店のカタログ掲載という単純なサービスから始めたが、まもなくサイトへのトラフィックを増やすためのサービスを次々と追加していった。間接取引を信用しない顧客への対応として、支払い前に商品の出荷を確認できるようにした。

当時オークションサイトだけでなくショッピングサイトにもなっていたイーベイが、現地パートナーのイーチネット（易趣網）を通じて中国市場進出に成功したとき、馬雲は同社の急速な成長が自分のまだ小規模なネットビジネスの致命的な脅威になると考えた。そこで二〇〇三年、馬雲は個人と企業両方の買い手と売り手を無料でウェブでつなぐタオバオ（淘宝）（「宝探し」の意）を創設した。イーベイのエグゼクティブたちは無償のサービスというコンセプトを嘲笑った。同社の中国へのアプローチはアメリカモデルを調整しつつも根本的に変えるものではなく、売り手に掲載料を課金し、商品が売れたら取引仲介料を徴収しながら、当初は多数の顧客を獲得していた。イーベイのエグゼクティブたちはタオバオを、素人同然の人間がやっている財務力もないマイナーな地元プレイヤーとみなし、アメリカですでに大成功していた自社の敵ではないと考えていた。

馬雲（ジャック・マー）の方針で、タオバオは売り手にも買い手にも料金を要求せず、かわりに広告プラットフォームの使用に対して売り手に課金した。また馬雲（ジャック・マー）はウェブ取引を容易にすることが戦略の肝と結論づけ、それ以外のほぼすべて、物流、倉庫、在庫管理、注文処理までアウトソースして、アリババを「アセットライト」（保有資産を最小限にすること）企業にし、エグゼクティブの意識が顧客に集中できるようにした。イーベイのエグゼクティブたちは顧客要求にそこまで関心を割けなかったため、アリババは急成長し始めた中国のeコマース市場で次第にイーベイのシェアに食い込んでいった。

馬雲（ジャック・マー）は経験を重ね、中国におけるインターネットコマースの決定的な障害は、個人的に知り合いかどうかをいまだに重視する文化で、知らない者同士の売り手と買い手双方に不信感が根強いことだと考えるようになった。馬雲（ジャック・マー）らは潜在的な売り手と買い手のメールコミュニケーションを仲介するなど、信頼感の溝を埋めるイノベーティブな方法を模索した。だが最大の戦略上の方向修正は二〇〇四年のアリペイ（支付宝）創設だった。これはウェブ取引を容易化するエスクローサービス（物品の売買などの安全性を保証するサービス）で、返金保証をつけて客が購入した商品を確認できる一方、代金を支払わない買い手から売り手を守るものだ。このモデルのおかげで、買い手が商品の受領確認をすれば決済される保証がされ、売り手は安心して出荷できるようになった。

アリペイのサービスとしての魅力が実証されると、イーベイは合併を持ちかけた。

馬雲（ジャック・マー）はイーベイの提案を断り、かわりにアメリカのヤフーCEOジェリー・ヤンと話し合いを始めた。アリババとタオバオの規模を拡大するため資本投入を求めていたのだ。二〇〇五年夏にカリフォルニア州ペブルビーチで会談が実現した。このときヤフーは巨大グローバル企業になっていたが、中国ではいまだ苦戦していた。北京３７２１という面白い社名の検索エンジン会社をはじめとする現地パートナーと次々に協業したものの、ヤフーの中国進出ははかばかしくなく、ヤンはもっと良いパートナーを積極的に探していた。ヤンはアリババの株式四〇％と議決権付株式三五％を見返りとして、一〇億ドルの投資に同意した。アリババはヤフーチャイナ（雅虎中国）を引き継いで拡大のための資本を獲得し、一気にスケールと信頼性を手に入れることになった。

ヤフーの出資のおかげで、タオバオは三年間すべての顧客が無料でアクセスできるようになり、イーベイの課金モデルを直撃する脅威となった。「我々はイーベイに対し、中国におけるｅコマース発展の現段階でやるにふさわしいことをやれ、すべての買い手と売り手にサービスを無料にせよと求めたのだ」と馬雲（ジャック・マー）は挑発的に語った。もちろんイーベイにそんなことはできなかった。「無料などビジネスモデルではない」とイーベイのスポークスパーソンは言い訳がましく応じた。「タオバオが向こう三年間課金できないと公表したのは、それだけ中国におけるイーベイのビジネスが強い証だ。イーベイが中国で持続可能なビジネスモデルを築いたことは大きな誇りだ」。しかしタオバオとアリババにすっかり水をあけられ、イーベイは息の根を止められた。二〇〇二年に中国のeコマース市場に参入したイーベイのシェアはピーク時には七〇%にも達したが、わずか四年後には俊敏な競合に負けて撤退に追い込まれた。「イーベイは大海のサメかもしれないが」と馬雲（ジャック・マー）は語った。「私は揚子江のワニだ」。そして「川での戦いなら我々が勝つ」[8]。多くの顧客はさまざまな付加サービスに料金を払ってもよいと考えているのを馬雲（ジャック・マー）は見てとった。eコマースは大きな金の鉱脈だったのである。アリババはサブスクリプション型プレミアムサービスを提供し始めた。売り手のより詳細な商品情報と、会社の法的登録および財務状態を確証する独立した信用機関の証明書を表示できるものだ。

二〇〇七年には、アリババの売上の七〇%がプレミアムサービスから上がるようになっていた。その後馬雲（ジャック・マー）は、ブランド力のある小売業者が自社商品を無料でウェブ販売できるプラットフォーム、タオバオモール（淘宝商城）——のちに天猫（Tモール・ドットコム）に名称変更——を創設した。二〇一五年、アリババは家電小売のスニン・コマース・グループ（蘇寧電器）に四六億ドル出資し、スニン（蘇寧）の充実したサプライチェーンと五〇〇〇軒の実店舗へのアクセスを手にした。

ヤフーの出資はアリババが切実に必要としていたキャッシュの投入となったわけだが、ヤフーが後に不調になると今度はアリババが恩返ししている。二〇一六年にはアリババの成功によってヤフーが保有する同社株の時価が二八〇億ドルに上がったが、これは実質的にヤフー本体の時価総額と同額である。

馬雲（ジャック・マー）は新しい技術が台頭し顧客が変化するのに合わせ、アリババの戦略を繰り返し変更した。

表4.1　アリババグループの売上と利益、2011～2016年

年	売上（100万人民元）	営業利益（100万人民元）	従業員数（人）
2011	11,903	1,608	12,878
2012	20,025	4,665	21,930
2013	34,517	8,649	20,674
2014	52,514	23,402	22,072
2015	76,204	24,320	34,985
2016	101,143	29,102	46,228

出典：アリババ会社概要；YCharts〔企業情報データベース〕、2016年。

これは急成長する中国市場に求められる俊敏さの表れだ。馬雲（ジャック・マー）はイーベイの中国進出に、遠隔でつながれた買い手と売り手にどうしても発生する不信感を埋め、ブランド力のある商店をウェブの市場に連れてくるという、彼らとは異なる原則に基づいたネットのビジネスモデルで対抗した。顧客から突きつけられた、すぐ対応しなければアリババを破壊しかねない課題に直面し、マーは創業時からの自社のビジネスモデルだったものを繰り返し修正した。自社の価値提案を機敏に修正し、イーベイのようなすでに実績のある成功者の裏をかきながら、マーは年間四五％以上の売上成長、七五％の利益成長を導いた。アリババの驚異的な拡大は西側の投資家の目を引き、同社は二〇一四年にアメリカで上場すると二五〇億ドルの資金調達を果たした。これは二年前にフェイスブックが株式公開したときの一六〇億ドルを上回っている。二〇一六年時点でアリババの従業員数は四万六〇〇〇人を超え、一〇〇〇億人民元以上の収入を達成した（表４・１参照）。時価総額は二〇一六年九月に二五〇〇億ドル以上に急騰し、同社は世界十大企業の仲間入りをした。その市場価値はイーベイとヤフーを合わせた額の二倍以上になる。[9]

分権化した組織体制

馬雲（ジャック・マー）はアリババの戦略の方向修正を重ねる一方で、その敏捷さを支える組織体制も築き上げた。例えば、自分の周囲に同じ敏捷さで動ける強いチームを育てることに力を入れた。「リーダーシップはチームによるものだと考えている」と彼は私たちに語った。「リーダーはけっして一人ではない。チームだ。すべてに長けた立派で優秀な人間などいない。偉大なリーダーならば常に自分よりも優れた他人がいると考え、彼らを信じるはずだ」。最高の人材を見つけよ、「そうすれば勝てるチャンスが生まれる」と彼は力説した。そして直接関わり合うことで人材を一つのチームに作り上げていくことが重要だ。「お互いの目と目を合わせれば、家庭なり職場なり、何か問題があるかどうかすぐにわかる。信頼関係を築くのが大事だ」――チームができれば、幹部候補たちに自身で迅速な意思決定をする権限が与えられた。

アリババの敏捷性をさらに高めるため、馬雲（ジャック・マー）は本社から単一の推進課題を設定するよりも、それぞれの市場で主要なプレイヤーになれという馬雲（ジャック・マー）の全般的な指示に沿って、各子会社が独自の戦略を定めることを好んだ。それを馬雲（ジャック・マー）は「事業部門長は各自のビジネスで適切なことを行う自由を持たねばならない」と説明し、さらに「自分の事業で一番になる」という目的のためなら事業部門同士が遠慮なく競い合うべきだと主張した。例えばアリペイの最大の目的は決済処理の第一人者になることだった。その目的に向かって、アリペイはネット商店の顧客ベースを構築しなければならなかったが、その過程で同じアリババの傘下にあるタオバオの顧客を奪うこともあった。

権限委譲型の戦略設定を実現するため、馬雲（ジャック・マー）は分権化した組織体制を構築した。アリババは子会社ごとに別々の役員会とエグゼクティブチームを設け、分権化を事業運営システムにまで広げて、子会社ごとに独自のＩＴインフラを選択させた。社内競争がアリババの事業間の摩擦にまで発展すれば、馬雲（ジャック・マー）は事業部のエグゼクティブたちにグループに影響するような自部門の利害の最適化を迫った。社内競争によって子会社に実質的な不利益がもたらされるようであれば、事業部門長に当事者間で問題を解決する責任を負わせた。

馬雲（ジャック・マー）は自社の戦略を何度でも気軽に変更してきた。アリババが企業として地位を確立してからも、組織体制はそのような変更がしやすい分権化がなされている。彼にあっては通常の戦略的適合性を決める因果関係が逆転している。欧米の大企業では、会社が直面している戦略課題に適合した経験と気質を持つリーダーをポジションにつかせる。しかし馬雲（ジャック・マー）はそのような適合性にとらわれず、自社の戦略を市場に合わせて繰り返し方向修正した。そのやり方は宿敵イーベイやヤフーにはおよそ不可能なものだった。アリババを築き上げるまでの馬雲（ジャック・マー）の戦略とリーダーシップを表４・２に簡単にまとめた。

しかしアリババの敏捷な戦略の根底には、一貫した共通目標、企業と消費者、買い手と売り手が出会うバーチャル市場のかけがえのない基盤を創ろうという、全社で共有する「中心的思想」

がある。二〇〇六年から二〇一一年までCEOを務めた衛哲（デヴィッド・ウェイ）は、同社の敏捷性はこの中心的思想がブレないからこそ可能だったと述べた。「魂のある会社だけが偉大な会社と呼ばれるにふさわしいと私たちは考えている。人間になぞらえれば、戦略は骨格で実行力は筋肉といえるだろう。だが会社が成功するには、必ずその前に魂がなければならない。その次が骨格、最後に筋肉という順番だ[10]」

ここまで、アリババにおける敏捷な戦略と敏捷なリーダーシップの、緊密な相互関係を見てきた。それは同じコインの表裏だ。馬雲（ジャック・マー）は両者をアリババの舵取りに用い、戦略の方向設定と、実行

年	リーダーとしての意思決定	行動
1995	会社カタログのウェブサイトを制作するインターネット企業「中国黄頁（中国版イエローページ）」を創業。	アメリカでインターネットを試用し、中国での商業的可能性に気づく。
1999	17名の友人と自宅アパートでアリババを創設。	中国人顧客に合わせたサブスクリプション型モデルの事業戦略を策定。
2003	中小規模の中国企業向けeコマースプラットフォーム、タオバオを創業。	イーベイがアメリカのビジネスモデルを中国に持ち込むのを見るも、中国向けの独自のビジネスモデルを構築。
2004	ウェブ取引を容易にするエスクローサービス、アリペイを創業。	買い手と売り手の間の不信感を克服するウェブサービスを追加。
2005	ヤフーに株式の40％を譲渡し10億ドルを確保。イーベイからの買収提案を辞退。	壮大な成長計画を描くが資本が少なかったため、イーベイを大きく引き離すために資本を確保。
2014	ニューヨーク証券取引所に上場し250億ドルの資金調達。	グローバル企業構築に向け資本と認知を確保。

表4.2　アリババにおける馬雲の戦略とリーダーシップ

のためのチームおよび組織体制の構築を行った。このように戦略とリーダーシップを統合した経営が、民間企業では重要性を増しつつある。理由は主に三つある。第一に、中国企業はグローバルな相互依存度を高めているため、戦略やリーダーシップの欠陥が、世界とのつながりが少ない場合に比べマイナスに働きやすい。第二に、製品のライフサイクルが短くなり市場の変化のスピードが速くなっているため、適切な戦略設定とその戦略をタイムリーに実行できるエグゼクティブチームの重要性がともに増している。第三に、企業が戦う相手が直接の競合他社だけでなく破壊的イノベーターや顧客の変化になってきており、この理由からも、警戒を怠らずすぐ戦略の方向修正ができる企業リーダーが評価されるようになった。これらの要因はすべて敏捷性という特長に集約されるが、敏捷性は市場の条件が急激に変化し、国内の人々がオンラインショッピングに大挙して流れるのに伴い、市場機会が成長したことから必要とされてきたのである。

はるか先を見すえるバンケ

すばやく戦略のギアチェンジができるリーダーシップが多くの中国企業の成長を牽引する支えとなってきた一方で、エグゼクティブたちが次の市場の変化のはるか先を同時に見ているというエビデンスも私たちは確認している。大胆な方向転換は多くの中国のビジネス・リーダーシップと戦略のきわだった特徴だが、深謀遠慮もまた中国企業の特徴である。四半期単位の収益と年間の株式配当の安定成長を厳しく要求するウォール街にそれほど制約を受けない中国企業には、思い切った挑戦ができる自由度が比較的大きかった。

　中国のように急成長する過渡期の経済では、企業リーダーはたえず変化する市場と対峙する。そのような世界で会社の立ち位置を長期的なビジョンをもとに築く大切さを否定する者は少ないだろうが、現実には、繰り返し現れる好機からの偶発的利益をものにする見込みは抗いがたい――敏捷なマインドセットの闇の部分だ。目先の恩恵は短期的には大きな利益をもたらすかもしれないが、長期的な展望をくもらせもする。

　しかし中国に見られるのは両者のコンビネーションだ。目先の変化に応じる柔軟性と遠くを見すえたブレない姿勢の両立は、私たちがインタビューした企業の多くに見られた。その一つがバンケだ。ＣＥＯの王石（ワン・シー）が先の見えない道で会社を敏捷に導きながら、同社を商社から不動産管理会社へと変貌させていった経緯はすでに紹介した。もう一つ私たちがまのあたりにしたのは、はるか先を見すえるＣＥＯの姿である。

二五％

　バンケが住宅業界に参入したのは、住宅用不動産と商業用不動産の需要がともに急成長している時期だった。バンケに両方を追求させるべきか、王石（ワン・シー）は思案した。住宅市場に集中することを選択したなら、利幅の大きい高級豪邸市場に行くか、それとも利幅の小さい大規模集合住宅に行くべきか。その次は、広大な土地を取得して住宅をほぼ完成形まで建設しながら手元にとどめ、過熱した経済によって思いがけず値上がりするのを待つ、ランドバンク戦略を追求すべきか。それとも、実際に住む人を相手に完成した小規模住宅を短期間で建設する高速サイクル戦略のほうが好ましいか。

投機的なランドバンク戦略の鍵は、安価に土地を取得することだった――そのためには、政府とのコネがきわめて重要となった。適切な人物を知っていて、袖の下を渡す意思があれば、見返りは大きい可能性がある。一方、高速サイクル戦略では、目に見える買い手のニーズを満たしてコスト管理を行う能力が決め手となるが、いずれも短期に実現できるものではない。高速サイクル戦略の利幅のほうが小さいが、必要な資本も少なくてすみ、需要が予測しやすく、市場バブルにも左右されにくい。

戦略上の問いを解決する一助として、王は二五％を超える利幅が見込まれるビジネスは一切追わないと宣言した。当初、側近には利益追求の本能をわざわざ抑制する意味が理解できなかった。不動産業界も衝撃を受けた。なぜより高い利益を追求しようとしないのか。漸進的な経済改革と「双軌制」によって偶発的な利益を得るチャンスがもたらされ、それを活用する意思のある起業家にとって、時には袖の下の力を借りつつ不確実な政策変更に大きく賭ければ、とてつもないリターンが得られる。それればかりか、顧客の相手をするという昔ながらの方法で地道に稼ぐよりたいていの場合にはよほど簡単だった。

だが「市場は公正だ」と王は説明した。「ずっと市場を出し抜き続けながら持続可能な基盤を築くことはできない」。やがては市場原則が優勢となる。そうなれば、製品イノベーションと経営効率が会社の成長に不可欠になろう。そこで、王は利幅は小さいが持続性の高い「居住用住宅」市場を選択したのだ。一九九二年に王が行った決断によってバンケの長期的な経営方針が決定した。二〇年後、同社が建設した住宅の八〇％が建売で、九〇％は一四〇平米以下の広さで中低所得者をターゲットとしている。

質の高い成長

バンケの長期戦略を追求する決意は、当初から品質管理に力を入れていた点にも表れている。中国で不動産開発が始まった頃は需要の伸びに供給が追いつかなかったため、一部の建設会社は手抜きをしても売上が落ちないこと、その結果、品質の悪さは仕方ないと受け入れられることに味をしめていた。

だが王石（ワン・シー）はバンケに最初から高品質の建築を義務づけた。これはバンケの「賄賂禁止」方針の結果という一面もある。そのために条件の劣る土地を取得せざるをえないことも多かったからだ。例えば上海では数分おきに飛行機の離着陸の轟音が響く空港の隣の土地を購入した。中国西部の成都では、近くに住むのは縁起が悪いとされている火葬場の隣の土地を購入した。こうした明らかな欠点を住宅とサービスのすばらしさで埋め合わせなければならなかったのだ。

そのためにバンケは一九九六年を「品質の年」にすると宣言した。王石（ワン・シー）は「品質で成長する」というビジョンを打ち出し、建設のスピードが製品の品質と折り合わなければ、品質を優先させよと主張した。同様に、コスト管理と品質が折り合わなければ品質を優先させる。また、不動産の品質を決めるのは建設会社ではなく買い手でなければならない。バンケは複数の独立調査会社に顧客調査を行わせ、買い手が不満を書き込んで誰でも見られるようにできる「バンケへの苦情」というオンラインチャットルームを導入した。

二〇〇一年に王石（ワン・シー）は「無欠陥住宅を建てる」という目標を掲げ、継続的な改善に力を入れた。また部品の品質を向上させるために供給業者と協力する「割岩」（楔を打ち込んで岩を割る建築工法の名称）というプログラムを開始した。二〇一〇年には、一〇〇〇人の建築技師を日本に派遣して品質管理を学ばせるプログラムを開始した。これも学習する組織の一例である。王はどんな犠牲を払っても、たとえ成長スピードが遅くなっても、バンケの品質を向上させなければならないと宣言し、二〇一一年に「バンケクオリティ・ドリーム」と呼ばれるようになる三カ年施策を打ち出した。二〇一二年にバンケは住宅設計の耐久性基準としてセンチメートルではなくミリメートルを採用した。二〇一四年、中国の主要な不動産管理協会が、バンケに住宅サービスの品質でトップの評価を与えた。

パートナーとともに成長する

マイケル・ポーターの古典的な戦略フレームワークでは、企業は供給業者や買い手に対する交渉力を高めるために活動する――これも短期的には魅力のある手法だが、王石（ワン・シー）から見れば長期的には犠牲が大きい。自社とともにビジネスパートナーが成長してはじめて、持続的な拡大が実現すると王は考えていた。だから彼の成長推進の価値観の一つは「ともに成長する」であり、バンケのほうが交渉力の強い立場であっても、土地供給業者を味方として扱った。供給業者を仲間として引き入れるこのアプローチは、アメリカ企業の取引相手と中立的に距離を置く（アームズ・レングス）〔アームズ・レングス：独立企業間原則〕アプローチを排し、日本の製造業の慣行から借りたものだ。

例えば、成都市が土地一畝（ムー）——約一五分の一エーカー〔約二七〇平方メートル〕——の価格を三万人民元下げると申し入れ、そのかわりに最終交渉に王石（ワン・シー）の同席をという異例の要求を行った。市は他の開発業者もこの地域に誘致しようとしており、王がこの交渉に出てくれれば成都の信用性をアピールできると考えたのだ。王が値下げを要求し、成都市側が値下げを受け入れるのが会談前の暗黙の了解だった。ところが王は逆に一畝（ムー）当たり五万人民元の上乗せを求め、開発計画のために立ち退かされる人々への適正な補償を成都市にしてほしいとその理由を説明した。バンケは公正なパートナーとみなされるようになり始めた。成都市はその後さらに住宅開発用の土地を取得した際、市からの要請としてつけたであろうよりも気前の良い価格を設定した。

王石（ワン・シー）はさらに、取引相手と中立的に距離を置く（アームズ・レングス）よりも（より距離の近い）公正なパートナーシップをという姿勢を、不動産建設に雇った人々にも広げた。住宅建設に携わる人々が雇い主から大事にされれば、自分の仕事に愛情を持つはずだというのが王の考えだった。中国では大半の建設作業員がほとんど教育を受けていない地方の農村部からの貧しい出稼ぎだった。交渉力の弱い彼らは、劣悪な衛生状態、給料の遅配、危険な現場にさらされることが多かった。バンケは建設請負業者に対し建設現場への移動式トイレの設置を要求し、給料の遅配があれば自社から建設業者への期日通りの支払いも拒否し、現場の安全は名目上は建設業者の責任であっても、死亡事故があった現場を担当した自社の社員には年末のボーナスを支給しないという慣行を採用した。月次エグゼクティブ会議では建設現場の安全性の統計を報告させ、前月に作業員の死亡事故があれば全員でその死を悼んだ。土地供給者に要求された以上の金額を支払うという考え方も、建設業者とその従業員の関係に介入するという考え方も、ほとんどのアメリカ企業では考えられないだろう。

清廉さで導く

王石（ワン・シー）ははるか先を見すえよという教えをバンケの企業文化にも織り込み、ビジネスの「正攻法」と自身が呼ぶものをエグゼクティブに取り入れるよう指導した。これは取引の清廉さにも適用された。当時のしきたりを反映するように、王石（ワン・シー）が不動産会議の出席者に「政府官僚に贈賄したことが一度もないと言える者は挙手しなさい」と呼びかけると、挙がった手はごくわずかだった。不正な取引をしなければ不動産業界では成功できないという思い込みが蔓延していた。だが王石（ワン・シー）は自社の取引で贈賄を絶対禁止にし、これも長期的には優位性を築くことになった。

その徹底してクリーンな姿勢のために、バンケは最初のうちは一等地の取得に苦戦し、他の開発会社が見向きもしないような魅力のない土地やへんぴな土地に甘んじることが多かった。条件の良い土地が購入できても、自社の慣行が枷となって建設許可が何年も下りなかったりした。だが、賄賂禁止ルールは短期的には犠牲を払っても、長期的には優位性をもたらした。例えばバンケはまったく未開発の、上下水道も電気も交通路も学校も病院もない地方の土地をよく取得した。そのため、自前でインフラを整備せざるをえなかったが、それが後に地域開発を請け負う際、地方政府に対する貴重な優位性となった。清廉な会社という評判のおかげで、バンケのエグゼクティブたちは地方官僚から契約前や後に不正な要求をされることもなくなった。王はインタビューで六五の子会社が受けている長期的な恩恵を次のようにまとめた。数年前から中国政府が始めている反腐敗運動で、バンケが事業展開している諸都市の多くの官僚が収賄罪の判決を受けたが、バンケのエグゼクティブで巻き込まれた者は一人もいない。賄賂禁止の方針のたまものだ。

業界のコスト削減を目的に、王は一九九九年に壁、バルコニー、バスルームなどプレハブ住宅の構成要素をもっと安く開発する研究所を設立した。こうした構成要素を工場で生産して現地で組み立てることにより、バンケは建設サイクルを短縮し、コストを削減し、住宅品質を向上させ、固形廃棄物を減らし、エネルギー消費も低減させた。二〇一四年には住宅の内壁は一〇〇％工場で事前に製造された製品が使われるようになり、ペンキ塗りすら不要になった。

やがて、王石（ワン・シー）は森林保全などの環境保護を熱心に提唱するようになった。二〇〇八年には、違法に伐採された木材が中国の建設業界で使用されている現状と戦うための助言を自然保護団体のグリーンピースに求めている。バンケは高層建築物の建設に木型ではなく金型を採用し、業界と協力して輸入木材のラベリング制度を考案した。また王は世界自然保護基金（ＷＷＦ）と気候変

表4.3　バンケの王石による長期的視野に基づいたリーダーシップ

年	慣行	適用例
1992	「持続可能な基盤」を築くため、利幅は25％を超えてはならないと言明。贈賄禁止。	利幅が大きいが人の住まない高級豪邸に投機するよりも、利幅の小さい居住用住宅を建設。
1996	「品質の年」を宣言。	部品の品質を向上させるために供給業者と協力、建築技師と品質管理の向上に向け協力。
2001	欠陥ゼロ住宅のキャンペーン。	継続的な改善に注力。
2012	住宅建設により高い精度を導入。	住宅設計の耐久性の定義にセンチメートルに代わりミリメートルを採用。

動防止キャンペーンで協力し、二〇〇九年にコペンハーゲンで開かれた気候変動に関するサミットにも出席した。

私たちは王石（ワン・シー）に、短期的には犠牲を払ってもはるか先を見すえる姿勢を見た。王は、偶発的な利益に持続性はなく将来に禍根を残す結果にもなりかねないため、会社の利幅は二五％を超えてはならないと宣言した。評判を優先して立地を捨て、品質の高い建設と、パートナーを犠牲にせずともに成長することに力を注いだ。欠陥ゼロ住宅の建設とビジネスの「正攻法」を強調した。王石（ワン・シー）の長期的な視野に立ったリーダーシップを表4・3にまとめた。

リスクと失敗

学習する企業のエグゼクティブのマインドセットと自力での進路開拓が示唆するのは、

関連リスクの管理法についてまだ世の中に浸透していない知恵に賭けてみようという意欲の高さだ。これは第二章で見たように、創業にまつわる危険はアメリカより中国のほうが大きいことと符合する。またエグゼクティブが進路を判断するために自己管理型学習が大切であるのは、企業が今後生き残れるかどうかを知るには生産性よりも会社の年齢のほうが指標として優れていることを示した中国の工業企業の調査データの分析とも一致する[11]。

分析を行った研究者らは調査結果から、中国市場の隆盛は市場についてのエグゼクティブの学びに依存するところが大きいと推論した。知識と市場経験が中国で生き残る原動力であると結論づけたのだ。進路を自力で作っていくことにはより大きな危険が伴うため、中国企業の平均寿命は比較的短い。調査対象となった民間の工業企業の一九九八〜二〇〇七年の平均寿命は八〜一一年だった。

プラスの面に目を向ければ、ビジネスリーダーたちがすばやい方向修正にすぐ応じられる企業文化を構築したのは、中国の不確実な土壌のおかげともいえる。例えば、インタビューした創業者兼会長が経営する多角的コングロマリットでは、忠誠心の高いチームと強い企業文化が可能にした敏捷性がきわだっていた。鉄鋼生産や自動車部品から航空サービスや飲料まで五指に余る事業を抱える同社には、関連性のない新規市場にいつでも参入できる身軽さがある。創業者兼会長によれば、そのためには、忠誠心の高い経営陣チームを育成し、その下の層に新たな進出分野に素地のある人材を外部からすばやくリクルートしてこなければならないという。

例えば航空事業に参入するために、同社のＣＥＯは前職で航空業界に経験のある人々を採用した。鉄鋼生産業界に参入するために、ヨーロッパのパートナーと合弁事業を設立し、ベテラン鉄鋼メーカーとじかに接するなかで学んでいった。「状況に応じて別々の経営チームを構築すべきだと考えている」と彼は説明した。「だから経営チームの選定基準には柔軟性を持たせ、業種、事業の成熟レベル、時間枠など多数の要素を考慮している」。人材採用や事業提携という手段で迅速に動けたことはこの会社に有利に働いてきた。「当社の第一の競争優位性は経営システムの設計」とその「柔軟性」だと彼が述べたとおりだ。傘下の鉄鋼メーカーが供給業者として参加したプロジェクトには、中国を象徴するような建築物や国内外の国際空港が並ぶ。「意思決定プロセスが複雑すぎないので、重要なビジネス上の決断をすぐに下せる。熾烈な競争で一頭抜け出たいなら、これが一番重要なことだ」と彼は言った。「問題が発生すれば組織のあらゆる階層で迅速に対応し、効率的に解決する。社内にそういう空気を創り上げた。これには企業文化が関わっている。全社のリソースを結集して問題の解決に当たることが可能である」

結論

アリババで見たように、創業ＣＥＯの馬雲（ジャック・マー）は同社の戦略を繰り返し方向修正した。新たな進路はすべて直接の必要性から生まれている。頼るべき実証されたモデルのなかった馬雲（ジャック・マー）は、将来性があると信じたサービスを軸として自社を構築し、自分でじかに体験してはじめて別の顧客サービスのほうが将来性があると知った。これは西側で古典的な公式として知られていることを覆す力を持っていた。西側の公式を説いた代表格がアルフレッド・チャンドラーの『組織は戦略に従う』で、企業の戦略がリーダーを決める、戦略にふさわしい経営トップが選ばれるとしている。ところが中国の民間企業では逆に、企業のリーダーが戦略の再設定を頻繁に行うのが主流だ。彼らが事業展開している市場の変化の速さを考えれば、敏捷性、つまり機敏に方向転換できるリーダーの能力こそ優れた合言葉だったのだ。

さらに、中国企業では機略に富んだリーダーが柔軟性のある戦略を実行しながら、より恒久的な原則を目指してきたことも見てきた――目先の成長を支えるためだけでなく、その成長を長期にわたって維持するためだ。アリババの馬雲（ジャック・マー）は、最低でも八〇年はもつ会社を作っていると宣言した。バンケの王石（ワン・シー）は収益を抑制し、立地より評判に力を入れ、パートナーとともに成長し、清廉さを規範とすることによって、自社を中国経済の揺るがぬ大黒柱にしようとした。

敏捷なリーダーシップと戦略の支柱となっているのが比較的変化のない中心的思想であり、持続的な市場観と目的だ。この市場観が生きた核となって具体的な施策を生み出し、会社の戦略に影響を与えながら戦略を超越した企業観を形成している。これが会社の存在理由であり、会社が奉仕する対象であり、会社が作る製品であり、目指すべき成長の形であり、進むべき方向である。それは会社のアイデンティティ、存在価値（レゾンデートル）、あるいはビジネススクール教授のハミッド・ブシキとジョン・R・キンバリーが「会社の魂」と呼んだものに近い。だから必要性から生まれた企業の敏捷性は、同時により持続性のある重心に立脚しているのである。これについては人材と成長を取り上げた後の章で見ていく。[12]

巨富の創造者たち(フォーチュンメーカーズ)が語る「敏捷な戦略」

中国の民間企業のリーダーたちは最新の知識と慣行を学ぶことによって、激変する現在のグローバル市場にいち早く適応する事業ビジョンを作り上げることができている。リーダーたちが自力で継続的に成長しようとしているのが、中国企業の大きな競争優位性だ。

――不動産投資会社会長

我々の成長の唯一の支えは政府の開放改革政策だ。おかげで民間企業が存在できる。だが政策が明確でなく、誰もがとりあえずの試行錯誤をするしかなかった頃は、手探りの時代だった。先がどうなるか誰にもわからなかったし、公的文書も法律もなかった。

――電気設備・送電会社会長

実務経験を通じて業界について自分なりの見解を持つことが非常に大切だ。実際に当社でも、自社の業界の競争環境についての独自の理解と洞察をもとに、多くの重要な戦略が自然にできあがってきたと言える。

――消費財メーカー会長

第5章
人材管理

私たちはきっとやりとげてみせる。私たちは若いし、絶対に、絶対にあきらめないからだ。

中国人エグゼクティブたちは信頼と透明性を非常に重視し、それが内部統制システムの必要性を軽減している。同時に彼らは人材管理を根本的な課題の一つと考え、自社の人材の能力トレーニングに投資する心構えがある。次世代育成に学校や大学を関与させるのは難しいとわかり、社内での人材育成が主流になった。しかし人材管理はエグゼクティブたちにとって最大の課題であることに変わりはない。今後の世代交代を見すえればなおさらだ。

共産党における人材管理の発展

少なくともこれまでのところ、大半の中国企業にはマネージャーやエグゼクティブの育成やキャリアの方向づけを行う高度に洗練されたプログラムはない。しかしそれを備えた機関が一つある。共産党だ。共産党と、人材の育成と管理で有名なGEやプロクター・アンド・ギャンブルのようなアメリカの「アカデミー型」企業の手法には、意外なほど共通点が多い。

世界最強の人事部――他の追随を許さない――は、中国共産党の中央組織部（ＣＯＤ）である。ＣＯＤは政府、企業、そして社会全体の重職への任用をコントロールしている。

ＣＯＤは有望なリーダーたち――政府内外の――の業績を追跡し、詳細な記録を管理している。有望な若手官僚がいればへんぴな地方の小さな行政機関の長に配置し、手腕を見る。これを、エグゼクティブ候補の実力を試すためジャック・ウェルチがＧＥで行った「ポップコーン屋台」、スポーツの二軍チームのような小規模損益センターに相当すると想像してみよう。この試験的任用で最も重視されるのが、うまくいっていなかった機関や地域の立て直しである。さらに、運営していた組織の全体的な業績を一連の基準に照らして評価する。

どのリーダーをもう一段高い役職に昇進させるかを判断するにあたって、ＣＯＤは人材コンサルタントや有能な人事マネージャーが使うテクニックの多くを用いる。例えば高い役職に就いたとき問題になりそうな私生活上の問題を探すための徹底的な人物調査、気性などの要素を見る心理テスト、同僚による３６０度評価、業績を客観的に測定するよく練られた基準などだ。

ＣＯＤは行政機関同士や政府から企業へ、企業から政府へのジョブローテーションなど、リーダー育成のための人事を定期的に行っている。これが簡単にできるのは、中国の最も大きい企業群が今のところ国有だからだ。こうしたローテーション人事の背後にあるのは、大企業におけるのと同様、新しい状況に身を置かせて学ぶ機会を与えるという考え方である。

後継者計画が中央組織部の最終的なミッションだ。後継の重要さを実感してもらうために、中国国家主席の後継者は就任の一〇年前に決定されることを指摘しておこう。国家主席の任期は一〇年、つまり次の後継者は新主席の就任と同時に任命されるのだ。

中央組織部がコントロールしている中国で最も重要な役職は、大学学長や国有企業CEOから省の党書記までおよそ五〇〇〇と推定される。こうした重職を得たければ、CODひいては党に気に入られていなければならない。それはつまり、任命されたら引き受け――企業がエグゼクティブに異動を求めたときと同様――、そのポジションで成果を上げるということだ。私生活で問題が生じたり、共産党への忠誠を示せなかったり、直近の仕事で成果を出せなければ、次の昇進はないだろう。

中央組織部の存在は驚くべきものではないのかもしれない。そのルーツは漢王朝と尚書省までさかのぼるとも言われる。尚書省では官吏の採用試験を実施し、登用についての助言を行っていた。かつてソ連にも同様の組織があり、中国は一九三〇年代にそのモデルを借用している。市場経済に移行すると、企業と企業経営者という新たな力のある機関と職が誕生した。リーダーたちが企業と政府の要職の間を行き来して業界を運営する側になったり規制する側になったりする「回転ドア」がアメリカにあるとすれば、中国にもよく似たものがあるというわけだ――違うのはそれが意図的に行われているという点である。[1]

共産党に起源を持つ人材管理

中国の民間企業における従業員管理の意外な一面は、政府が事業経営をすべて統制していた一九八〇年代という早い時期から、さまざまな慣行が進化していたことだ。経営学者マルコルム・ウォーナーは共産主義が始まってから一九九〇年代前半までの変化を、「息の詰まるような中央集権化と無秩序な分権化」の間を揺れ動く振り子と表現している。現代の中国は事業経営へのアプローチが驚くほど実用本位（プラグマティック）だった。それはもともと、実用本位（プラグマティック）の重要性を説いたアメリカの思想家ジョン・デューイの著作に、当時の政権が関心を持っていたことに由来するだろう。だが鄧小平（ドン・シャオピン）が実権を握り、イデオロギーの純粋性を犠牲にしてでも経済的進歩を優先してから、その姿勢は間違いなく加速した。[2]

　工場の操業や生産活動に関する意思決定はイデオロギー主導だったのではないかと思うかもしれないが、マルクス主義の教条を支柱にしつつも、生産性と経済的成果への配慮が牽引役となることが多かった。第二次世界大戦直後の共産党支配の初期に、中国は多くの慣行についてソ連を模倣している。全国の雇用の意思決定、労働価値説に基づいた賃金体系――職種間の給与の差がほとんどなく、最高給のマネージャーの給料が最低給の三倍しかない――、出来高制などフレデリック・テイラーの科学的管理法をそのまま適用した仕事の設計と監督の采配を、中央当局が統括するのもその一つだ。共産党副首席で一九五〇年代半ばから一九六六年まで中国の工業化政策を主導した劉少奇（リウ・シャオチー）は、この采配とそれがどのように教育や社会政策などのテーマに展開されていったかを「頭脳に優れた者は頭脳労働に、体力に優れた者は肉体労働に」という単純な言葉で述べた。頭脳労働も肉体労働も賃金レートは同等だったが、政府官僚や党幹部が頭脳労働者にあたることは明らかだった。[3]

しかし中国の革命にはもっと草の根的な性格があり、ソビエト・モデルのトップダウン・アプローチは緩和されていた。欧米に置き換えれば職場代表にあたると思われる「生産リーダー」が労働者によって選出され、マネージャーの意思決定に影響を及ぼす役割を果たした。一九五〇年に設立された「職工代表大会」はヨーロッパの労使協議会のようなもので、選ばれた代表者で正式な組織を作り、経営の意思決定に労働者として公的な発言ができるようにしたものだ。

初期には、特にソ連と比べると経済がうまく回っていなかったため、トップダウン式の組織原則に対して公然と反乱が起きた。一九五八年から一九六一年にかけての大躍進政策で、中国は経済を分権化し、地方レベルで生産の改善策を模索した。失策として最もよく知られるのが農業の集団化で、一〇〇〇万人単位の餓死者を出したが、一方で大躍進政策は地方の工場の具体的な運営に対する地方官僚の支配を強める結果ももたらした。

一九六六年の文化大革命は職場に展開されると地方管理の原則をさらに進展させ、工場では労働者がいっそう力を持つようになった。劉少奇（リウ・シャオチー）は自分が唱えたトップダウンの慣行とともに粛清された。生産労働者が運営する「革命委員会」が工場で正式な権限を持つ存在となり、マネージャーはそれに従属する立場になった。

この分権化された工場民主主義運動は、中華全国総工会が地方工場の権力機構として返り咲くと、当初は後退した。中華全国総工会の設立は一九二〇年代だが、共産党の一機関だった。職工代表大会とは対照的にトップダウンで運営され、職工代表大会の影響力の大半を奪っていった。[4]

一九七六年に毛沢東（マオ・ツォートン）が死去し劉少奇（リウ・シャオチー）に次ぐ地位にいた鄧小平（ドン・シャオピン）が権力の座にのし上がると、文化大革命とそれがもたらした社会革新の多くは終息させられた。鄧は初期のトップダウン式慣行を数多く復活させた。工場単位の民主的な慣行の大半は撤廃され、ストライキなど地方工場マネージャーへの妨害行為は禁止された。生産を促進するための金銭的インセンティブが再開され、技術専門家で構成された正式な権威機関が工場の経営を引き継いだ。職工代表大会は地方の経営に影響を与える役割を失い、共産党の監視機構の一つになり下がった。[5]

中国の一九八〇年代は、経済運営と生産操業を効率的に行うためのベストプラクティスを徹底して追求した時代だった。海外に模範を求める動きは対象をソ連から西側に急転換し、特にアメリカの生産と管理の専門家が注目された。しかし従業員の目から見れば変化はほとんどなかった。鉄飯碗（ティエファンワン）と呼ばれた、労働者が実質的に解雇されないが転職もできず、個人のイニシアチブや業績はほとんど無視される雇用システムは、厳然と残っていた。

ところが一九九〇年代前半から変化が現れた。新しい慣行の意図的な押しつけというよりは、古い慣行の廃止によって、市場本位の別の選択肢がおのずと浮上してきたのだ。新しい慣行の一つが、外国企業の設立許可だった。外国企業の九〇%に労働組合がなかったことが、外国企業は違うというイメージの発信に寄与した。今では大所帯の国有企業でも、労働者の五分の一が個人労働契約で管理されており、企業は契約終了時に解雇することができる。これは鉄飯碗（ティエファンワン）の実質的な終焉を示している。[6]

だが制約のない自由労働市場に直接移行するかわり、政府は一九九四年に雇用と解雇の自由度を広げるのと引き換えに経営側が負うべき責任を定めた新しい労働法を採択した。この法律には産休などアメリカ以上の労働者保護や、最低賃金、八時間労働、女性の機会均等など欧米で標準となっている条件が含まれていた。またこの法律は、仕事の契約条件を記述した個別契約を被雇用者と雇用主の間で交わさせる新しい制度を作った。きわめて困難な時期を除き、契約が切れるまで労働者を辞めさせることはできない。通常その期間は三年だった。契約解除の際も、従業員の退職条件は場合によっては地方の労働組合を通じ、本人との話し合いを経て決められることが義務づけられた。退職条件には従業員の同意が必要とされ、これはアメリカをはじめとする大半の工業国以上に手厚い労働者保護といえる。

レイオフに同意が必要というのは、おそらく中国の人材管理に顕著な職場の特徴を最もよく示した例だろう。アメリカでは、労働者に対して自分が職を失う条件に同意を求めるなどという取り決めは想像しづらいかもしれない――労働者がそれに同意することも同じく想像しづらいだろう。アメリカの労使関係に詳しい人々であれば、解雇に労働者の意見が反映されることはアメリカでもあるのを知っている。ただし通例ではなく、解雇か事業の完全破綻かの二択しかない場合であり、破綻してしまえば労働者は何も受け取れない。ＥＵでも同様のことはあり、その場合は要請があれば労使協議会がレイオフの条件交渉で同様の役割を果たす。もちろん、アメリカやＥＵのこうした交渉が有効なモデルであるとは誰も言わないだろう。特に雇用する側から見れば、ヨーロッパモデルは会社に大きな負担となる。

中国で事情が異なるのは、組合が共産党もしくは政府の一機関（どちらかは時期による）であり、国有企業の経営陣も国家に直属する立場であるところだ。民間セクターの経営陣ですら政府に説明責任を負う。双方が同じボスに対して説明責任を負っているわけだから、両者間の紛争が交渉によって解決するという期待は欧米よりもはるかに理にかなうのだ。

中国で最も有名なレイオフ紛争は、なんといってもウォルマートが絡んだものだろう。地元の労働者との紛争があれだけ長引き、あれだけ各地で多発したのは、ウォルマートが中国企業のように中国政府に対して説明責任を負っていないことが影響していたのは間違いない。二〇一三年に同社が二〇店舗の閉店を決めると中国全土で抗議運動が起こり、ウォルマートに対しレイオフする従業員への手当を改善する圧力がかけられた。政府は地元労働者にも会社側の改善した手当を受け入れるよう圧力をかけ、抗議運動の先鋭化を阻止した。結局、間に入った政府の裁定を双方が受け入れ、中国では外国企業ですら最も基本的な雇用の意思決定について政府に説明責任を負っているのだと改めて思い知らされた。[7]

実力主義と職の安定性

一九九〇年代末になると、民間セクターの職場のマネジメント慣行はがらりと変わり、一〇年前の中国よりアメリカにはるかに近づいた。プロフェッショナルなマネージャーが管理を担当し、実力主義の採用と解雇があたりまえになり、大半の労働者が新しい契約で管理され、政府と共産党に監視を許す機関——労働組合と労使協議会——はなくなった。民主的な慣行の名残や経営の意思決定への従業員の影響力も消え去った。[8]

二〇〇〇年代の人材管理の慣行を支配した一つの要素が中国経済の驚異的な成長であり、もう一つが工場への同じく驚異的な半熟練労働者の供給である。たいてい貧しい小規模農家の農民から工員になる彼らの数は、推定三億とも六億ともいわれる。安価な労働力の供給が多いという利点を求めて中国西部に移転する工場もあったが、労働者を東部に呼び込むために寮を付設する慣行のほうが一般的だった。一九世紀アメリカの織物メーカーがマサチューセッツ州で行ったこととよく似ている。

労働供給量が潤沢だったため、雇用慣行は発展する必要もなければ工場のニーズを効率的に満たす必要もなかった。新規労働者のモチベーションは職を得て維持する機会だった。工場のマネージャーは総じて、従業員はインセンティブと恐怖に動機づけされると説いたダグラス・マグレガーの有名なX理論★の教えに従った。技師は科学的管理法のテクニックを用いて仕事の設計と構造化を行い、監督は解雇を脅しに使って今いる労働者のモチベーションを維持する。政府の監視がないため、一九九四年の労働法の条項は常習的に無視されていた。ある推計によると、二〇〇〇年代には労働者の約四〇％が低賃金で職の安定性がほとんどなく、福利厚生はまったくない仕事に就いていた。[9]

フルタイム労働者のレイオフ規制の抜け道を見つけたヨーロッパ企業と同様のことを、中国企業も行った――いずれも、正社員のかわりに契約社員と臨時社員を採用したのだ。中国の労働者の約一三％は臨時社員であり、これはアメリカの三倍にあたる。[10] 労働法に保護されているように見えながら、中国の民間企業を対象とした雇用慣行調査では、従業員の職の安定性が確保されて

★ マクレガーの理論は本文中に記述されている飴と鞭的なX理論と、高次欲求に着目したY理論を対比させている。

いるというエビデンスはほとんど——雇用者側からさえ——出なかった。[11]

中国企業の雇用慣行の詳細な研究が、こうした手法のからくりを伝えている。例えばある自動車メーカーでは、労働者の八〇％が実は人材派遣会社を通じた契約で雇われている。この自動車メーカーの正社員なら三年契約なのに、彼らは一年契約だ。特に研修など、契約社員が正社員と同等に扱われる部分もあるが、たいていは給料が安く、もちろん職の安定性もはるかに低い。[12]

銀行のようなホワイトカラー職では、この手法がさらに周到にできている。定員制と個別の労働契約があるのだ。ホワイトカラーといえば長期に勤める社員で大卒者だろうと思うかもしれない。ところが「非公式雇用」の労働者、つまり決まった職務を持たない常勤社員がいる。彼らはたいてい専門学校卒で下位レベルの仕事を担当し、昇進の対象とみなされず職の安定性も低い。その下に、人材派遣会社を通じて契約している臨時社員がおり、彼らは短期で移り替わる需要を満たすために銀行内をあちこち回される。ホワイトカラーについても、従業員が政府に保障されていると思っている保護を回避する手法を、雇用者側は考え出しているのだ。[13]

職場の教育とトレーニング

中国企業が従業員に対して職の安定性よりは手厚いのが、必要上からとはいえ、トレーニングである。個々の企業の慣行に関する別の詳細な研究では、好況に沸くエレクトロニクス分野を対象としたものであるが、雇用主が労働者のスキル向上のためさまざまな慣行を実施していた。

中国はアメリカを含む他国と比べて職業教育分野がよく発達しているが、それでも自社が必要とする人材を輩出するよう企業が地元の学校に働きかけてトレーニング内容を調整させている。こんな単純な慣行も、アメリカではいまだなかなか実現できていない。中国の雇用主はおしなべて技能と製造業務の理解に重点を置いた従業員向けのトレーニングプログラム――つまり生産労働者を育成するトレーニングを持っている。当然、雇用主は採用に苦労するときほどトレーニングに力を入れる。[14]

「競合他社に取られる可能性を考えると、労働者のトレーニングなどできない」という多くのアメリカの雇用主に広く共有された考え方は、中国では受け入れられていない。むしろ逆で、中国の雇用主は育てた社員の横取りにトレーニングの充実化で対抗している。[15] 社員の引き抜きがやはり雇用主の大きな悩みとなっているインドにも、同様の慣行がある。この問題についてはアメリカのほうが例外と言えそうだ。従業員トレーニングについてノウハウの蓄積もなく、転職者の数もアメリカより圧倒的に多い中国で企業に従業員トレーニングができるのだとすれば、アメリカの従業員トレーニングへの抵抗感は理解しがたい。ただし私たちのインタビューでは、経営層と監督者層のトレーニングはいまだにつけ足し程度にとどまっていることがわかっている。

前述したように、一九八〇年代から二〇〇〇年代半ばまで工場に大量流入した数億人の訓練された労働者によって、中国の雇用主は大きな恩恵を受けた。しかしその供給が枯渇するとともに賃金が上がり始めた。中国の平均年収は二〇〇六年の二万一〇〇一人民元から二〇一四年には五万七三六一人民元へとほぼ三倍に増加している（図5・1）。同時期のアメリカの賃金の増

図5.1　中国の平均年収（人民元）

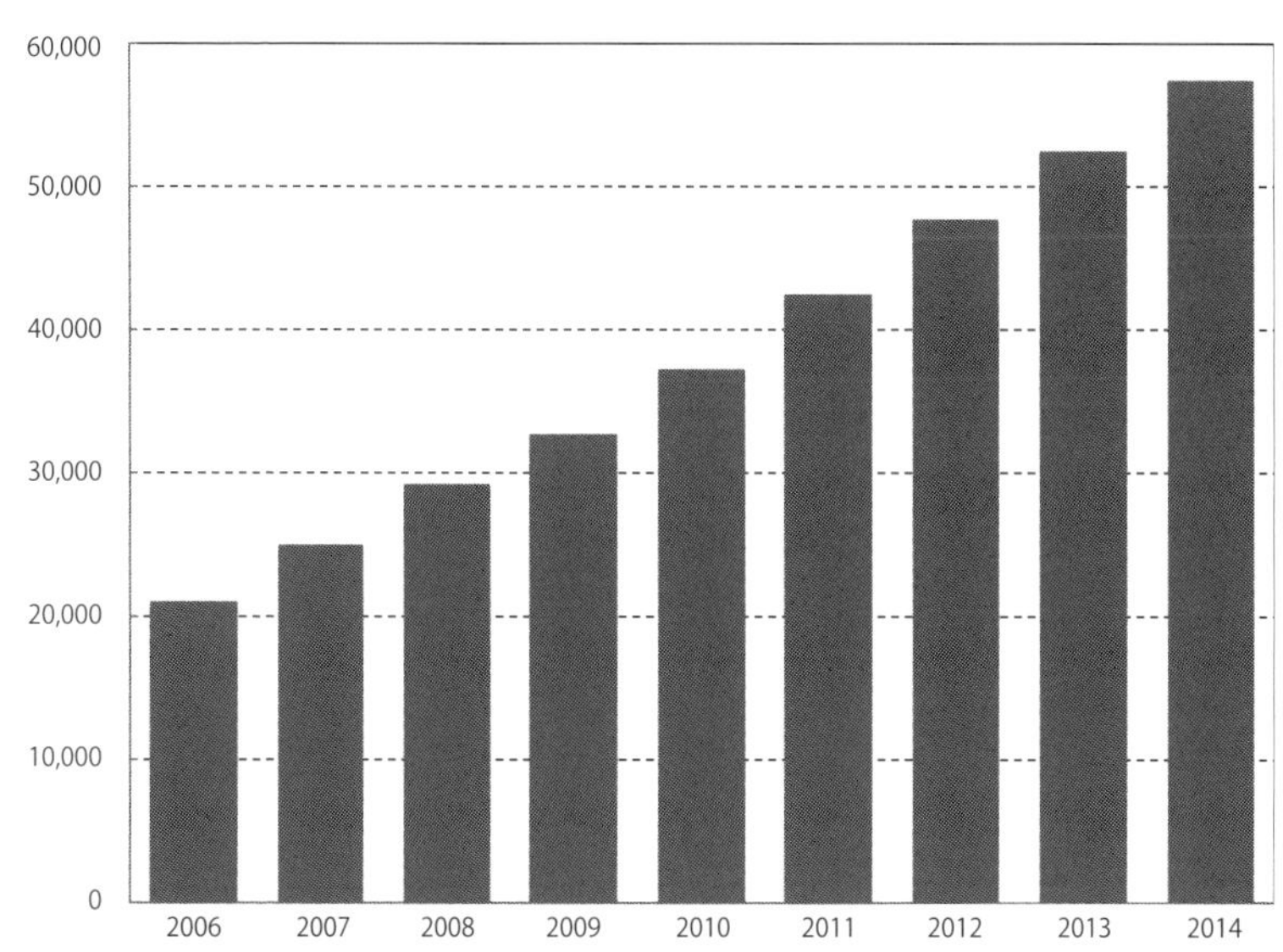

出典：トレーディング・エコノミクス、2016年。

加率は二五％にすぎない（二〇〇六年の時給一六・四ドルから二〇一四年の時給二二・四ドル）。中国の生産労働者の賃金が年率五〇％で上昇する状況は二〇一一年以降あたりまえになり、労働者は時には週単位で転職を繰り返した。

ペンシルベニア大学ウォートン校のエグゼクティブ養成プログラムのクラスにいた、中国東部のある工場オーナーがこの転職事情を教えてくれた。従業員が正月休みに帰省する際、会社はお年玉を出す（通常は現金）。近年その額が上がる一方なのは、休み明けに従業員に戻ってきてもらうためだ。ほとんどの労働者は戻ってくるが、その前に近隣の工場を回って給与と「転職ボーナス」と呼ばれる就職祝金をチェックする。そして自社に戻ってから一日ほど経ち、工場が再稼働して欠員が出ると痛手が大きいタイミングで、調べてきた他社との比較をもとに賃上げ交渉を行うのだという。

逼迫する労働市場で中国の生産労働者が美味しい思いをしてきたとしても、これは大卒者にはあてはまらなかった。意外にも大卒者にとって就職市場は氷河期で、学歴が上がるほど厳しくなる。中卒者には職が見つかるようだが、大学新卒者の「公式な」失業率は二桁にも達する。それ以下の学歴で約四％であるのと対照的だ[16]。

なぜか。欧米と同様、中国の親も子供に大学進学を望む。そのため大学進学者が増えたが、成績の悪い者も混じるようになった。だから大卒者の質が平均すると昔ほど優秀ではなくなっている。また、中国人は教育をそれ自体価値あるものと考えるため、多くの若者が卒業後に仕事があるかどうかあまり考えずに大学に進学する。世の中のマネージャー職やプロフェッショナル職の数に対して、大学を卒業する若者の数が単純に多すぎることもあるだろう。欧米の経済がサービス化してホワイトカラー職の数が増えた一方で、中国はまだ生産や工場が主力であるため、ホワイトカラーのポジション数は生産の仕事に比べ依然として少ない。

アメリカや、ヨーロッパでもある程度見られる事情とは異なり、中国の大卒者は職にあぶれても、ランクを落として高卒の資格しか求めない仕事に就こうとはしない。大卒者の失業率がはるかに高いのにはそうしたわけがある。では中国の大卒者はどのような仕事を求めているのだろうか。中国で最高峰とされる北京大学の学生たちと話をしてみると、中国が起業家の輩出大国だというイメージとはおよそ裏腹な答えが返ってきた。一番人気の職業は政府機関なのだ。給料の額は民間セクターの足元にも及ばないが、社会的地位は高く影響力もあり、安定しているので将来が安泰だという。二番目に人気があるのが国有企業である。ここでも安定性が重視されており、給与は政府の仕事よりも良い――ただし社会的地位は落ちる。三番人気が中国の民間セクターで、給与は格段に高いが安定性のリスクも格段に高い。最後が欧米、特にアメリカの企業である。ある学生の言葉を借りれば、欧米企業の一般的なイメージは「人を使い捨てる」、職の安定性も長期的なキャリアも提供しないというものだ。[17] 大卒者の初任給も月給約一〇〇〇人民元と特に良くもなく、北京の中心部の小さなアパートの家賃にすら満たない。北京の最低月給はおよそ二二〇ドル。しかしほとんどの大卒者は、職場まで長距離通勤になったとしても北京を離れたがらない。それにひきかえ、雇用契約のある正社員の職が獲得できれば、ＥＵと同等でアメリカでは聞いたこともない年間四五日の休暇、トレーニング、雇用者側からはレイオフできず解雇も難しい三年間の雇用保証が得られる。だがそんな職に就ける新卒者の割合は毎年ごくわずかだ。

人件費の上昇は中国の国内事業の競争力に大きな課題を突きつけているが、多くの企業にとっては経営モデルの課題でもある。ボストンコンサルティンググループ（ＢＣＧ）の報告書は、二〇一四年現在の中国の製造コストはアメリカとほぼ同じと結論づけている。低賃金を前提とした競争は、まもなく別の戦略に置き換えざるをえなくなるだろう。[18]

文化的支柱

職場慣行は社会的規範を反映しているが、社会的規範がそのまま職場慣行になっているような国はない。中国に関しては、中国文化と中国のビジネス慣行の関係を描き出そうと多数の文献が書かれてきた[19]。関連性の指摘は中国の古代文明から始まっている。「中国は国家の形態を装った文明である」という概念は、政府機関よりも国の文化のほうが持続性があり、中国を理解するうえで重要性が高いという考えを反映している。同じくらい古い文明を持つ国は他にもあるが――例えば中東など――、国の文化がビジネス慣行を動かしているという考えが中国ほど強く感じられる国は他にない[20]。

どの国でも、社会の価値観とビジネス慣行の性質には符合する点を見つけやすい。例えばアメリカのビジネス制度で私有財産が重視されているのは、アメリカの社会規範として個人主義が目立つことと密接に関わっているように思われる。しかし、ビジネス慣行が本当にその規範から生まれているのかどうかを立証するのはきわめて難しく、明確な関連性がない事例は見過ごされやすい。

中国のビジネス慣行が国の文化から生まれているという主張には、二つの難点がある。第一は、本当の中国の規範とは何かを立証する難しさだ。どの国でもそうだが、規範は常に流動的なものであり、現代において中国ほど短期間に多くの国民の生活が根本から変化した国は他にない。

一〇億人以上を抱えながら、三〇年足らずの間に農業国から工業国に移行し、わずか数年で生活水準が大幅に上がった。一部の統計によれば、過去三〇年ほどで人口の半数が貧困を脱している。また、中国は、平均的な国民生活が硬直した共産主義から消費主義に、これも約三〇年のうちに変貌した国でもある。

このような変化が、社会の価値観にも影響しなかったとは考えられない。例えば、一九九〇年代半ばに中年の共産党員を対象に行われた調査では、組織への忠誠が他の個人的価値観すべてを上回っていたが、現代では、政府や党を含め組織への忠誠心などは、あるとしてもごくわずかと見られている。[21] 中国が資本主義に開放された後に育った中国人従業員を上の世代の従業員と比較した別の調査では、若い世代ほど個人主義が強いことがわかっている。[22] 二〇〇〇年代に二〇〇名の中国人ビジネスリーダーの経歴を調べた別の調査では、彼らの行動に儒教と毛沢東思想の影響を示すエビデンスが見られ、他の研究はさらに別な文化的ソースを報告している。[23]

これとも関連する第二の難点は、ビジネス慣行の本当の性質を定義する難しさである。ビジネス慣行も流動的であるためだ。中国の初期の民間企業の研究者は、企業が政府に置き換わる形で労働者と上司が相互に義務を負う鉄飯碗（ティエファンワン）に似た制度があったと報告している。しかし先に見たように、大半の中国企業、少なくとも生産労働者や現場労働者の間では、中立的な距離感のある取引関係が一般的なようだ。

欧米の中国研究者の間では、中国のビジネス慣行の基底には儒教、すなわち紀元前五世紀に孔子が創始した思想と慣行があるとする見方が共通している。孔子の著作は広範なテーマを取り上げており、その考え方も複雑であるが、エッセンスは二つの教えに要約されることが多い。一つは仁、人間性の本質である他者への善意と情愛であり、そのために死ぬ価値のある徳。もう一つは礼、義理を含む正しい行いがあるとし、個人主義に対抗する概念だ。儒教の最も特徴的な慣行には年長者への敬意と、生活全般を律する掟あるいは少なくとも規範があるとする考え方が見られる。

権威、階層、敬意はいまだに重要な価値観だ。グワンシと人脈作りはいまだにビジネスライフで幅を利かせている。だがもちろん、これはほぼどこの社会にも言えることである。儒教が現代中国のビジネス慣行の礎石であると考える人々にとって不可解なのは、数十年にわたって中国社会から孔子とその思想の影響を根絶しようとする体制側の運動があったという事実だ。文化大革命以降、孔子の思想は弾劾され、孔子を祀った廟は破壊され、墓まであばかれた。儒教の教えを伝える僧侶に相当する人々はいなかったし、孔子の思想を守る僧院があったわけでもない。中国の民間企業の創業者は大半が、儒教が政権から嫌われていたこの時期か直後に育っている。共産主義の価値観と儒教の価値観には、秩序と規律の重視、指導者への忠誠、個人主義の害など、重なる部分がある。こうした価値観はソビエトの共産主義下にも存在したから、儒教を現在の中国の価値観の最大の源流とみなすのは無理がある。[24]

共産党が孔子を復権させたのは一九八九年の天安門事件後で、社会を安定化するための影響力の一つとして使ったのである。儒教のさまざまな要素がもてはやされるようになった。もっとも、それらが本来の儒教の教えと一致するかどうかはまた別の問題だ。[25] 徳を公に謳うのはあらゆるリーダーが誰でもやることで、なかには儒教をそのまま持ち出す者もいる。[26] 今日では儒教は共産党の現在のイデオロギーである「和諧社会」を補足するものとして推進されており、おそらくはペースの速い社会の変化、特に個人主義の台頭へのブレーキ役も果たしているのだろう。[27]

　文化的規範が慣行と一致しないもう一つの分野が「面子（メンツ）」という概念、中国社会で個人に恥をかかせる状況をなんとしてでも避ける考え方である。例えば、中国ではこのせいで業績管理が特に難しいという問題をよく耳にする。業績に対して本音のフィードバックをせず、評価が表面的に終わってしまうのだ。その反面、共産主義下の中国では、公の場で恥をかかせる行為——面子（メンツ）を立てるのとは逆に——が目立った。その最も顕著な表れが、犯罪や忠誠心の欠如を告発された人々の自己批判だが、平常時にも同様に起きている。[28]二〇一六年に、ある銀行の経営コンサルタントが全社員の前で成績の悪い研修生をステージに上げ尻を叩く様子を映した動画が話題となり、世間を騒がせた。しかしその直前に、研修生に自分の失敗と性格上の欠点を告白させた点は大きな批判もなく受け流された。

　中国の民間企業の日常的な従業員管理は基本的に大半の欧米企業と同じに見える。学校や大学で新卒者の採用活動を行い、中途採用者は膨大なネットの求人サイトや人脈で探す。昇給で報いて成長を促す従来型の業績評価を使う企業も多い。前述したように、研修プログラムは日本やヨーロッパほどあたりまえではないにせよ、アメリカよりは中国のほうが普及しているようだ。ボーナス制度も行き渡っているが、ストックオプションは一握りの上場企業のトップ・エグゼクティブ以外には縁がない。業績の悪い者は、入社時の三年雇用契約に守られていれば難しいが、そうでないかぎりは解雇される。福利厚生は雇用主によって差があり、なかでも必要最低限しかない国の制度を補完する民間の健康保険に加入できるのは従業員の半分ほどだ。

だが労働慣行は、仕事の性質によって国内でも大きく異なる。フォックスコン（鴻海精密工業）のようなメーカーの労働条件は、まさにディケンズの小説に出てくるような苛酷さだ。過労によるストレスから自殺する従業員の報道はもはや日常茶飯事であり、中国東岸の大都市のマネジメント職は欧米のそれと大差ないように見える。しかし多くの民間企業には中国特有の慣行もある。例えば、中国の雇用主の家父長主義的な伝統から、大都市の企業は従業員に社宅を供与することが多い。あるリゾート・不動産開発会社の会長は勤続二〇年以上の従業員に住宅を提供しており、新卒レベル以外のポジションの空きはすべて社内異動で埋める慣行を作った。従業員数約一万人の大手紙・パルプ製品メーカーの人事部長によれば、その会社では従業員に住宅を提供するだけでなくスポーツチームや交流イベントも用意しているという。[29]

海運会社の海豊国際控股有限公司（ＳＩＴＣ）会長の楊紹鵬（ヤン・シャオポン）は、自社ではアメリカの慣行である社内公募制を採用しており、現社員が自己推薦でどんな仕事にも手を挙げられると言う。そして候補者全員をＩＱとＥＱ（いわゆる心の知能指数）で査定している。重要とされる仕事のマネージャーには同じ人物を五年以上つけない。昇進や新しいアイデアが阻害されるのを避けるためだ。

これらの企業がすべて自由市場資本主義の到来後に誕生した新しい会社であり、創業者がそれぞれ独自の学習経路をたどった事実を踏まえれば、企業間に大きな違いがあるのは不思議ではない。企業が大きく成長し、それぞれのやり方で成功するにつれ、スタート時点の違いは拡大していった。ただし一つ共通するのは、経営慣行が事業戦略と理にかなった形でフィットし足並みがそろっている点だ。これから取り上げる、まったくタイプが異なるが非常に成功している二社を論じながらそれを見ていく。

会社独自の文化

アリババ（阿里巴巴）は新しい中国のモデルに挙げられることが最も多い会社だ。その成功ぶりとインターネットを通じて接している人や企業の多さゆえもあるが、大きな理由は、独自の文化を軸とした事業運営のやり方――特に人材管理――が、従来の中国の組織とはあまりにも異質だからである。[30]

東洋と西洋の性格を併せ持つアリババは、アメリカの大企業とシリコンバレーのスタートアップ企業を融合して中国の中に置いたような会社でもある。アリババがシリコンバレーのスタートアップ企業の組織体制を中国に持ち込んだ最初の企業ではないとしても、その最も目立つ例であることは間違いない。アメリカの慣行を借用する中国企業がテクノロジー企業により一般的に見られるのは、業界にアメリカ企業が君臨しているからというだけでなく、模倣すべき中国モデルが存在しないからでもある。

先に見たように、馬雲（ジャック・マー）がアリババの構想を得たのは一九九五年に訪米し、インターネット市場の萌芽に触れた後だった。成長著しい中国の供給業者コミュニティと、特にアメリカの見込み企業顧客をつなぐ手段がないことに、当時、馬雲（ジャック・マー）は気づいた。最初に作った会社「チャイナ・

ページズ（中国黄頁）」ではその試みに失敗したが、一九九九年にアリババで再挑戦した。他とは異なる馬雲の人材管理の最初の片鱗は、創業に関わった一七名の友人に株の保有権を与えたところに表れている。

アリババの影響力の源は、中国で初めて有名CEOになった馬雲その人である。舞台芸能の仕事をしていた両親を持つマーは、ドラマチックな演出力と人の記憶に残る才能を持ったカリスマ的なエグゼクティブだ。その点では競争相手はほとんどいなかったといえる。中国人ビジネスリーダーはあまり自分自身が表に出ようとしないからだ。アリババには創業者の個性がはっきりと出ている。従業員向けに開催する交流イベントから、そうしたイベントで進んでキャラクターを演じる――コスプレすることもよくある――ところまで、馬雲は控えめな同世代経営者とは大きく一線を画している。

初期の馬雲の意思決定と宣言によって今ある会社の文化ができた。例えば、我々の頭脳は彼らの頭脳と同じくらい優秀だ（彼らとはシリコンバレーのイノベーターをさす）との発言を初期にしているが、この言葉は今でもよく取り上げられる。創業当初からアリババの従業員のモチベーションを支えた一つはプライド、中国だってシリコンバレーを含む他地域の企業に勝てることを世界に示すのだという気概だった。

この姿勢が最も表に出ている例が、イーベイと競争するために開設された個人向けのネット市場、タオバオ（淘宝）の創設だ。タオバオはイーベイとは違い中国企業である点と、中国のビジネスコミュニティが世界の舞台で競争する手助けを志している点を強調した。インドのビジネスコミュニティの同業者と呼応するように、馬雲(ジャック・マー)は事業の構築において商業目的だけでなく社会的課題を打ち出している。すなわち母国の多くの企業をグローバル市場に進出させ、グローバル経済で成功させて、多くの中国人が信じている世界の指導者たる地位を中国が取り戻す手助けをする、というものだ。北京大学教授の張一弛(ジャン・イーチー)の見立てによれば、馬雲(ジャック・マー)が「中小企業を助けようと従業員の義侠心に訴えかけた」ことがアリババ成長の一つの要因になっている。[31]

急速な成長、特に国際的な成長によって、二〇〇一年の不況時にアリババは拡大しすぎていた。その後のリストラでよりいっそう目的に邁進する組織と経営体制ができた。再建計画はこれまでの勢いを抑えて中国に重点を置いた戦略へのシフトを反映し「バックトゥチャイナ」と呼ばれ、その要はより中国人らしさを意識した組織のマインドセットだった。馬雲(ジャック・マー)はこのアプローチを会社が産声を上げた杭州のアパートの名にちなんで「湖畔(フーパン)文化」と呼び、新たに掲げた理想をカンフー小説の枠組みを使って説明した。彼の言う「六脈神剣」とは、顧客第一、一致団結、変化の受け入れ、誠実、情熱、職務への一意専心という会社の価値観を表す。

この価値観を定着させるための施策が、馬雲(ジャック・マー)を将軍、アリババ社員を軍隊の部隊に見立てた軍事作戦を模して始まった。キャンペーンの第一弾では、公に宣言した共通の価値観と伝説になった会社イベントを創造するべく周到な努力がなされた。従業員のスキル育成に焦点を移すのはその後だ。

フラットな階層構造がアリババの文化の重要な一部になった。それと並ぶのが、個人としての貢献を考える前に会社への献身を優先する従業員の意識だ。馬雲(ジャック・マー)の原則としてよく引き合いに出される一つが、会社の目的のためには全社で業績を上げることが必要なのだから、個人的な貢献でヒーローになる人間は多くは要らない、という言葉だ。アリババは当初、採用の際に働く姿勢を重視していた。他者と協調し、仕事や組織に献身し、忠誠心を示す能力だ。これを重視していられたのは、アリババが業界の先駆者でありどんなコンピテンシーが必要になるかが当初は明確でなかったからでもある。階層意識を持たせないための新しいツールとして、入社した者には全員、たいていは中国文学からとったニックネームを名乗らせた。トップ・エグゼクティブさえニックネームで呼ばれる。例えば、かりにエグゼクティブのホウ氏が社内で「小鳥クン」で通っていたら、仰ぎ見られる立場にいることは難しい。

スタートアップ企業の起業家的な感覚を維持する主な理由の一つは、会社を小さく感じさせて従業員が互いを信頼しやすくすることだと馬雲（ジャック・マー）は私たちに話してくれた。創業当時から、馬雲（ジャック・マー）はアリババを自分より大きな敵を相手に戦う企業として描いていた。二〇〇〇年にエグゼクティブとしてアリババに入社したアメリカ人、ポーター・エリスマンが、馬雲（ジャック・マー）のカリスマ的一面がうかがえる初期のアリババを描いたドキュメンタリーを制作している。ドキュメンタリーの中で馬雲（ジャック・マー）は従業員に「私たちはきっとやりとげてみせる。私たちは若いし、絶対に、絶対にあきらめないからだ」と言っている。馬雲（ジャック・マー）は（若さという）共有する属性を中心に従業員たちを結集しているが、それは年長者を尊重する文化で誰からも感心されるものではない[32]。

馬雲（ジャック・マー）は従業員を厳しく追い立てる、要求水準の高いリーダーでもある。エリスマンは「マネージャーが目標設定すると彼（馬雲（ジャック・マー））はそれを三倍に引き上げた。誰もが『無理です！』と抵抗するが、彼はいや必ずできる、方法が見つかるはずだと言う。こんなふうに相手に想像もできなかったことが可能だと思わせる、『現実歪曲空間』を彼は持っている」。アップル創業者のスティーブ・ジョブズについてよく言われていた言葉とほぼ同じ描写だ。アリババでは従業員が先進国の多くの企業と同様に長時間働き、自分たちを厳しく追い立てている。アリババが違うのは、彼らがそうするのが馬雲（ジャック・マー）を失望させたくないためだというところだろう。カリスマリーダーの典型的な例だ。[33]

中国の多くのビジネスリーダーからすれば、階層意識が薄くオープンで楽しい雰囲気は規範にそぐわない。だが中国で馬雲（ジャック・マー）が最も注目され、旧世代のビジネスリーダーたちにとって最大の挑戦となったのは、なんといっても彼自身のショーマンシップだろう。馬雲（ジャック・マー）は、特に会社の未来について、大胆な予言をする。会社の事業部が意欲的な目標を達成したら祝賀行事には正装して出席する、というＩＢＭのＣＥＯルー・ガースナーの誓約を真似て、馬雲（ジャック・マー）は祝賀イベントには必ず奇抜な衣装で登場する――ある年にはパンクロッカーに扮し、別の年には白雪姫になった。ステージ上で歌ったりパフォーマンスを演じたりすることも多い。会社が上場したときには、お祝いを盛り上げようと従業員にシリーストリング（ひもスプレーとも呼ばれるパーティーグッズ。糸状の樹脂が出るスプレー缶）を配った。毎年開催している「アリフェスト」は従業員と家族向けのエンターテインメントとアクティビティの日だが、今ではスタジアムが会場となっている。アリババ一色のこのフェスティバルの目玉が、馬雲（ジャック・マー）の心を高揚させるスピーチだ。人間的な面でもリーダーであるというイメージにさらに磨きをかけるために、馬雲（ジャック・マー）は全員がアリババ社員である一〇二組の合同結婚式を司式した。注目を集めるために奇抜な言動をすることも時には必要だと馬雲（ジャック・マー）は言ったが、彼の行動はアリババとその目標に従業員がコミットメントを感じる文化を築くことを狙ったものでもあった。[34]

アリババでは企業文化が報酬を決める要因にもなっている。アリババをいかにも中国らしい会社だと見る人ほど驚く点の一つが、二〇〇一年に馬雲（ジャック・マー）が関明生（サビオ・クワン）を社長兼ＣＯＯ（最高執行責任者）に任命したことだ。ＧＥから引き抜かれた関はＧＥの慣行を数多く持ち込んだが、なかでも特筆すべきが報酬制度で、年間の業績評価点の半分は、その社員が会社の価値観をどれだけ体現しているかを基準にしている。二〇〇四年に関は同社のＣＰＯ（最高人事責任者）になり、二〇一二年までその職にとどまった。二〇一四年の株式公開が計画されるようになると、もう一つのアメリカ的慣行であるストックオプションが報酬制度に加えられた。アリババの最も特異な報酬給付は、従業員の住宅購入支援として提供されている無利子の住宅ローンだ。ストックオプションと住宅ローンは強力な社員定着策として功を奏している。

アリババの全社員が会社の価値観を受け入れはしないだろうと馬雲（ジャック・マー）にはわかっていた。肝心なのは、事業運営を率いる立場の会社のトップ層八〇名が会社の価値観を信じることだ、と馬雲（ジャック・マー）は私たちに語った。その八〇名が会社の重要な行動を方向づけるので、彼らの行動が会社全体の目標と足並みがそろっていることが大事であり、それは分権化した事業形態でリーダーに自主権を与えている会社であればなおさらである。馬雲（ジャック・マー）が会社の文化と価値観を重視するのにはこのような狙いがあった。

アリババで最もイノベーティブな慣行は、「阿里味（アリウェイ）」という社内イントラネット上のコミュニケーションプラットフォームの活用である。従業員は会社の製品の問題点や懸念する点をここに書き込める。書き込みがむしろ奨励されている。製品を開発したチームがその指摘に反論し、しばらく激論が交わされることもある。社内の人の話によれば、従業員が自分の仕事に対する会社の評価に反論し、自分の立場に味方する意見を皆に求めることもできるという。分権化――市場の変化にいち早く対応できるための基盤――をさらに後押ししているのは、プロジェクト単位のリソース配分だ。プロジェクトが完了すると、従業員と予算は社内の別の場所に再配置される。

人による管理

アリババ独自の文化が社内の足並みをそろえるとともに活性化する力になっているとすれば、従業員をじかに管理するアリババ流の方法にも同じことが言える。ＣＥＯの馬雲（ジャック・マー）は、従業員を持続可能な優位性の源泉とみなしてそのように扱っており、従業員も彼に応えてその優位性を実現するために踏み込んだ努力をする。

一見すると、アリババに中国らしい部分はほとんどないかもしれない。どちらかといえば伝統的なアメリカ企業とシリコンバレー企業のマッシュアップ（混合）に近いように思われるかもしれない。柔軟性の重視、階層構造の欠如、大胆な目標は後者を、組織文化へのこだわりは前者を反映している。実際に馬雲（ジャック・マー）はオラクルやグーグルのようなシリコンバレー企業に多くを学んでいる。

だがアメリカ企業との重要な違いは明らかだ。その第一は、会社の競争優位性の根源として従業員をはるかに重視している点である。馬雲（ジャック・マー）は、会社にとって顧客が第一だが、第二は株主よりも従業員だと言う。株主利益が最優先事項ではないとあえて口にするアメリカのエグゼクティブはほとんどいないだろう。そして馬雲（ジャック・マー）ほどのカリスマ性を持ち、組織文化の管理に時間を費やすCEOがいるアメリカ企業もほとんどない。だがさらに根本的な違いは会社が自社の従業員に対して示す温情だ。二〇〇一年のリストラを除けば、アリババはレイオフを一切行っていない。プロジェクトが終了したり戦略が変更されたりすれば、従業員は会社の別の部門に異動する。後で取り上げる馬雲（ジャック・マー）によるCEO衛哲（デヴィッド・ウェイ）の解雇のような例外はあるものの、従業員の解雇も日常的には行われていない。エグゼクティブが不正を働いたときでも、表沙汰にせずに自主退職することを許し、ストックオプションの返上も求めないという話すら聞く。

従業員への温情と引き換えに会社が得ているのが従業員の忠誠心である。それは転じて信頼、とりわけ現状について正直に報告しようという気持ちにも通じる。馬雲（ジャック・マー）の七名の側近は彼の信頼を得ており、だから問題を正直に認めて対処しても罰は受けないし、それなら先延ばしするより早いほうがよいとわかっている。そして馬雲（ジャック・マー）の七名の側近の仕事は、それぞれについている七名の部下に対して同様の管理を行うことだ。結果的に、説明責任と統制のための精巧なシステム、内部監査の慣行、複雑なコンプライアンスのルールが不要となる。これは中国企業の多くにも通じる。

アリババモデルは一時的なものだろうか。同社は創業から二〇年弱だが、二〇一六年の時価総額はすでに数十年の歴史を持つフォーチュン５００企業のうち四九〇社を上回っている。会社の規模はスタートアップの企業文化をつぶしかねない段階をとうに過ぎた。アリババモデルが継続してきた一つの理由は、組織文化に頼り――特にルールではなく社内に透明性を確保することによって――、官僚主義がはびこりかければすぐに公然とたたきつぶすというやり方で、それを継続させようとする馬雲（ジャック・マー）のたゆまぬ努力である。馬雲（ジャック・マー）の引退後に会社が生き残るかどうかは、さらに難しい問題となるだろう。[35]

イノベーションによる管理

中国で最も影響力のある民間企業の多くは創業から少なくとも一〇年を経ており、国有企業ないしは欧米の多国籍企業と緊密な提携関係を築いてその恩恵を受けてきた。シャオミ（小米科技）はその対極にあるような企業だ。二〇一〇年創業の同社は、中国企業育成の一つのモデルを体現している。欧米でプレミアム価格をつけ売れている製品に目をつけ、何分の一かのコストでコピー商品を製造する方法を見つけるというものだ。いまやグローバルな舞台で驚異的な成長を遂げているシャオミは、急速な成長があたりまえの中国においてすら破格の存在だ。[36]

シャオミが作っているのは、開発途上国にもすでに普及した携帯電話である。必要最低限の機能を備えた製品の市場で国内の競合とぶつかるのを避け、中国人消費者が購入していた高級スマートフォンブランドである、アップルやサムスンのような海外ブランドと真っ向から競争するのがシャオミのアプローチだった。アリババと同じく、シャオミも当初は自分たちが熟知する中国市場に注力した。アップルと同品質のスマートフォンを半額で売るシャオミは、二〇一一年に最初の製品を発売してからわずか三年で世界第四位、中国では最大手のスマートフォンメーカーとなった。二〇一五年にテクノロジーの世界で最も時価総額の高いスタートアップ企業に名を連ね、二〇一六年の携帯電話販売台数は七〇〇〇万台に達した。[37]

シャオミがここまで成功した一つの要因は、競合の携帯電話メーカーに高品質の部品を供給していた供給業者との巧みな交渉にある。だがもう一つ同社が傑出しているのはイノベーティブな製品特徴を取り入れる能力だ。それを、オープンソフトウェアシステムがユーザーのアイデアをとり入れるように、主要顧客のアイデア活用という方法で行っている。この方法は顧客からのインプットがあればこそであるが、それは同社の従業員の管理法に負うところが大きい。

シャオミは自社ブランドを活用して社内管理体制を構築した。当初、無名の会社から技術的に高度な製品を進んで買おうとする顧客の多くは専門技術者で、彼らはネットのコミュニティで製品のエバンジェリスト〔良さを広めてくれる人〕になる可能性が高い集団でもあった。シャオミの共同創業者、劉徳（リウ・ドー）によれば、初期の従業員の大半は顧客として会社を訪問しているうちに採用されたという。このような創業時の従業員たちからの紹介によって他の従業員が採用されていった。

シャオミのスマートフォンのオペレーティングシステムは、ユーザー――コンピュータプログラマーと想定されている！――が自分で改良できるようになっている。同社の黎明期の従業員はユーザーコミュニティ出身だったため、採用後もコミュニティで活動を続けることにまったくハードルを感じなかった。プロダクトマネージャーたちは同社のユーザーフォーラムのモニタリングに勤務時間の半分を費やすという。同社の海外進出を指揮したブラジル人のヒューゴ・バラは、このコミュニティから有用なアイデアが出ると「数時間のうちにプロダクトマネージャーが拾い上げる。さらに数時間後にはエンジニアのデスクに持ち込まれる」と述べた。それはアプリからアプリへの移動を速くするソフトウェア強化かもしれないし、スマートフォンの外観の改善かもしれない。従業員だけでなくユーザーも、自分のイノベーションをシャオミに採用してもらい認められようと競い合う。[38]

製品のアイデアをユーザーから得るのと、そのアイデアをイノベーションとして実現するのはまた別の話だ。それが可能だったのは、一つには単純にシャオミにイノベーションを創出するシステムが他になかったからという理由もある。シャオミにはイノベーション計画や戦略計画を担当し、製品の改善案を整理して優先順位づけする部門がなかった。少なくとも最初のうちはそうした部門を持つ余裕がなかったのだ。

ユーザー主導のイノベーションモデルを後押しした二番目のもっと重要な要因は、エンパワーメント、つまりプロダクトマネージャーたちに実行の権限を委譲したことである。初期のシャオミには組織階層が二つしかなかった。「パートナー」と呼ばれる創業メンバーと、あらゆる技術的作業を手がける「エンジニア」だ。エンジニア同士は全員が仲間とみなされていたため、意思決定の際に乗り越えなければならない階層がほとんどなかった。もっとも後に専門管理職という第三の階層が加えられている。創業者兼ＣＥＯの雷軍（レイ・ジュン）は、自分の担当する仕事に大きな自主権を与えられた一〇名のチームをもとに組織体制を作った。この体制は説明責任の強化を意図している。小さなチームであれば誰が何をしているか見えやすいからだ。だがもう一つ、イノベーションを速める狙いもあった。パートナーが優れたアイデアを見つければ、承認を待たずすぐに手をつけることができる。有用なアイデアが組織内のイノベーション担当部門から出てくるのをあてにすることもない。

このような分権化アプローチがもたらす課題の一つが品質管理である。質の悪いイノベーションが導入されるのをどうすれば防げるか。この点においてシャオミが守られていたのは、製品の柔軟性が高くオープンソースに近かったおかげだ。イノベーションの大半はユーザーによってすでに試されている。かりにもしシャオミが導入してから欠陥が見つかっても、元に戻すのは簡単だ。製品に欠陥があれば、顧客＝ユーザーグループがすぐに教えてくれる。

これほど分権化された形の──「中国らしからぬ」と言ってもいい──事業運営を、シャオミはどうやって従業員に受け入れさせたのか。一つは、職業経験がない従業員を採用したことだ。会社が成功するにつれ、一部はユーザーコミュニティを通じて、大学生の間で技術イノベーション企業としての知名度が上がった。おかげで、国内の大学でソフトウェアとモバイルアプリケーションを専攻した卒業生の中から、きわめて優秀な者を採用するのが楽になった。従業員の平均年齢は二六歳とまだ若い。

もう一つの採用法は海外も含む他社からの引き抜きだ。多少なりともシャオミが理想とする事業運営を行っている会社からマネジメント人材を採用する。シャオミがシリコンバレー企業とよく似ているように見える一つの理由は、同社のリーダーにシリコンバレー出身者が非常に多いからである。シャオミが人材を探した企業にはグーグル、クアルコム、スポティファイなどがある。成長が速かったため必要な数のリーダーを社内で育成するのが間に合わなかったのと、急速な海外展開で求められる専門知識を手に入れるには社外からリクルートするのが最も手っ取り早かったのだ。グーグルから引き抜かれたヒューゴ・バラは「この会社の文化は（グーグルの社内文化に）よく似ている――非常に動きが速く、オーナーシップ感覚を持ち、ある程度自律的で独立した多数の小規模チームで会社を構成するという考え方が」と述べている。シャオミでイノベーションが商品化されるまでの時間が短い――携帯電話のアップデートはほぼ毎週のようにリリースされている――のは、従業員にとって自分の行動の結果をすぐ市場で確認できるということでもある。そのため従業員は顧客に意識を集中しやすい。なんといっても、売上の数字がリアルタイムでわかるのだ。[39]

初期には外国企業が支配していた業界で成功するにつれ、シャオミは優秀な中国人人材を採用しやすくなっていった。最高の人材を採用できるという驕りが過ぎて、ブランドを棄損していないかは疑問が残るところだ。聞いた話によると、あるシャオミのエグゼクティブは他のスマートフォンメーカーの従業員について、シャオミに採用されるほど優秀ではないと言って公然とばかにしたという。シャオミの従業員の生活には他にもシリコンバレーに似たところがある。例えば食事やマッサージが無料で提供される社員特典と、長時間労働だ。平日は従業員の約八〇％が夜一一時まで残業する。[40]

シャオミのように創業から一〇年足らずの会社がそのままの事業運営方法を将来も続けられるのかは、やはり気になるところだ。いつもながら懸念されるのは、規模が大きくなればシステムやルールが幅を利かせるようになり、官僚主義の硬直性や形骸化に支配されるようになるのではないかということだ。アリババとは対照的に、シャオミは二〇一六年のある格付けで世界第五位の携帯電話メーカーになった。だがシャオミには独自の文化で会社をまとめあげるカリスマ創業者がいない。しかしイノベーションとブランドを支える慣行がこの会社にはあり、テクノロジーでトップに立とうと意欲に燃えるエンジニアたちを引き寄せている。

結論

中国のビジネスリーダーたちは大勢の、会社によっては莫大な数の従業員の管理を学んできた。CEOの多くが、三〇年前の従業員数ゼロから今では数千人規模となった企業を統括している。二〇一六年現在、シャオミは八〇〇〇人以上、アリババは四万六〇〇〇人以上、フォックスコンは一〇〇万人以上を雇用しているが、前二社は創業がそれぞれ二〇一〇年と一九九九年、フォックスコンが中国本土に進出したのは一九八八年とごく最近だ。

労働市場が逼迫してきたため、従業員の管理がCEOをはじめとするビジネスリーダーたちにとって最大の問題となったのは当然だろう。CEOを対象にした調査では、従業員の問題が二位の問題を五〇％以上引き離し、目下最大の懸念事項であることがわかっている。ところがいざその対策はとなると、人材管理に向けられる関心とリソースは優先順位のだいぶ下のほうに落ちてしまう[41]。

中国企業の人事慣行の調査で、ＣＥＯの年齢が上がるほど洗練された手法を使う確率が下がり、業績管理にはもっぱら給料と解雇の脅しに頼り、高い離職率を容認していることがわかった。若いＣＥＯや海外経験のあるＣＥＯのほうが洗練された手法を活用する確率が高かった。さらに全般的に見ると、競争優位性の源泉として低コスト戦略を追求している企業は、従業員との関係に単純なＸ理論を守っていた。従業員の管理、さらにいえば人事制度全般は、私たちが研究した中国企業で最も発達が遅れている部分である[42]。

大半の欧米企業では業務編成、業績評価、成功報酬の体制が非常に整っている。時としてこれらの慣行は官僚主義的になり、とりわけ法的保護の厚いＥＵなどの地域では雇用契約書が「聖書よりも分厚く」なったりもする。このような体制は中国企業でははるかに未整備だ。それに代わるものとして、多くの場合、創業ＣＥＯのカリスマ的なリーダーシップや──アリババの馬雲（ジャック・マー）のおふざけすら含む目立つ行動によく表れているとおり──大家族主義的な企業文化に大きく頼っている。またほぼ例外なく、会社の目的を掲げて個人のエンゲージメントを促す文化にも頼っている。わずか五年で携帯電話市場のトップに駆け上がるほど急成長したシャオミや、中国企業のグローバル市場進出を可能にし、中国企業が太平洋の向こう側、シリコンバレーの競合にも負けないほどイノベーティブであることを世界に見せつけよう、と熱く語ってきた馬雲（ジャック・マー）のアリババにそれが見られる。

これら中国企業の重要課題、おそらく最も差し迫った課題が、逼迫する労働市場にどう対応するかであり、従業員管理の問題である。生まれたときから資本主義になじみ市場経済になる前の物不足を経験しておらず、働く場所の選択肢も多い新しい世代の従業員を管理するのに、強力な企業文化だけで今後も十分なのか。今の手法で今後も十分であると結論づけるのは難しいが、トレーニングを除けば、インタビューしたCEOが従業員管理の面でイノベーションに取り組んでいる様子は見られない。

中国企業はアプローチを変えるだろうか。優れたアメリカ企業を創業した起業家たちが洗練された従業員管理の手法を好まなかったことは、指摘しておくに値するだろう。罰によって従業員に激務を強いるやり方に頼る、単純な「駆り立て式」従業員管理モデルから彼らが脱却するには、政府の圧力と組合という強制力が必要だった。人事慣行への関心のなさは、中国でも事情が同じかもしれないが、ほとんどの起業家たちが従業員管理にモチベーションを感じていないからという説明もできる。彼らの意識はそれよりも顧客に向きがちであり、関心と専門知識は製品開発や財務に偏っているのだ。

巨富の創造者たちが語る「人材管理」

状況に応じて別の経営チームを構築する必要があると考えている。だから私は経営チームのメンバーを柔軟な基準で選出しており、業界経験、事業の成熟度、時間枠など多数の要素をもとに判断する。私の全般的な哲学はオープンであることだ。我が社に迎え入れた後は信頼して、十分な権限とプラットフォームを与えている。

――鉄鋼・設備メーカー会長

（経営チームの構築には）ありとあらゆる方法を試してきた。海外の大手多国籍企業や国有の海運会社からシニアマネージャーを採用したこともある。その間にいろいろミスもして、社内の人間をトレーニングして昇進させるのが良いという最終的な判断に至った。生え抜きの社員は当社の文化に深く同化しているし、会社の向かう方向に一身を捧げる気持ちを持っている。（中略）当社の経営チームのほとんどが社歴一〇年以上、一五年の者もいる。会社自体の歴史がたった二〇年なのにだ。創業と同時に入社した者もいる。適者生存の原則に基づいて選抜していって、ようやくできあがったのが今の経営チームなのだ。

――海豊国際控股有限公司（ＳＩＴＣ）会長、楊紹鵬（ヤン・シャオポン）

会社のリーダーと経営チームが、最新の社会や技術の発展と動向についていくために新しい知識を学び続けることが非常に大切と考えている。リーダーや会社が新たな目標を見出す方法はそれしかない。会社が社会の変化や需要を把握しておくためにも、勉強は非常に大切だ。当社では、経営チームが頻繁に集まって世界の関連動向を勉強し、当社のズレや不足部分に気づくようにしている。

——商業銀行CEO

第6章

トップが絶対権力者（ビッグ・ボス）

中国のリーダーは常にトップダウンだ。

職場方針の決定に、中国ではCEOがとりわけ中心的な役割を果たす。それは中国企業のCEOの圧倒的多数が創業者でもあるからだ――そしてもう一つ、中国企業の経営法に先行モデルがないからという理由もある。中国のビジネスリーダーたちが自社において果たす役割は絶大で、「ビッグ・ボス型」経営モデルと呼ぶのがふさわしいかもしれない。このモデルでは、会社の事業運営と成功は役職としてのCEOよりもCEOの地位にいる者の人間性に左右される。

欧米企業のエグゼクティブと比較すると、中国のビジネスリーダーたちは会社の命運に別格と言えるほど支配的な役割を果たしている。欧米よりもその影響力はあからさまであり、リーダーの流儀が会社に反映されやすい。中国文化は謙虚さを重んじるため、企業リーダーは必須要件として自我を前面に出さない建前を守っているが、だからといって会社の方向性を決め、その方向に沿って物事を断行する際に個人の大胆さと思い切りの良さが出せないわけではない。その結果、階層主義的であると同時に現場主義的権威が生じる。CEOが組織階層の頂点に君臨し、その指示は隅々にまで行き渡っている。ビッグ・ボスはいかにもわかりやすい権威の象徴に身を固め、その上にエグゼクティブ個人のカリスマ性が加わる。

中国の大手民間企業を勤務先にしていたり、顧客にしていたり、あるいは何らかの形で頼っていたりする人々にとって、その企業のCEOはきわめて大きな存在だ。現場で会社と接する人々はCEO個人のカラーを感じるし、大きな意思決定はCEOから発せられ、CEOによって握りつぶされる。いずれ中国のCEOにも、アメリカのマネージャーにとってはなじみ深い正規のスタッフやスケジュールや地位が伴うようになるのだろうが、今はまだCEO本人が仕事の大半を自分で動かしている。

ハイアールグループを変容させる張瑞敏(チャン・ルエミン)

「成功する企業は時代の変化と歩調を合わせる」と語るのは、ハイアールグループ（海爾集団）の創業者兼CEO、張瑞敏(チャン・ルエミン)だ。同社は洗濯機からテレビまでさまざまな家庭用電気製品とコンシューマーエレクトロニクスのメーカーである。張は一九八四年に創業したこの会社を、二〇一五年には年間売上高三〇〇億ドルを超える世界最大の家電メーカーにまで導いた。ハイアール（海爾）は大規模な企業だが、張は細やかかつ強い影響力を行使している。彼は自分が三〇年以上かけて築き上げた巨大なピラミッドの頂点から、会社をスタンリー・マクリスタル大将（アメリカの軍人。アフガニスタン戦争で活躍した）の提唱する「チーム・オブ・チームズ」に似た組織に変容させた。行動する権限を持ちつつ他を支配する権威は持たない、協調しながらも自律的な多数の意思決定センターの集合体にしたのだ。[1]

創業から三〇年かけて、フレデリック・テイラーの「科学的管理法」による経営法に則った会社からマックス・ウェーバーの「官僚制」理論に基づいた会社に移行させた、と張は説明した。科学的管理法の経営モデルでは、業務を小さな断片に分割して個々人が効率的なやり方を身につけられるようにすることに重点を置き、その多数の断片をマネージャーが一手にさばいて完成品に組み立てる。ウェーバーの官僚制モデルは個人的要素を排した上下関係のピラミッドで、上層に行くにつれ——層ごとに六～七の下層単位が従属している——下層から多数の断片をまとめていって完成品に仕上げる。テイラーモデルの代表例はアメリカの自動車産業の初期数十年の組み立てラインだ。ウェーバーモデルを体現しているのはAT&Tの前身であるアメリカン・テレフォン・アンド・テレグラフで、一〇〇万人近い従業員が垂直の組織構造のもと、アメリカ全土に電話サービスを提供していた。しかし今、張は第三の道を創り出そうとする段階にきている。高くそそり立つ階層組織と明確に切り分けられた業務構造から、消費者群を中心に構成されたハブの集合体に、会社を変容させようとしているのだ。

張が独自の「顧客本位」経営モデルを創造するに至ったのは、変化する時代の中でよりうまくいきそうなことを試しながら何が良いかを学んでいく、自分なりの「試行錯誤」を経たすえだった。彼は一般社員にイノベーションを起こせと発破をかけ——「社員一人ひとりが事業創出者になれる」——、社内評価だけでなくエンドユーザーによる判断から価値を創造した者に特別手当を支給し、新しい体制をバックアップした。また多数の営業担当者を地方に送り込み、消費者から直接学ばせた。

ハイアールのような企業が拡大して巨大企業になると、「大企業病」に阻まれてイノベーション力を失い、動きが鈍くなり、事業拡大意欲が減退していくと張は考えた。企業グループの長として、彼は大企業病を絶対に寄せつけまいと決意していた。「障害物に足をすくわれず、乗り越える」ことが優先課題になったと張は言う。在庫削減を命じて家電製品の在庫回転期間を三二日からわずか三日に短縮し、それによって在庫を分配するのではなく顧客需要をもとに商品を販売するやり方を学んだ。官僚的な組織を数十もの損益センターに分割し、それぞれのマネージャーに彼らが生み出した付加価値の一部を還元した。

二〇一五年までに張の会社は一〇三の製品インキュベーター施設、三八〇〇のマイクロ事業、一〇〇万店以上の「マイクロ店舗」、三〇億人民元のベンチャー基金を創出した。急進的に分権化を進め権限委譲を行うという方法で、張はピーク時には一一万人だった従業員数を二〇一五年までに六万人弱に縮小しながら、過去一〇年間で平均六%もの年間売上成長率を達成した。これらの背後には、大規模改革にあえてみずから取り組み、その後を追って組織に取り組ませた張の存在があった。「常に自分を挑戦に駆り立てて」いなければならない、と張は明言する。その後ビッグ・ボスとして、会社にも挑戦をさせるのだと。[2]

ビッグ・ボスの権力

個人として大きな影響を及ぼすビッグ・ボスの権力は、民間企業エグゼクティブとのインタビュー全般にわたって現れてくるテーマだ。彼らが繰り返し言及する事柄があると期待してインタビューに臨んだわけではないが、彼らがみずから何度も口にしたキーワードから、トップの地位が制度化されて長い時間が経ち、そこに座る者がCEOオフィスが定めた組織の関係性における結節点となる役割を負う欧米とはおよそ対照的な図が浮かび上がってきた。

私たちがインタビューしたエグゼクティブたちはまだ大半が創業者だ。二〇一五年末時点で、対象となった七二名のうち六〇名が、現在経営している会社の設立者である。その多くが数万人規模の会社になっているため、必要に迫られて独学で複雑な組織体制を作り上げてはいたが、会社はいまだに驚くほど創業者を中心に回っている。彼ら自身の情熱と好みが会社の事業運営のあり方の多くを決めているのだ。彼らの個人的経験と個人的好みが、依然として会社の職場慣行に大きなインパクトを持ち続けている。彼らは今でも、事業のほとんどの側面と会社が向かうべき方向を、みずから理解できていなければならないと考えている。[3]

あるコンピュータハードウェアと情報技術機器メーカーのCEOが述べたように、「リーダーの役割は、会長であろうがCEOであろうが、中国企業ではアメリカ企業におけるよりもはるかに重要だ」。そして「中国企業ではリーダーのほうが役員会よりも戦略的意思決定に重要だと思う」。あるインテリアデザイン装飾会社の会長も、自分のリーダーシップや他の中国企業のリーダーシップについてよく似た発言をしている。

大半の中国企業では、会社の発展にリーダーが決定的役割を演じるのがごくあたりまえで、たいていはボスが会社の文化を決め、会社の顔になっている。リーダーが会社の浮き沈みを左右するあらゆる重要な戦略的意思決定を行うのがふつうだ。リーダーが意思決定を誤れば、会社は苦境に陥る。

大手繊維・アパレル会社の創業者兼会長はさらに踏み込んで、トップ・エグゼクティブがコア・コンピテンシー〔差別化要因〕そのものであるとまで主張した。

私の考えでは、創業者の能力が会社のコア・コンピテンシーを決定する。（中略）リーダーが不出来で無能な会社は生き残れない。歴史あるヨーロッパ企業の大半は、競争優位性のあるコア・コンピテンシーがリーダー個人ではなく会社に埋め込まれているが、それは四代、五代、あるいは六代という長きにわたって経営されているからだ。中国企業のように、新しいスタートアップ企業やまだ一代目が経営している会社では、創業者やリーダーが会社の命運を決める。（中略）リーダーは会社の体制を構築するだけでなく、スタッフに対して権威ある力を持たなければならない。権威ある力とは何か。リーダーは事業のあらゆる側面をマネジメントする高い能力を示さなければならない。（中略）リーダーはチームの中で最も優秀でなければならない。（中略）当社では私がコア・コンピテンシーであり競争優位性だ。

これはみずからに課した大きな重荷であり、長期的な視点からは欠陥があるともいえる考え方だ。なぜなら例えばデジタルコマースや国際貿易の台頭など、後に起こる市場のシフトにエグゼクティブのコンピテンシーと優位性が合致しなくなるリスクを冒しているからである。ところがこの点についてさえエグゼクティブの多くは、ハイアールの張瑞敏（チャン・ルエミン）のように自分がズレの評価を提案し、自社に事業再編を迫る原動力になっているのだと考え、あくまで自力本願だ。先ほどの繊維・アパレル会社の会長の説明によれば、「能力の高い創業者ないしリーダーだけが、長期的に持続可能な会社の発展を確保できる」。その核心には、成功しているビッグ・ボスのもとには忠誠心と職務意識の高い人々が集まるという前提があった。「チームがボスに喜んで従うのは何の不思議もない。常に正しい決断を下し、重大な局面で事業機会をつかむボスの能力に惚れ込んでいるからだ。成功している中国企業ではチームがボスを崇敬しているものだ」。重大な意思決定についてたずねると、すべて自分の責務だと彼は言い、これまですべて「正しかった」と主張した。彼の自己評価が正確かどうかについては、自分に自信を持っているからこそ「現場スタッフから全面的に信頼され尊敬されている」という。「創業者が会社を正しい軌道に乗せて発展させているかぎり、従業員はリーダーの言動を信じる」、それが会社に対するリーダーの権威を固めるのだと彼は締めくくった。

中国人ＣＥＯが他国のＣＥＯよりも大きな支配力をふるっていることは、さまざまな調査も裏づけている。例えば、事情に詳しい識者を対象に行われた自国企業の組織構造に関する世界経済フォーラム年次国際調査は、一を最低値として最大七までのスケール値で企業内の権限の委譲度を毎年報告している。ヨーロッパ企業は権限委譲度五・三一、アングロサクソン諸国もあまり差のない四・八七だった。ところが中国企業の委譲度はわずか三・六〇だった。ある産業向け電気機器メーカーの会長もこの数値を裏づける発言をしている。「アメリカ企業では、機関投資家も含め、会社の株を持っている人が大勢いる。だが我が社では私が筆頭株主であり、私が意思決定権を完全に握っている[4]」

その結果、中国のビジネスリーダーは戦略的意思決定から日常の事業運営まですべてに直接関わっている。欧米ではリーダーが個人的な面をあまり出さないのが慣例となっているのに比べ、中国ではリーダー個人のマインドセットと気性の影響が大きい。中国のリーダーたちは現在の事業運営手法の方向づけにも、将来の市場をにらんだ事業運営の変更にも、とてつもなく大きな役割を果たしているのである。

人格

中国企業に占めるビッグ・ボスの地位が中心的であるとすれば、その人格もまた中心を占めている——もちろん人格といっても、ボスの刻印ないしレプリカがそっくりそのまま引き伸ばされたものではないが。会社にはリーダーの個人的な来歴や理解が多く反映されている。これは創業CEOに進路の参考にする対象がほとんどいなかったことを考えれば意外ではない。企業の構築と運営について見習える、と同時に制約にもなるモデルや手本がなかったため、創業CEO自身の人格がその後の経営手法の青写真の役割を果たした。そして人格をもって導くために求められるものの核をなすのが、道徳的権威、本人の行動、労働倫理の三位一体である。

キッチンキャビネットと換気装置メーカー、寧波方太厨具有限公司の創業者兼会長、茅忠群（マオ・ジョンチュン）は次のように述べた。

リーダーシップの授業を数多く受け、リーダーシップについての本を数多く読んできた。その大半はスキルやテクニックに重きを置きがちな西側の研究と理論だ。だが孔子の教えや東洋の文化では、リーダーシップとはひとえに人格の力とカリスマだ。儒教の教えを説く有名な『論語』に「政（まつりごと）を為すに徳を以てすれば、譬（たと）えば北辰（ほくしん）の其の所に居て、衆星（しゅうせい）のこれに共（むか）うがごとし」（政治家が徳をもって政治を行えば、星々が北極星を中心に回転するように民衆は政治家に従う）という言葉がある。

あるベンチャーキャピタル企業の創業者兼会長も、ほぼ同じ指摘をした。「リーダーシップとはリーダーの人となりであり、スタッフに人としてどのような手本を示すかだ。教えるよりも自分自身の行動で示すほうが大切。リーダーを尊敬し慕い、一緒に働くのが楽しいと思えば人はついてきてくれる」

医薬、製造、不動産業界で事業展開するホリーグループ（華立集団）ＣＥＯの汪力成（ワン・リーチョン）も同じ哲学を口にした。

中国企業と西側企業の企業文化には一つ違いがあると思う。中国では、人々が権威を信じている。だからビジネスリーダーとして、人望を得て従業員を納得させるだけの強力なリーダーシップを持たなくてはならない。このような強いリーダーシップを築くには、自分が手本となり、社内で自分が誰よりも働かなければならない。そうすれば従業員たちは人柄に納得してリーダーシップを受け入れてくれる。

リーダー本人の行動は伝達媒体になる。ある不動産・金融サービス会社会長は自分の習慣を打ち明けてくれた。「他人に影響を与えられる唯一の方法は手本となるような行い」だと断言し、そのために社内の誰よりも献身的な姿勢をとっているという。「毎日必ず誰よりも長時間働いている」と彼は語った。年休は二日だけ、それも大晦日には家族と過ごすという中国の伝統を守るためだ。「中国の旧正月前、最終日の午後は社内に誰もいなくなる」――自分以外は、と彼は告白した。そんなある晩のことを彼は話してくれた。「社員が全員帰宅するのを見送り――社内に残るのは私一人になった」。彼が退社して家族を連れ車で四五分かけて故郷に向かった頃には、すっかり遅くなって正月前の町は閑散としており、高速道路の料金所の職員すらいなかったそうだ。

短い正月休みが終わると彼は仕事に復帰し、すぐさま建設現場を視察してスタッフと夜の会食に出かけた。それからは三六三日間連続で仕事だ。「週末も祝日もなく日夜働き続けている。

朝九時に出社して基本的に帰宅するのは深夜一二時前後。一日約一五〜一六時間労働の毎日」が長年続いている。会社は「不動産業界では新参者でまったく知名度がなかった。成功するには私がすべての時間と労力を仕事に捧げて手本を示すしかない」と彼は説明した。

謙虚でありつつも大胆に

CEOのワンマン体制とは裏腹にも思えるが、中国のビジネスリーダーたちは通常の謙遜をはるかに通り越した腰の低さを装う。これは中国で事業を行ううえでは特に重要だ。中国では謙虚なふるまいそのものが徳と考えられており、従業員はエグゼクティブに少なくとも社会的に許容される程度に自制した態度を期待する。中国のマネージャーは西側のマネージャーに比べて個人主義よりも人間関係に配慮した行動を重視し、それが従業員の行動により大きく影響していることが調査で裏づけられている。[5]

リーダーシップの国による違いもまったく同じかもしれない。前の章でも触れたが、国ごとに好まれるリーダーシップを詳細に研究した文献がある。例えば、マネージャーが企業リーダーの決断力と正直さを称賛するのは万国共通だが、国によっては地位が高くなるほど敬意をもって遇され、その分、我を出さないようになることを期待される。本書に登場する中国人ビジネスリーダーたちもたしかにこのパターンにあてはまる。エグゼクティブたちが中国に浸透している規範から大きく逸脱すれば、この国で企業のリーダーを務めるのはもっと難しくなるだろう。[6]

だから、公然と部下を尊重し経営者のエゴは二の次にする姿勢をエグゼクティブが自らの行動に取り入れれば、それは特別な利点になりうる。実際そこに中国人エグゼクティブたちは特別な利点を見出している。大胆さと謙虚さは決断力と正直さ――万国共通に称賛される――をもたらすが、部下からのアイデアに虚心坦懐に耳を傾け、部下の会社に尽くそうという意欲を引き出すことにもつながるのだ。

「部下を尊重する姿勢は隅々まで徹底している」と言うのはあるベンチャーキャピタル会社のCEOだ。「私の執務室はみんなと同じ大きさだ。部下たちが一・二メートル四方の仕切りの中で働いているのに自分は大きな部屋をもらい、部下たちには休日出勤を要求するのに自分は働いていなかったら、掲げている価値観にそぐわないし、部下にも示しがつかないではないか」。彼は直属の部下をはさんで一階級下の地位にいる社員全員と個人的に接するため、地位の壁を取り払おうとしている。CEOには六名の側近とその下にそれぞれの部下が六名ずついるが、その三六名の間接的な部下たちの一人と毎週食事をともにしているのだ。彼は雲の上の立場から降りてきて、役員室の中で行われていることだけでなく、個人的な悩みまで部下たちに話す。

とはいえ、気取らないスタイルはビッグ・ボスの権力を縮小するわけではない――むしろ上手に実践すればその力はさらに強まる。これは、手ごわい成長の壁に、欧米に見られる以上に果敢に挑戦するCEOの姿によく見てとれる。

ビジネスリーダーが政府の規制すべてを完全に守っていたら、企業の育成はうまくいかない。計画経済の名残がいまだに市場に浸透しているからだ。したがって大胆なルール破りを薄氷を踏むような形で行わざるをえず、規制違反が発生する。その行動は当局から「創造的な解決策」あるいは「改革・革新」として見逃されることもあるが、「反社会主義体制、反共産党」であるとしておとがめをうける場合もある。

政治とは縁遠く腐敗に染まっていなくても、不安定な政情に覚悟を決めて臨むことが重要な場合がある、とビジネスリーダーたちは証言する。ある総合メーカーの会長はこう語った。「事業を興したときは行く手に待ち受ける困難のことなどまったく考えなかった。目の前に何があろうと、断崖絶壁だろうと罠だろうと、私は必ず解決策を見つけてみせる。何も怖くはなかった」

レノボ（聯想）創業者の柳伝志（リウ・チュワンジー）は、自社の成長に不可欠と考えて中国の規制に挑戦したとき、収監すら覚悟した。「私の仕事は非常に困難だ。その難しさはほとんど、政治の不確実さというリスクによるものだ」と彼は言った。一九八八年にマネージャーの報酬を業績と連動させるという原則に基づいて会社を大きくしようとしたとき、柳は国の制約と真っ向から対立した。業績ボーナスが低く設定された上限額を超えると、レノボは超えた分の一人民元につき三〇〇％の税金を払わなければならなくなる。

この法外なボーナス税は、一九八〇年代に経済改革が始まったとき、国有企業の従業員給与が低かったことに起因していた。自由化によって集団所有の農場の給与が急上昇すると、国有企業の従業員たちが上司に昇給を求め、それに応じるべくボーナスという手段が取られた。しかし要求がエスカレートするのを抑えるため、国家政府が一九八五年にボーナス額の上限を給与三カ月分までとする制限を課した。それを超える分には三〇〇％の税金がかけられたのである。

柳は苦境に陥った。レノボに税金を払う余裕はないが、インセンティブがなければ成長できない。板挟みに悩んだあげく、柳はボーナスを現金で支払い、ボーナス規制を回避する方法を選んだ。大きな個人的リスクを背負っての決断だった。「うまくいけばレノボの誰にとっても得になる」。しかし「政府に見つかれば、その結果は私がすべて引き受けなければならない。刑務所送りを覚悟した」と柳は言う。これは比喩などではなく、柳と側近たちは万が一、彼が本当に収監された場合の家族の生活の手立てまで準備していた。欧米のエグゼクティブにはおよそなじみのないリスクマネジメントだろう。柳は中国科学院のリーダーたちに長い手紙を書き送り、政府の規制を承知のうえで違反した理由を説明した。

恐れは的中し、柳のボーナス規制違反は政府の知るところとなった。しかし幸い、中国科学院が柳に味方して彼の行動の理由を税当局に説明してくれた。政府は柳ではなくレノボにペナルティを科し、会社に三〇〇万人民元の罰金を支払わせたが、柳はおとがめなしとなった。ビジネスのために打って出た危険な賭けを振り返って柳は言う。「事業のリーダーとして成功したければ、大きな個人的犠牲を払う意思がなければならない」

ビッグ・ボスを務めていれば、必然的にビッグ・ボスなりの報酬を得ることにもなりそうなものだ。多くの欧米企業にはそのような実態がある。現にアメリカのエグゼクティブを対象とした研究は、特に力が強く任期の長いCEOの報酬は飛び抜けて高いことを繰り返し裏づけており、中には会社の業績が悪い時期ですら高給をもらい続けるケースもある。ある調査によれば、大手製造業四五社のCEOの二〇一五年の平均年俸は、一〇年前の一〇七〇万ドルから一三四〇万ドルに上がっている。欧米ではＣＥＯの報酬が平均的な労働者の三〇〇倍以上に上昇して、企業と社会の両方で所得と富の格差が拡大し続けているが、中国では謙虚さという相殺力が欧米、特にアメリカ人が慣れきった過剰な格差を緩和する働きをしている。[7]

ここにも中国の文化的遺産が感じられる。よく引用される孔子の言葉に「寡(すくなき)を不患(うれえず)して不均(ひとしからざる)を患(うれ)う」というものがある。中国の大衆は金持ちをうらやましがるが――それがどの国でも同じなのは、二〇一六年にアメリカ大統領選の最有力候補者が自分の富を隠そうとするどころか誇示して支持されたのを見るとよい――、その羨望が中国ではまだ純粋な称賛に変わるには至っていない。むしろいまだ広く浸透している教えでは、大きな功績を上げた人よりも大きな犠牲を払った人のほうが尊いとされており、中国の民間企業の多くのリーダーたちもまだその原則を信奉している。

階層主義と現場主義

ビッグ・ボス経営モデルはさらに別の方面にも浸透しており、中国の民間企業のリーダーたちは階層主義と現場主義の両立という一見すると不可思議な人材管理を維持してきた。創業エグゼクティブが常にすべてに采配をふるのは、洋の東西を問わず創業者がまだ現役の会社ではめずらしくないが、中国の民間企業ではそれが特に根強く見える。だが創業者が新しい世代のエグゼクティブに道を譲れば、トップの考え方もビッグ・ボス・モデルからチーム連携モデルに近いものへと移行するかもしれない。

あるメーカーのＣＥＯの簡潔な一言を借りれば、「中国のリーダーは常にトップダウンだ」。そしてあるインテリアデザイン装飾会社会長の身もふたもないまとめ方によれば、「経営の親子構造とは、問題の大小にかかわらずすべてをリーダーに報告しなければならないということだ。リーダーは親のようにふるまう」。西側の目には非効率、むしろ有害ではないかとも映る。大きな構想がトップから降りてくるばかりで部下は押しいただく以外ほぼ何もできないとしたら、アメリカで一般社員から生まれることが多い斬新な発想やイノベーションを中国企業は逃すのではないか。これはビッグ・ボス・モデルの大きな弱点ともなりかねない――急成長している今はあまり気づかれていないが、破竹の勢いがおさまったときこの弱点があらわになるのではないか。

トップがすべてに采配をふってすべての意思決定をリードするとなると、従業員は意思決定をしないため、指針となるルールや手続きはほとんど不要ということになる。くだんのインテリアデザイン装飾会社会長は、現場に直接関わる自分のスタイルと、西側企業に見られる分厚い雇用契約書やあらゆる不測の事態を網羅した就業規則のあるスタイルは対照的だと述べた。同様に、食品業界のある会社の会長は「腹を割った話し合い（ハート・トゥ・ハート・トーク）」を会社のエグゼクティブ全員とまめに行って現状を常に把握するようにしながら、エグゼクティブ一人ひとりの仕事に直接関与していると話した。彼女はエグゼクティブたちが今最も気にしていることを探り、彼らの受け答えから新たな市場動向や会社の競争力を維持する方法を聞き取っている。そして彼女から部下たちに対してはコーチングを行い、望ましい顧客の選別と維持について教えたり、会社の価値観と文化への理解を深めさせたりしている。

幹部たちの行動を監視して足並みをそろえさせるための詳細なルールや財務統制がないため、ビッグ・ボスたちは欧米に見られる以上に個人的な忠誠心に頼っている。ある海洋エンジニアリング会社CEOは、中国のことわざを引いて説明してくれた。「受人滴水之恩、当似湧泉相報（困っているときに人から受けた小さな恩は、何倍にもして返さなければならない）」。部下たちの面倒をよく見れば、相手もボスに尽くさなければと義理を感じるはずだというのだ。だがこのような家父長主義はビジネスには裏目に出る場合もある。産業向け電気機器メーカーのCEOはこう語る。「ビジネス上の意思決定をする際は人間関係を考慮しがち」で結果として「あまり強く出られない」。そのため彼も他のエグゼクティブたちも、西側の基準からすればすぐに解雇されるような従業員を首にしようとしない。前出のインテリアデザイン装飾会社には、管理職に昇進させたところ部下から敬意を得られなかったデザイン技師たちがいるが、解雇はされず社内の別の部署に異動させられたという。

全権を握ったボスとエンパワーメントを行うリーダー、家父長主義的なメンターでありながらリーダーの考えに逆らえば古参の従業員でさえ首を切る――この両極端のバランスが、インタビューした中国人リーダーの中心的な属性の一つだ。成功している政治家と同様、イメージ管理に長けているのだとも言えるかもしれない。彼らは象徴的な示威行為の効果をわかっているが、自分が実際に何をするかが会社のマインドセットに大きな影響を与えることも理解している。

会社がこの先成長しても中国人CEOたちが階層主義と現場主義を貫けるかどうか、まだ答えは出ていない。しかしインタビューしたエグゼクティブたちを含め、それが最もよくわかる立場にいる人々は、無理だろうと考えている。ある電力・エネルギー管理会社の会長は、現在の最優先課題の一つはビッグ・ボスから「ビッグ・システム」へ、つまり現職のエグゼクティブとその個人の気まぐれよりも、肩書と管理規定のほうが重視される正式な階層組織への円滑な移行だと見ている。

粘着剤としての文化

ビッグ・ボス・モデルからビッグ・システム企業への変容を円滑にする手段は、従業員の間に広く共有された共通のマインドセットだ、とインタビューしたエグゼクティブたちの多くが語る。欧米の企業文化はいわば磁石のように、たくさんの針を同じ方向に整列させ、それと定めたルールがなくても何が許容される行動かを従業員に伝える働きをしている。だが、中国企業よりも体制が整っている欧米企業では、こうした教えは何代にもわたって継承されてきた。対して中国の民間企業では、そのマインドセットが新たに作られたばかりで形成途中であり不安定だが、すでに重要になっている。私たちがインタビューしたエグゼクティブたちによれば、マインドセットの意識的な創出がほぼ何よりも重要な経営課題になっているという。会社で果たしている役割の中で最も重要なものを挙げてもらったところ、対象となったエグゼクティブたちは「組織文化を守ること」を戦略策定に次ぐ二位に選んだ（前掲の図4・1）。

例えば茅忠群（マオ・ジョンチュン）は一九九六年に寧波方太厨具有限公司を共同で創業し、二〇年かけて同社を中国最大の高級厨房設備業者の一つに育て上げた。しかし規模の拡大に伴い、従業員の勤務地の広範化が最大の問題になった。「今ではスタッフ数が膨大となり」、およそ七〇〇〇〜八〇〇〇名の従業員が「全国に散らばっていて（中略）管理するのは正直大変だ」と彼は言う。従業員が数十の都市に散在するようになったことと業績が悪化したことを受け、茅は二〇〇八年に儒教の伝統を会社の価値観と行動の規範にすると従業員に向け発表したが、あまり効果がなかった。そこでインセンティブ制度を企業文化と完全リンクさせることにした。「文化は単なる儒教思想の適用ではなく、網羅的なシステム」――行動規範であるべきだと学んだからだという。

会社が大きくなるにつれ、エグゼクティブたちは新しいマインドセットを維持する努力を、それにフィットする新規採用者だけを迎え入れることによって行うようになった。中でも独創的なのは、ある不動産・金融サービス会社が設けた「最高かぎわけ責任者（チーフ・スメリング・オフィサー）」（翻訳ではニュアンスが消えてしまうかもしれないが）という職で、求職者が会社の文化になじむかどうか評価するのがその任務だ。会長いわく、「上級幹部の選定にあたっては、候補者の業務執行能力を考慮する前にまず、ランドシー・グループ（朗詩集団）の価値観および経営陣の考え方に共鳴しているかを評価する」。この役職そのものは一般的ではないかもしれないが、欧米企業にも似たようなことが見受けられるだろう。違うのは文化の中心的な原動力が何かであり、大半の中国企業ではそれがいまだにＣＥＯとＣＥＯが発信する考えなのである。この点では中国企業は欧米とほとんど変わらず、文化的協調の主たる原動力だけが異なっているのだ。中国では多くの企業でビッグ・ボスがいまだに文化の決定要因であるのに対し、欧米では規範、信条(クレド)、栄誉表彰が会社のDNAを定義する傾向が強い。

ある食品会社のCEOはこの考えを昇進にも取り入れている（他にも同様の例は多い）。「文化を本当に機能させるには、誰を昇進させるか、なぜ昇給するかの具体的な要素としてそれを実感させ、見せる必要もある。文化を事業運営のあらゆる側面に組み込んで、その価値と威力を示さなければならない」。ある不動産投資会社CEOに言わせると、「大事なのは幹部から現場スタッフまで、全員が価値観にズレのないようにすることだ。全社で社員の価値観が一致するレベルに達したら、信者であれば世界のどこでも同じ神への真の信仰心を持ち同じ行動規範に従う、宗教のような強さが会社に備わるだろう」

新しく打ち立てられた文化が一種の防腐剤であるとするなら、文化には過去を手放せなくなる粘着剤として作用しかねない面もある。企業文化は慣性誘導してくれる反面、方向修正には抵抗する巨大な弾み車になぞらえられてきた。きわめて強力な企業文化は変化への抵抗力も強い。インタビューした中国人エグゼクティブたちやその後継者たちが抜本的な変化をもたらす技術や新たな競争相手に直面したとき、今役に立っているものは足かせになるかもしれない。

ボスの追放

組織やビジネスパーソンの真価がわかるのは、経営モデルの限界を試される危機の時だとも言えるかもしれない。アリババ（阿里巴巴）でそれが起きたのは二〇一一年、当時ＣＥＯだった衛哲（デヴィッド・ウェイ）が会社を追放されたときだった。[8]

　多数の販売業者がビジネスを行うアリババのようなウェブサイト上で、たまに違法行為が起こることはめずらしくない。アリババの問題は、顧客に対する販売業者の詐欺行為が組織ぐるみで行われたと思われる点だった。アリババは問題を認め、不正を働いた販売業者を処分したと報告して、事業を継続している。

　この件からわかる最初のポイントの一つは、中国企業では非倫理的行為、違法行為ですら、発見し追跡するのがいかに難しいかである。その大きな理由は中国企業の事業運営が欧米と異なることだ。中国企業には、不正を比較的すぐ発見できる社内経理体制をはじめとした精緻なルール体系や、誰かが現場の慣行に目を光らせているような監督権限を持った組織構造が整備されていない。アリババのような会社が大きくなると、創業者ないし「ビッグ・ボス」がすべてを監視する力が弱まり、結果として会社の活動は分権化していく。

　馬雲（ジャック・マー）がアリババで不正行為が起きていたのを知ったのは、メールに何気なく目を通していて、ある監査役が従業員の調査に忙殺され会食に出られないとこぼすメールを見つけたのがきっかけだった。馬雲（ジャック・マー）は組織階層を飛び越えて直接その監査役に接触し、どういうことかとたずねた。

　これが最初の事件から六カ月後の全社調査に発展し、一〇〇名以上のアリババ社員が関与していたことがわかった。問題の根は深かった。役員クラスの社員たちが詐欺会社にアリババのウェブサイト上での営業継続を許していたばかりでなく、最も信用性が高いとされる「ゴールド・サプライヤー」のカテゴリーに登録させていたのだ。彼らはその詐欺会社の不正行為がアリババの社内調査員の目を免れるよう計らってもいた。理由の一端は、彼らが自分の業績目標を達成することにあった。外部からはどこまで高い役職の人間が不正に手を染めていたか明らかでないが、周知の事実だったようだ。二〇〇九年から発覚した二〇一〇年にかけて、約二三〇〇社の販売業者が詐欺行為に関わっていた。それ以前には調査が行われておらず、社員の関与を示唆するものもない。

　発覚した今、アリババとして何をすべきか。この件からわかる二つ目のポイントは、中国企業の温情の深さである。西側企業、特にアメリカ企業であれば、大量の首切りがあっても不思議ではない。エグゼクティブを含む大勢の社員が解雇されたはずだ。

　しかし中国では、解雇処分はリーダー、特にビッグ・ボスへの忠誠心を否定することになる。アリババの場合、馬雲(ジャック・マー)はエグゼクティブが外部から決められた行動規範に従ってプロらしくふるまうという考え方にことさら批判的だった。マネージャーは自社の価値観で動くべきであり、アリババでは忠誠心が大切だというのが馬雲(ジャック・マー)の考えだった。

　馬雲(ジャック・マー)は決断するため一人引きこもった。特に悩んだのが当時ＣＥＯだった衛哲(デヴィッド・ウェイ)の処遇だ。本人が不正行為に関与した証拠がないとはいえ、衛はアリババの事業活動の管理責任者だ。衛は創業メンバーではなく、古参の社員でもない。二〇〇六年に外部からＣＥＯ職に迎えられている。だがその手腕は高く評価され、忠実なエグゼクティブとして側近の中でも中心的な人物になっていた——馬雲(ジャック・マー)が単なるホワイトカラーとは別格の「ゴールドカラー」と呼ぶ存在だった。

衛の解雇をめぐるジレンマを馬雲（ジャック・マー）は次のように語った。「我々は神ならぬ人間だ！　兄弟の一人を解雇しようとするのは身を切られる思いだった」。衛はもし求められれば責を負うだろうと馬雲（ジャック・マー）は確信していた。「だがそのとき、彼の将来のために私は何ができるのか？」。馬雲（ジャック・マー）は一カ月かけて思案した。

結局、馬雲（ジャック・マー）は衛とCOO（最高執行責任者）だった李旭輝（エルヴィス・リー）の退職を認めた。関与した下位の従業員の多くは解雇され、もう一人のエグゼクティブ——人材部門の責任者——は降格された。退職前に、衛哲（デヴィッド・ウェイ）は社員の前でスピーチを行い、会社で起きた問題の責任は自分にあると語った——政治裁判に見られる公開懺悔に似ていなくもない行為だった。馬雲（ジャック・マー）は退職するエグゼクティブ二人を讃え、退職を惜しんだが、二人の追放は中途半端に終わった。衛は馬雲（ジャック・マー）とともに投資家の一人として投資ファンドを立ち上げたし、李旭輝（エルヴィス・リー）は後日アメリカのアリババ・グループ（阿里巴巴集団）のCOOとして復帰している。

アメリカに拠点を置く企業を見慣れている人なら解雇には驚かなかっただろう。むしろ解雇の決断が発覚直後ではなかったこと、もっと徹底していなかったことに驚いたはずだ。しかし中国では、この決断への反響は大きかった。多くのビジネスリーダーたちが馬雲（ジャック・マー）の決断の是非について発言し、それは強制的な退職に同意する声ばかりではなかった。賛成派も、馬雲（ジャック・マー）が企業文化を守るためにあのような行動を取った点が重要だという論調だった。ただし、その文化は責任と忠誠心という二律背反を抱えていた（よくあることだが）。外野の評価はともかく、私たちの目に、この一件はビッグ・ボス・モデルが別のモデルに道を譲った出来事に映った。

この出来事は馬雲（ジャック・マー）のターニングポイントと言えるものにもなったのだ。彼は二〇〇七年に日常業務への関与から身を引き、人事と文化の管理に集中するようになっていた。二〇一一年に馬雲（ジャック・マー）は会長としての優先事項を次のように述べている。「私は『人』について考えることに時間の大半を割き、基本的にビジネスには関わらない。（中略）第一に、会社のミッションと価値観にふさわしい人間としてその守り手になるべく努めている。（中略）第二に、潜在能力の高いビジネスリーダーの発見と育成を行う。そして第三の任務が、会社から『プロ管理職』などというものを放逐することだ」

しかし詐欺事件はその文化が正しくなかったことを示唆している。そこで馬雲（ジャック・マー）はアリババの文化の定義にさらに力を注いだ。衛と李が退職した日に全社員に手紙を送り、会社の核となっている価値観（コア・バリュー）を改めて伝え、詐欺を働いた社員たちの動機が契約を取って自分の業績目標を達成することにあったという事実に特に触れた。「アリババは創業当初から、利益の追求を主目標とはしてこなかった。私たちの関心は会社を単なるお金を稼ぐ機械にすることにはない。それよりも『他のどこよりもビジネスをしやすくする』というミッションを長らく大切に守ってきた。私たちの掲げる『顧客第一』の意味は『お客様の利益を損ないかねないことをするぐらいなら成長を犠牲にしよう。まして露骨な詐欺行為に加担するなどもってのほか』ということだ」[9]

また、馬雲（ジャック・マー）は筆架山を訪れた。ここは一九二九年に毛沢東（マオ・ツォートン）が、人民解放軍の前身となった軍隊から「非プロレタリア的」思想を一掃せねばならない、軍隊に対する共産党の支配を強めなければならない、との考えを主張した場所である。毛は軍事目標のみにとらわれず、「政治的プロパガンダを通じて軍隊を強化する」必要があると論じた。馬雲（ジャック・マー）にとって、単なる軍事目標だけではなく適切な思想の重視が軍の成功要因になったことは、財務をはじめとする「重要業績評価指標（ＫＰＩ）」による管理と組織文化を区別することとおおいに通じるように思われた。この洞察に目を開かれたと馬雲（ジャック・マー）は語った。

結論

正統的な共産主義思想では、常に共同体が個人に優先する。そこが作家のアイン・ランドなど共産主義を批判した人々から見て、数多い難点の中で最も許せない部分だろう。しかし中国企業はいまだ体制側のイデオロギーの影響下にありながら、民間企業ではトップに座る個人に驚くほどスポットが当てられている。アメリカにも「有名人」ＣＥＯが脚光を浴びた時期がたしかにあったが（ディズニーのマイケル・アイズナーやＧＥのジャック・ウェルチがすぐ思い浮かぶ）、彼らとて私たちが研究した中国人リーダーたちのように全権を握ってはいなかった。欧米では創業者たちが去り、会社が大規模化して官僚主義と経営幹部チームによる統治が求められるようになると、ビッグ・ボス経営モデルはすたれていった。しかし中国は違う。少なくともまだそうなってはいない。欧米が集産主義寄りになったとすれば、中国はいまだ個人主義寄りにとどまっているのだ。[10]

トップ・エグゼクティブのこの特殊な地位は、彼らが創業者であること——そして従業員数が数万人、売上が数十億という規模になっても、それ以外のあり方を示唆する先行モデルがないことが理由の半々であろうと私たちは考えている。要因が何であれ、現時点での結論は、中国企業はＣＥＯの人格が第一であるということだ。ＣＥＯが自身の行動を通じて会社の方針を決める。経営方針が従業員の滅私奉公を重視するのであれば、ＣＥＯが誰よりも長時間働かなければならない。

台湾と香港の中国人エグゼクティブのリーダーシップ・スタイルを検証した二人の心理学者は、権威と慈愛と道徳を巧みに組み合わせた行動を要求する「家父長主義」が中国人リーダーを規定する要因であると報告している。第一のタイプの行動は、部下に対するエグゼクティブの厳格なコントロールと部下の絶対服従が特徴である。第二のタイプは、エグゼクティブが部下一人ひとりについて本人と家族の幸せを総合的に気にかけるという表れ方をする。そして第三は、エグゼクティブが清廉さと無私の行動を通じて優れた人格を示すことだ。これらの行動が私たちが中国において観察したものとどこまで近いかはまだ答えが出ていないが、多数の中国人リーダーシップ研究を調査分析した人々はほぼ同様の結論を導き出している。リーダーシップの規定要因の一つとして家父長主義が突出しているのだ。[11]

しかしビッグ・ボスに権力が集中するという中国特有の現象は、異例の事態を引き起こす可能性もはらむ。企業文化がいまだに謙虚さを重んじる伝統的な国の価値観——全体の利益のために個人の犠牲を尊ぶ価値観——を引きずっているからだ。したがって、中国のビジネスリーダーたちは大胆さと謙虚さを兼ね備えた姿勢を持ち、たとえ個人的に大きな代償を払うおそれがあっても果敢な行動を取る意思を強調してきた。民間企業の自己決定権にまだ制約が残っている状況では、企業エグゼクティブたちが自身の自由をリスクにさらす意思決定をしなければならない場合もあった。レノボの創業者で長年ＣＥＯを務めてきた柳伝志（リウ・チュワンジー）が、西側では常識であっても中国では先進的すぎて危険だったインセンティブ報酬制度を採用して収監のリスクを冒したエピソードに見たとおりだ。

　ビッグ・ボス経営法は階層主義と現場と距離（ハンズ・オフ）をおくという矛盾を抱えた人材管理ももたらした。インタビューしたＣＥＯの一人の自己評価によれば企業の「リーダーは親のようにふるまう」が、中国人ＣＥＯたちは次第に他人や階層を介した仕事の仕方を身に着けるようになってきている。アリババ創業者の馬雲（ジャック・マー）が会社経営のために雇ったＣＥＯの解雇を決定したエピソードにそれが見られる。この事件は現場のマネジメントから手を引き、体制のマネジメントへと舵を切った馬雲（ジャック・マー）のターニングポイントとなった。

　現在の中国人ＣＥＯたちによる謙虚、大胆、階層主義的、現場主義的、かつ思いやり深いリーダーシップが、会社が急成長と海外進出を続けてもなお持続可能か否かはまだ答えが出ていない。だが、この分野においては東洋が西洋に寄り添っていく（逆ではなく）だろうとする他の研究者たちと、私たちは見解を同じくしている。

巨富の創造者たちが語る「ビッグ・ボス」

みずから手本を示すことで、ルールや規律の設定から価値観や精神面の追求まで事業運営のあらゆる要素がカバーできる。従業員に一生懸命働くことを求める前に、リーダーみずから一生懸命に働くことが、スタッフの本当の動機づけになる。

——ベンチャーキャピタル会社CEO

ボスとして鷹揚に構え、すべての従業員に会社の成功の恩恵を受けさせてやるつもりでいなくてはならない。またオープンマインドであるべきだ。やがてスタッフはあなたをリーダーとして受け入れ、ついてくるようになる。そうしたら彼らを成功への正しい道へ導くことができる。

——海豊国際控股有限公司（SITC）会長、楊紹鵬

［中国企業の会長と中国の外国企業の］会長の資質と能力には大きな差がある。外国企業の会長は中国企業の会長とはおよそ比べ物にならない。コンピテンシーのレベルが違う。新しい事業や会社の立ち上げ、イノベーション、問題解決能力に関して、中国人の会長は一〇〇点満点だ。外国企業の会長はまず間違いなく五九点以下だろう。彼らは

中国人の会長と比べるとトラブルの経験値がずっと少ないのだから、すごいと思う理由がないのだ。

——コンピュータ・エレクトロニクス製品メーカー会長

みずから手本を示すことが特に重要だ。中国人は「上行下効（上に立つ者の行動を部下は必ず真似る）」ということわざを信じているからね。

——寧波方太厨具有限公司の会長、茅忠群（マオ・ジョンチュン）

中国では会長なりトップに立つ者が先頭に立って、みずから多くのことに対処しなければならない。政府、メディア、投資家との関係のマネジメントは特にそうだ。皆ナンバーワンの人間と話したがる。すべての中国の企業リーダーにとってこれは義務であり、巧みにやすやすとこなせなくてはならないのだ。

——コンピュータ・エレクトロニクス製品メーカー会長

ある程度の規模のプロジェクト——例えば会社の総利益の一〇分の一に相当するなら——は必ず私がみずから指揮を執る。主要なリソースの獲得は、社員に任せず必ず私みずからやる。こうした難しい仕事に立ち向かう責任が私にはある。私が最大株主であり最高権威だからだ。これが私の義務だと思っている。

——不動産会社会長

第7章
成長が金科玉条

何より大事なのはケーキを大きくして、皆が分け前にあずかれるようにすることだ。

中国人ビジネスリーダーを駆り立てる原動力の正体を知るために、第一章で少し触れた『プロテスタンティズムの倫理と資本主義の精神』の話に戻ろう。社会学者マックス・ウェーバーは、欧米企業のエグゼクティブたちの勤勉さの原動力は宗教的精神（エートス）だと論じた。事業を興して生まれた余剰利益を消費するかわりに再投資することに、彼らは宗教的徳を見出すのだという。この精神（エートス）に促され、信者は事業の成功に自身の救済の印を見てとるようになった。利益が出ると、経営者は余剰を自分の楽しみや個人的消費に費やすより再投資する義務を感じ、さらに余剰利益を生み出せば、救済の望みがいっそう増す。起業家は実質的に自分自身のエンジェル投資家を務めているようなもので、歴史上きわめてたぐいまれな偶然によって、幸いな魂を持つ者はビジネスでも幸運に恵まれたことになる。物質的な成功と個人の救済は同一であった。

　プロテスタンティズムの倫理が欧米で黎明期の民間企業が台頭する刺激となったのかどうかはさておき、後年はまったく異質の論理が資本主義を活気づけ、企業リーダーたちの思考と行動を支配するようになる。二〇世紀後半から二一世紀にかけて、理論的根拠として資本主義を推進したものは宗教的信条から世俗的精神に変わり、それはアメリカで特に顕著だった。株主総利回り――いわゆるＴＳＲ（Total Shareholders Return）――の向上が錦の御旗、謳い文句となった。上場企業の取締役やエグゼクティブたちは、常に自社の株価や配当金を競合企業と同等に――むしろ上回るように――上げるよう強いられた。機関投資家は高い株主利回りを要求し、証券アナリストは細かく目を光らせ、アクティビスト投資家〔いわゆる物言う株主〕は株主還元できない企業を標的にした。

アメリカ企業にとっては機関投資家資本主義が拘束衣のようなものになった。ここ数十年で機関投資家による株の保有が増えたため、エグゼクティブの関心の対象はＴＳＲの実現に固定された。エグゼクティブの報酬がＴＳＲの向上と連動するようになり、役員会もＴＳＲ確保を目的とした構成に変えられた。このような目的設定をしたのは株を保有する機関だったが、ブラックロック、フィデリティ、バンガードら主要株主は、目的達成の方法はおおむね企業リーダーに任せた。

近年、欧米でその放任姿勢を補っていたのは、企業リーダーたちに分離独立や会社分割によってより高い価値を生み出す方法を教えるのに躊躇しなかった、目端の利く投資家たちだった。しかし投資家価値の実現を迫るやり方が消極的であろうと積極的であろうと、目指すところは同じであり、その結果できあがったマインドセットは、株主価値の向上という目標を中心に定義され自己管理された支配的イデオロギーとなった。これが重要な意思決定の根拠およびベンチマークとして普及しているのは、例えば二〇一六年に二大製薬会社のファイザーとアラガンが一五二〇億ドルの合併計画を取りやめたことにも表れている。ファイザーＣＥＯのイアン・

リードはこう説明した。「当社の［事業］価値向上［および］魅力的な事業開発をはじめとする株主に配慮した資本配分機会の追求を継続することに、今後も集中していく」。そのため、合併計画は破棄しても、「これまで通り、当社は株主価値の向上に全力で取り組む」。対照的なのが、二〇一六年に中国のアンバン・インシュランス・グループ（安邦保険集団）がスターウッド・ホテルズ&リゾーツに対する一三八億ドルの敵対的買収提案を取り下げた事情だ（同社はすでにニューヨークのウォルドーフ=アストリア・ホテルを二〇一四年に買収している）。同社は単純に「さまざまな市場要因を考慮した結果」と述べた[1]。

株主価値の増大がアメリカ人エグゼクティブを駆り立てる原動力になったのだとしても、中国人エグゼクティブとのインタビューではその影すら感じられなかった。彼らの総合的な目的は、会社の市場価値や引退後の自分の生活を確保することではなく、今現在の会社を成長させることに集中していた。拡大そのものが目的化し、その基準は株主利回りではなく市場規模にあった。

成長の要因

中国の民間企業リーダーたちが進路を選択する際に定めた目標は、独自の中国的倫理観と、歴史的にも現代においても西側の私たちが知っているのとはまったく異質な資本主義精神によるものだった。私たちが見るところ、株式資産の保有が機関投資家に集中したことがアメリカ人エグゼクティブたちを株主価値のあくなき追求に駆り立ててきたのとそっくりな形で、中国の民間企業リーダーたちのあくなき成長の追求を後押しする要因がいくつかある。それらの要因は自身では何も生み出さないが、企業エグゼクティブの背中を押す大きな力となった。

世界銀行の元チーフエコノミストで北京大学教授の林毅夫（ジャスティン・リン）は、そんな企業成長の一つの要因として中国の比較優位性を指摘した。林は中国企業が豊富な安い労働力を利用できたと主張した。カリフォルニア大学バークレー校社会学部教授のニール・フリグスタインと北京大学光華管理学院教授の張建君（ジャン・ジエンジュン）は意見を異にし、国家の「援助の手」を強調した。政府は銀行やエネルギーなど戦略業種に指定した業界を直接支援し、それらのセクターが今度は他の業種の成長を促進した。また国家は労使関係、資本配分、地域開発にも欧米で慣例となっている以上に強く介入し、国全体の発展を優先して、他企業を成長させるために国有企業の赤字経営さえ容認した。[2]

もう一つ別の要因として、北京大学国家発展研究院の姚洋（ヤン・ヤオ）と香港大学の許成鋼（シュー・チョンガン）が概説しているのが、中国の「地方分権」体制と許が名づけたものである。地方政府が担当地域の開発へのインセンティブを国家政府から与えられ、強い介入によって企業の発展に不可欠なインフラと好都合な環境を創り出してきたという。[3]

戦略研究者であるフランスのビジネススクールＩＮＳＥＡＤの曾鳴（ゾン・ミン）とケンブリッジ大学のピーター・ウィリアムソンは、中国の多国籍企業研究の立場からさらに別の考察を加えた――すなわち、海外進出に成功した原因は、単に安価で低品質な模倣品を世界市場に大量輸出するのではなく、大幅に安い価格で品質の高いものを提供するというエグゼクティブの意思決定に帰せられるというのだ。曾とウィリアムソンは低価格で高品質を提供するこのアプローチを「コスト・

イノベーション」と名づけた。例えば、一九九一年に深圳で創業した中国の医療機器メーカー、マインドレイ（邁瑞医療国際）は、トップブランドのヒューレット・パッカードを上回る品質でありながら価格は三〇％安い患者モニター装置を欧米の病院に供給している。Ｆｉｔｂｉｔ（フィットビット）は健康状態をモニタリングするウェアラブル端末Ｆｌｅｘを二〇一三年に発売し、二〇一五年には世界市場で二四％のシェアを獲得して売上で首位に立ったが、その後中国のシャオミ（小米科技）は五分の一の価格で自社独自のウェアラブル端末を発売すると、一年で市場シェアをゼロから一七％に伸ばした。[4]

何のための成長か

私たちがインタビューしたエグゼクティブたちは総じて、自社の成長を絶対的な課題として受け入れ、積極的に追いかけていた。その原動力となっている論理は欧米で見てきたものとはまったく違っていた。アメリカの大企業にとって、資産を買収したり分離独立させたり、新規事業を始めたり海外に店舗展開したり、エグゼクティブの報酬を決めたり取締役を選出したりする際に重要な問題となるのは、こうした行動が会社の価値を高めるかどうかだ。それとは対照的に、中国の大企業にとっては、こうした行動が拡大に資するかどうかが最大の問題となる。

過去数十年の間に、欧米で企業の意思決定と投資家の資産配分を決める要因として株主価値の存在感が高まってきたことで、株主価値至上主義者はこのような形の資本主義が世界のあらゆる場所に現れているに違いないと思い込んでいるふしがある。だが中国人ビジネスリーダーたちとのインタビューから浮かび上がったのはまるで異なる論理だった。

海豊国際控股有限公司（SITC）会長の楊紹鵬（ヤン・シャオポン）にとって「何より大事なのはケーキを大きくして、皆が分け前にあずかれるようにすることだ」。裸一貫から従業員八万人の会社を育て上げたあるリサイクル設備メーカー会長も、よく似た発言をしている。

> 華宏（ファホン）はいうなれば貧しい村で、リーダーにとっても人民にとっても悩みの種だった。だが私はリーダーになることを望み、最も厳しい時代にここのリーダーになった。なぜか。［共産］党と人民の期待に応えたかったからだ。私は二五年前ここにやってきてリーダーとなったが、自分の手で何かを築き、経済を発展させ、人民に尽くし、ふつうの人々に変化を感じてもらいたかった。この二五年間で私は無から有を立ち上げ、小を大にし、弱者を強者にした。そして人民から認められるようになったのだ。

成長に邁進するという原則は、中国企業の組織構造と文化のほぼすべての側面に浸透している。ある医療機器メーカーの会長は、経営陣が強くなければ会社を成長に向けて育成することはできないと早くに悟ったと話してくれた。最初の数年間は機能部門のリーダーたちを上層部に引き上げていたが、やがて会社を成長に最適化させるのであれば、本当は役員クラスにゼネラリストのマネージャーが必要なのだと理解するようになった。この目的に向け、彼は頭角を現したマネージャーたちをさまざまな専門業務や事業の責任ある役職にローテーションで異動させる慣行を制度化した。「以前はそれぞれの専門領域に特化した機能部門別の専門家をリーダーにしていた。しかし今では、事業の成長を支えるうえでオールラウンドなゼネラリストが非常に大切であることがわかった」と会長は語った。欧米のエグゼクティブたちも経営陣がチームで会社全般のマネジメントを行うことを非常に重視しているが、欧米では役員が株主利益に注力することが期待されている。しかし中国企業で経営チーム入りした者はひたすら事業の拡大に力を注ぐ。

それに関連する疑問だが、企業エグゼクティブは成長という目的を自分自身に対してどう正当化し、他者に説明しているのだろうか。会社をより豊かにするといった別の目的ではなく、より大きくすることに、リーダーとしての人生を燃焼させようと思うのはなぜだろうか。そして数千人の従業員にとって、たえまない成長の追求を正当化するものは何だろうか。マックス・ウェーバーは欧米における資本主義の精神についての同じ問いかけに、少なくともトップに立つ者にとっては物質的な蓄積に世俗を超越した価値があると答えた。厳密な意味で同等と見ることはできないが、世俗的な価値観に置き換えてみると中国企業にもこれに通じるものがある。

中国人エグゼクティブたちとのインタビューで、成長の追求に対する最も重要な理由づけは、拡大する一方の消費者人口に自社の製品やサービスを行き渡らせることにより、きわめて物質的な意味ではあるがより良い世の中を作る、というものだ。欧米的な資本主義を信奉するエグゼクティブには古くさく、ばかばかしくさえ響くかもしれない。機関投資家にとってはなおさらだろう。だが、これがインタビューで一貫していた中心的テーマだった。創業時、中国人リーダーたちや彼らのいた共同体がどれほど物質的に貧しかったかを思い起こせば納得がいく。

例えば、ある化学メーカーのＣＥＯは自社を小さな地方企業から従業員数七〇〇〇名以上の大手上場ポリエステルメーカー――年間生産量二〇〇万トン――に変貌させたが、今でも故郷の村を自分の原点と考え、その土地のニーズにこだわっている。かつて農民だったＣＥＯと同僚たちは身にしみついた倹約意識と手堅い考え方を事業運営に持ち込み、コスト管理と低価格で競争した。すべては「村の仲間の生活水準」向上と「経済的価値を皆と」分かち合うという視点からだった。

プロテスタントの倫理が個人の救済を、機関投資家資本主義が市場価値を目指しているとすれば、チャイナ・ウェイは社会の向上を目指している。とはいえ想定している標的、対象は一つではない。対象は特定の共同体かもしれないし、地方、エンドユーザー、国家――あるいはそのすべてかもしれない。エグゼクティブたちの語る言葉はさまざまだったが、共通していたのは、天に自分の徳を積むことよりも地上に暮らす他者の幸せだった。中国最大手の一社としてアグリビジネスを手がけるある企業の創業者兼会長の言葉を借りると、「私たちは社会全体のため、つまり株主のためだけでなく従業員と共同体のためにも、価値を創造すべきだと信じている」。その「バランス」をとることが非常に重要だと彼は言った。ある鉱業・鉄鋼会社のＣＥＯは同じことを次のように述べた。「成長の恩恵をすべての人と分かち合いたい」。なぜなら「すべての人に良い暮らしを望んでいるからだ」

ある不動産開発会社の創業者兼会長にとって、成長は自社が長年住宅を建設してきた地域への究極のサービスだ。「私は三〇年間で一〇〇万人の住まいの悩みを解決できるにすぎないかもしれない、その道のりはまだ遠い」と彼は言う。だが「[私の出身]地方（Province）の人々に質の良い住宅に住んでもらうことが自分の社会的責任と考えている」。同様に、ある化学メーカーの会長も次のように語った。「当社は村人のための公共施設、社会福祉、支援に継続的に投資している」。そのために「我が社は成長して利益を上げなければならない」。なぜなら「当社のミッションは村人の収入を上げて彼らの生活水準を向上させることだからだ」

　彼ら中国人エグゼクティブたちによれば、成長は個人への恩恵を伴う公的責任である。例えばある鉱業・金属グループのＣＥＯはこんな人材論を拠り所としている。「従業員に良い生活を与えれば、一生懸命働いてくれるだろう」。馬雲（ジャック・マー）は公益に資することによって個人から受け入れられるという自社のステータス価値についてほのめかした。「中国の新規スタートアップ企業が戦わなければならない場は二つある。市場と大義名分だ」と彼は言った。そして「将来が不確実な時代には、人々は個人的な犠牲を払うリーダーに従う。それによってリーダーが国の将来を本気で信じていることが示されるからだ」。ただし、すべての中国企業が従業員のためを思って会社の成長を気にかけているわけではないと思われることも指摘しておくべきだろう。実際、多くの企業は従業員をとりたてて厚遇してはこなかった。[5] 一部のビジネスリーダーたちにとっては、利益を上げていても、自社の主たる存在証明は強い目的意識——意義のあることをして業績を上げるという究極の目的——にこそある。例えば環境事業を行っているある企業の創業者兼会長は、砂漠などの土地利用の向上に注力している。彼の両親は農民だったが、社会的地位が高かったために革命後の中国で大きな不名誉の烙印を押されることになった。母親は地元で最も裕福な地主の家に育ち、父親は大卒者であるばかりでなく国民党の幹部でもあった。共産主義化した中国で反革命的一家とみなされながらも、この創業者は共産党に入党を果たし、その後地方政府の役人になった。僻地で数百万人を顧客とする製塩会社を経営するチャンスがめぐってくると、彼はその打診に飛びついた。植林を手がけ、太陽光発電技術を導入し、育てた会社はやがて中国の砂漠地帯――国土の三分の一を占める――の開発に特化した企業になった。「私たちは砂漠化の抑制と砂漠から商業チャンスを開発するというささやかな事業を行っている。（中略）今でもまだ、多くの人が私たちに疑いの目を向け、あんな砂漠からどうやって利益を上げられるのかといぶかしんでいる！」。会社を導く目的について彼はこう語る。「この問題を新しいビジネスモデルで解決する方法の考案を目指している」。そして「利益の額は問題ではない。何十億、何兆であろうとね。会社が達成できる究極の成功は国、社会、人類の大きな問題を解決する新しい方法を開発することだ」

とはいえ、自社をどこかしらの証券取引所――香港、ニューヨーク、上海――に上場させているエグゼクティブの多くにとって、株主利回りは関心事ではあった。しかしチャイナ・ウェイではその関心は原動力というよりは後付けのものだった。エグゼクティブたちは投資家価値を、成長の大事な付帯的利益、幸運がもたらした結果ではあるが、エグゼクティブの意思決定を左右する基準ではないと考えていた――存在の証というよりは物言わぬパートナーととらえていたのである。ある医療機器会社の会長の言葉を借りれば、「私のやっていることが正しければ、おのずと投資家の利益は維持されるだろう」。創業者であり今でも会社の大株主である彼は、「口に出してあれほど頻繁に株主価値を口にするという事実は、彼にとって理解はできるものの彼我の違いを感じさせた。アメリカ人エグゼクティブたちは「株主利益の大切さをたえず自分に言い聞かせていなければならないのだ」と彼は言った。「でないと彼らは仕事を失うからね」。だが彼の場合はそれを自分に言い聞かせるのを忘れたとしても仕事を失いはしない。

こうしたことから、欧米で例外なく投資家が強い関心を抱く株式時価総額は、中国では背景に追いやられている――成長の有益な結果ではあるが成長の主たる原動力ではない。自社を海外の証券取引所に上場させる中国人エグゼクティブが増え、グローバルな投資家が株主に名を連ねるようになれば、個人の価値よりも公益のために拡大していた時代はいつかその優先順位を逆転させるかもしれない。だが当面、自力での進路開拓に使う羅針盤としては成長のほうが比重が大きい。

成長という課題が役員室にも入り込んでいるのは予想にたがわない。社員の中から新たな取締役の候補者を見つける基準をたずねたところ、多くのエグゼクティブが会社の拡大を支援できる（その実現に必要なマネジメントを含む）能力を挙げ、株主モニタリングや価値創出の能力についてはまったくといっていいほど聞かれなかった。店舗数七〇〇〇以上のある衣料小売企業のトップ・エグゼクティブは、自社の役員を補充する際に当初は成長を問題にし、その後マネジメントに重点を移したとはっきり述べた。「初期段階では事業の成長に寄与できる人物を招いていた。それが実利にも目的にもかなっていた。だが今は、マネジメント上の弱点の改善に貢献してくれる有能な社外取締役を求めている」

成長のための政府

中国人エグゼクティブたちが政府官僚との間に持っているつながりは、一種の社会的な接着剤と性格づけられることが多かった。個人的な人間関係はしばしばビジネスを行うための必須条件（シネ・クア・ノン）、よって成長の必要条件とみなされる。国有企業は当然、そのようなつながりの上に構築されているが、非国有企業はといえばそうでもない。非国有企業のリーダーたちは政府とのつながりの歴史的な重要性は認識しているものの、こうした関係が成長に果たす役割はさほど目立たなくなり、そのあり方も個人的性格が薄れてきている。

都市不動産開発業界の企業はこの一般的慣行を否定しない一つの例外だ。土地の買収と住民の立ち退きには市の認可が必要であるため、あらかじめ個人的なつながりを作っておくと、万能ではないにせよ効力がある。だが大半の企業にとって、政府とのつながりは個人的な性格が薄れ、不可欠なものでもなくなっている[6]。

政府との個人的な人間関係が重視されなくなった傾向をよく表しているのが、ある広告代理店の創業ＣＥＯの発言だ。政府との接点に話が及ぶと、彼は個人的な引き立ては求めておらず、それに価値があるとも思っていなかった。「中国にはお金を稼ぐチャンスがたくさんあるからね」と彼は言った。だからそのチャンスが政府に気に入られることでなくてもよいわけだ。チャンスを生かすなら、地方や国の官僚ではなく、顧客との個人的な人間関係に心を砕いて育てていくのが重要だと彼は気づいた。「互いに干渉はせず」がリーダーのモットーになった。「政府から大きな影響は被っていない」とCEOは説明した。「法に違反する気はないし、税金も納めている。こちらとしては誰からも邪魔されないことを望むだけだ」

店舗数七〇〇〇以上のある衣料小売企業のトップ・エグゼクティブにとって、地方政府は意識はしているが特別な配慮の対象ではなく、特別な支援を求める相手でもなかった。政府の政策担当者があてにならない以上、そのような姿勢でいるのがベストだ。「正直な話、当社は政府のリソースを活用しようとはしていない。今のところ、当社に関係のある既存の政府方針──例えば自社ビル建設に関する税の優遇措置を把握しておこうとしているくらいだ。私たちは常に消費者との関係を重視しており、政府とは近からず遠からずの適正な距離を保っておくべきだと私は考えている。不動産ビジネスをやっているわけではないから、政府からの多大な支援は必要としていない。だから大小にかかわらず政府機関には敬意を払っておき目をつけられないようにする、これが当社の姿勢だ」

ある鉱業・金属会社のCEOも同様の考えを語った。政府との関係は短期的には有益だが長い目で見るとリスクとなる「諸刃の剣」だから、「政府のリソースに頼ることは避ける」ようにしているという。ある電子部品メーカーの会長はインターネット技術を活用してエネルギー、オートメーション、ハイエンド機器などの新規市場に進出してきた。同様の製品ラインを持つ西側の大手エンジニアリング企業二社、フランスのシュナイダーエレクトリックとドイツのシーメンスの来歴を参考に、彼は同じ「事業の成熟」段階に達することを目指している。会社が「政府の政策のような外部要因に影響が受けにくく」なる境地だ。

　インタビューしたエグゼクティブたちの多くは地方政府を、少なくとも対象企業の業績が良い間は関心を持ちつつも関与しない傍観者と見ている。ポートフォリオに組み入れている会社がうまくいっている間はほとんど関心を払わず、問題が出れば介入する欧米の機関投資家と同じく、省や市の官僚は自分たちが重視するもの——とりわけ雇用と収益——を地元企業が生んでいれば傍観している。だから、例えばある化学会社の会長は政府とのつながりに目配りは怠らないものの、積極的な開拓にはほとんど投資していなかった。「政府の政策変更はつかんでいるが、政府との関係作りにはあまり時間を割いていない」と彼は説明した。同社が地域開発に貢献していることを地方官僚は認識しているので、会社の「邪魔はしない」という。「新規プロジェクトについて政府に連絡はするが、製品構造など重要な意思決定は常に自分たちだけで行っている」と彼は言った。

　同様に、ある大手鉄鋼会社のCEOは「政府との人間関係構築に大きな労力をかけてはいない」と語った。彼の会社はその地方の最高額納税者となったため、通常のケースとは逆に地方政府のほうから彼の元に足を運んで、例えば工業団地の土地の無償提供を申し出たりするという。小売店やスーパーマーケット事業を展開するある会社のCEOも似たような話をした。


　当社は政府と非常に良好な関係だ。だが政府からは適正な距離を保っている。当社の事業は政府の戦略に依存せず社内の能力と戦略を基盤として成長している。雇用創出や共同体の向上など、社会的責任は［真剣に］受け止めており、その取り組みによって経済成長という地方政府の目標達成を支える。それ以外では地方政府と緊密な関係は持っていないし、当社自身の戦略に政府の影響は受けていない。

他国の企業と同様、私たちがインタビューした中国人エグゼクティブも、国家政府のマクロ政策には、会社の得になるわけではなくても関心を払っていた。貿易政策、腐敗取り締まり、通貨切り下げ、輸出補助金には特に関心が高かったが、こうした要因のいずれも会社を揺るがすものではない。例えば、中国国内に一万店以上も店舗があるブランド衣料の製造販売会社は、国の補助金を受けて研究したハイテク繊維のおかげで欧米進出が容易になったが、それ以外ではほとんど恩恵を受けていないと創業者兼会長は見ていた。

人間関係は私から公へ

中国における公務員や党幹部との人間関係は、個人としてよりも公人としての性格が強くなった。政府の人間との関係は個人としてではなく、リーダーという役職としての企業エグゼクティブに求められるようになってきている。

ある繊維・アパレル会社の会長は、政府官僚との公的な付き合いを成長に必要なものだけに限定していた。「私が政府に足を運ぶのは会社の事業のためにそうせざるをえないときだけ」で、

「事業ニーズを成長の推進力とするつもりだ」。政府官僚と必要以上の関係を持つのは避けている――さもないと「時限爆弾を仕掛ける」ことになるからだ――が、「疎遠になってもいけない。基本的な問題を解決したり仕事を完遂したりするためには、やはり官僚との付き合いが必要だからだ」と但し書きをつけた。ある化学会社の会長は次のように述べた。「政府とはバランスの良い関係を保っている。特別な政策を要求するほど近くもなく、ぎくしゃくするほど遠くもない」

あるアグリビジネス企業の会長にとって、政府とのつながりは成長を追求した必然的な結果であって、彼自身の性格から求めたものではないという。「政府の力は非常に強いので、政府との関係は当社にとって非常に重要だと考えている」。ただし政府との関係をマネジメントするにあたって指針としているのは、「政府官僚の誰とも特別な関係は避けるという原則だ。政府官僚と特別な関係を持てば短期的には有利かもしれない。だが長い目で見ると非常にリスクが高い」。そのため、彼は自身の人となりではなく、会社の貢献を関係作りの基盤とした。「当社の政府との関係は、私たちが地元の共同体と地方政府のために創出した価値が基になっている」。例えば納税や雇用創出などだ。会社が当局の目標達成を助けたことに対して、地方政府も報いてくれるという。「当社の事業業績のおかげで、政府と健全で信頼ある関係が築けると信じている」。関係を私的なものにせずあくまで公的なものにとどめておくために、「良いチャンスをいくぶん逃しているかもしれないが、私たちは当社のコアバリューを守っている」という。すなわち透明性、清廉さ、コンプライアンス（法令遵守）などだ。

地方当局や国家当局への依存を避ける一つの理由は、公的機関を動かす要因は企業の目的とは合致しがたいとエグゼクティブが認識しているためだ。任務が異なる以上、エグゼクティブが企業成長のためにはしないような投資をしろと官僚から圧力をかけられることもありうる。ある鉄鋼会社の会長が警告するように、国家には多数の目標がある。「良い面を見れば、地方政府は地域の雇用を促進し税収を増やす可能性があるとして、企業の発展を重視してくれる」と彼は認めつつ、「だが悪い面を見ると、地方政府は企業が政府の仕事を支援しているかどうかに常に目を光らせてもいる」と警鐘を鳴らした。

政府と中立的な距離(アームズ・レングス)を置いた関係を保つことは、企業エグゼクティブたちが戦略上の必須課題を最適化するには欠かせないと考える自主権の確保にも役立っていた。従業員数二万人以上のある食品会社CEOはこう説明した。「政府とあまりに密接な関係は作りたくない。民間企業として、当社のコア・コンピテンシーは自由市場における競争によって築かれている。政府からリソースや支援を得ることに注力しすぎると、その能力の開発がおろそかになってしまうだろう」。そう考えると政府との関係は「持続可能性がない」ため、彼は政府の食品事業への入札機会をいくつか見送った。

アジア地域で七〇隻以上の船舶を運航している物流サービス会社、海豊国際控股有限公司(SITC)会長の楊紹鵬(ヤン・シャオポン)もほぼ同じ理由を口にした。同社の顧客は多国籍企業が主だ。そのため、「政府の関与があまり大きくない単純な業界で助かっている」と言う。海運は中国の中ではオープンで市場志向の強い業界であるため、幸運にも「事業運営するなかで銀行や政府と付き合う必要がほとんどない」と彼は語った。

政府と距離を置く原因は他にもある。二〇一五～二〇一六年に習近平（シー・ジンピン）国家主席が積極的に推進した、中央政府による断続的な腐敗取り締まりを考えると、企業エグゼクティブにとっては官僚との個人的関係が少ないほど嫌疑の対象になりにくい。社会的距離を置いたほうが評判上のリスクも下がるし、会社の地位も高まるかもしれない。会社が政府に便宜を図ってもらっていると民間市場から思われたら、会社が成長したのは経営手腕ではなくコネのおかげだろうと勘繰られて会社のブランドに傷がつくかもしれない、と何人かのエグゼクティブは述べた。

政府とのつながりがどこまで公式の扱いをされるかは、その政府機関が企業の製品に関わる規制や購買に力を持っているかどうかに大きく左右される。例えば、耐火通信ケーブルを製造しているある会社は、インタビューの一〇年前は従業員数わずか二〇〇名だったのが、従業員数八万名以上、関連会社一五〇に成長していた。耐火通信ケーブルの使用を求める政府の方針は明らかに公益にかなっていたが費用もかかる。この会社のＣＥＯとしては自社の利益になるという理由で好ましいものだった。中国の中央政府は現在、通信会社に耐火ケーブルの敷設を求めており、地方政府が施行の責任を負っている。そのため、地方官僚と緊密に連携を取って動くことが重要になったとＣＥＯは説明した。

同様に、橋梁用の鋼索や通信用光ケーブルなど産業用製品を幅広く扱うある企業は、アメリカ向けに輸出するほか、さまざまな地方行政機関や国有企業を多数顧客としている。同社は従業員数一万名を超える中国最大の金属製品メーカーの一つになった。顧客である公的機関との緊密な関係はＣＥＯの言葉を借りれば「会社の有形資産」であるため、国との関係を専門に担当するマネージャーのチームを設立した。「政府の方針は我々のいる業界では大きな影響力を持っている」とCEOは説明する。だから政府との関係は「生き残るための基盤」だ。地方税収と地域の発展に貢献することがその関係を円滑にする第一の手段だが、CEOはさらに地方政府とのつながりを持つキーパーソンを探し出した。同社は九つの事業部を運営しているが、国との関係は会社にとって非常に重要であるため、CEOは自社と公的機関や国有企業との連絡を今でもみずからマネジメントしている。

人間関係が個人から公人としてのものに移行した一つの結果は、重要分野において企業の課題が政府の課題と相違したときの対応に表れた。食い違いが発生した場合は自社の優先課題を取る、と企業リーダーたちは断言した。「官僚は自分の任期中の短期的な業績に目が向いている」とある電気設備・送電会社の会長は述べた。「だが私たちは長期的に持続可能な発展に意識を向けている」。したがって、「政府と良い関係を保ちながらも、利害の相違がありうることははっきり理解しておかなければならない」。その理解があるからこそ、個人としてではなく公人として政府との関係を持つ方針が主流になった。「官僚から何らかの要求があった場合、合法的なものであれば応えようとベストを尽くす。しかし時として、その要求が当社事業の利益に反する場合がある。それを政府に説明するのは難しい。だがその難しさから逃げてはいけないし、政府に敬意を示しつつも当社の原則は主張しなければならない」

このように、公務員との人間関係は私から公へと性格が変わり、つながりは弱くなり、非公式なものではなくなり、会社を有利にするためという目的で割り切って維持されるようになった。

この変化の形は、西側ならガバメント・リレーションズという用語で呼ばれるであろうものに似ている。その点を強調したのは、自社が急拡大した方法を説明してくれたある技術メーカーのCEOだ。彼は自身の事業戦略を持ったうえで、従業員たちに「試行錯誤」を通じて学ばせ、政府との関係を構築させることが不可欠だと知ったという。ある医療機器メーカーのCEOは、自社には「まだ政府の支援が必要」で、それを確保するための政府との関係（ガバメント・リレーションズ）も必要だが、政府との関係は今では文化的に好ましい行動というより会社にとっての手段という意味合いが強い、とまとめてくれた。[7]

　しかし民間市場における個人的関係の威力に関しては、エグゼクティブの姿勢はこれほど曖昧ではない。民間市場ではグワンシはいまだに化学反応を促進するツールとして、特に企業顧客との間で当然のように使われている。例えば、ある広告代理店の会長は自社が中心に掲げる考えは買い手にとっての価値を創出することだと明言し、それを実現する戦略はコスト削減と、顧客との接点をできるだけパーソナライズすることの二本立てであるとした。「海外企業のエグゼクティブは中国の顧客を相手に失敗した」と彼は自分の市場で観察した事情を語る。「アメリカやイギリスからやって来た企業は細部への目配りを大事にせず、パーソナライズしなかった。だがビジネスは個人対個人でやらないといけない」。結果、彼は欧米人の採用を避けるようになった。「日本人マネージャーなら採用するが、アメリカやイギリスの出身者はだめだ。彼らはお客様本位ではないから」と彼は眉をひそめた。

　個人的関係の威力はさらに共同体の中での活動にも広がる。海外展開しているある銀行の頭取は、自分のような中国の民間企業のマネージャーはまず自分の家族を大事にし、次に共同体に貢献しなければならないと強調した。「隣人への心配りは中国文化にしっかり根づいたものだと思う」と彼女は言った。もし企業経営者がその責務を果たさなければ、国の規範から大きく逸脱することになり、企業リーダーに不可欠な尊敬を損ないかねない。「中国人は通常、自分が人からどう見られるかを気にする」とあるリーダーは語った。そして「成功者ともなれば、尊敬されたいとも願う[8]」

海外進出

成長を求める中国のビジネスリーダーたちに、海外進出は抗いがたい魅力があった。外国市場は新たなビジネスの場――そして自国市場の先の読めない変動に対するリスク回避策を提供してくれる。とはいえ慣習が中国とは異なり顧客にもなじみがない海外は、自国よりはるかに危険な土地ともなりうる。しかし周到に準備した買収を行えば、自然な成長と同程度に不確実性を克服することが可能だ[9]。

近年、多くの中国企業が海外での合併買収を選択してきた。外国企業の合併買収の件数は二〇〇〇年代前半の年間一〇〇件未満から二〇一〇年代には二五〇件以上に増加している。この形をとった拡大策で成長を果たしつつギャップも見られた例が、ジーリーホールディンググループ（浙江吉利控股集団）によるフォード・モーター・カンパニーからのボルボ・グループ買収だ。ジーリー（吉利）会長の李書福は、観光客相手の写真スタジオから商売を始めた。後に冷蔵庫製造業に転じ、一九八六年にその目的でジーリー——中国語で「幸運」ないし「吉兆」を意味する——を設立したが、一九九四年までにオートバイ部品とオートバイ本体の製造を手がける会社に変えた。その後さらに自動車——彼自身のいささか乱暴な表現によれば「車輪が四ついた二台のソファー」——の製造に転じた。[10]

同世代の経営者と同じく、李も学びながら会社を育て、二〇〇九年には海外のモーターショーに出展したり、自国で急成長していた中価格帯セグメントをターゲットに約三〇車種ほどを提供したりするまでになった。リバースエンジニアリングを通じて他社に文字通りの意味で学ぶこともあった。例えば二〇〇二年に発売したメープル（華普）というブランドは、シトロエンのプラットフォーム（車台）にトヨタのパワートレインによく似たエンジンを搭載している。顧客からはジーリーの自動車は燃費がよく、価格が手頃で実用的と受け入れられた。[11]

李書福は当初、海外のまだ自動車が普及していない地域への拡大策を取り、二〇一〇年までにジーリーは中東、アフリカ、東欧、中南米を中心とする三六カ国の市場に参入していた。技術とデザインの向上を目指して、李はロンドンタクシーを製造していたイギリスの自動車メーカー、マンガニーズ・ブロンズ・ホールディングス（MBH）の株式の二三%を取得、生産の大半を中国に移転させた。またトランスミッションの独立メーカーとして世界第二位だったオーストラリアのドライブトレイン・システムズ・インターナショナルも買収し、自社製品のトランスミッションの高品質化に成功しただけでなく、他の自動車メーカーへの供給もできるようになった。先進国市場向けには、二〇〇二年から目をつけていた高級自動車メーカー、ボルボに触手を伸ばした。

ボルボの発祥の地、スウェーデンでは、道路状態の悪さから車体の信頼性が高い自動車が好まれていた。ボルボは三点式シートベルト、後ろ向きチャイルドシート、サイドエアバッグなど安全性を軸にブランドを構築してきた。アメリカで都市在住の若い知的専門職の人々に訴求し、同社の車種は子供のいる家族に人気を博した。とはいえニッチプレイヤーであることに変わりはなかった。走行の安全性には強かったものの新しいモデルには弱く、SUVなど新しい傾向の車の発売にはいつも後れを取っていた。フォード・モーター・カンパニーが一九九九年にボルボを六四億五〇〇〇万ドルで買収したが、二〇〇八～二〇〇九年のアメリカの金融危機で売上が伸び悩み、フォードは二〇〇八～二〇一〇年の二年間で二六億ドルの赤字を出した。

フォードCEOのアラン・ムラーリーがフォードの従来ブランドに再び力を入れ始めると、李はチャンスに飛びついた。しかし不安がなかったわけではない。「貧しい田舎の少年が有名な国際的女優を追いかけるようなものだった」と李は認める。失意の女優が今なら二五億ドルという安さで手に入ると彼は踏み、最終的にはわずか一五億ドルを支払っただけですんだ。うち一一億ドルは地元の二つの自治体から調達し、二億ドルはなんとフォード自身からの借り入れである。ボルボは事業の独立性を保ちつつジーリーの傘下に入ることになった。「ジーリーにとって歴史的な日だ。ボルボ・カーの買収を非常に誇りに思っている。スウェーデンの高級ブランドとして有名なボルボは、今後も安全性、高品質、環境への配慮、モダンな北欧デザインというコアバリューを守りながら、既存のヨーロッパおよび北米市場を強化し、中国など新興市場でのプレゼンスを

表7.1　ジーリーの成長戦略の進化

	1998〜2003年	2003〜2007年	2007〜2016年
目標	国内自動車市場への参入	国内での成長：新興市場への輸出を伸ばす	技術的な知識と資産の拡大：グローバルに成長する
戦略	低価格：ローコストで限定的な機能を提供	国内向けの技術を高度化：低価格自動車を輸出	先進国市場での買収：技術を高度化する
成果	中国9位の自動車メーカーに	36カ国に輸出	国内外で大手メーカーに

拡大していく」と李はコメントしている。いまや海外にも進出したジーリーの成長戦略の進化の過程を表7・1にまとめた[12]。

識者からは、市場の低価格帯で活動するジーリーと高価格帯で活動するボルボの戦略の不適合を指摘したり、ボルボの従業員が中国人上司を受け入れられないのではないかと懸念したりする声が上がった。二社の違いを表7・2にまとめたが、李は二社をこれまで通り別々に運営する道を選んだ。「ジーリーはジーリー、ボルボはボルボだ」と彼は宣言した。

ジーリーの買収を主導したのは、海外で働いたのち中国に帰国した「海亀」、沈暉（フリーマン・シェン）である。彼は華南理工大学とUCLAで工学を、ミネソタ大学カールソン経営大学院で経営管理を学んだ。また直前にはフィアット・パワートレイン・チャイナのCEOとボルグワーナー中国支社の社長を務め、大規模資産を監督した経験も携えていた。その経験から、彼は将来的な課題を予想できた。「ジーリーは国有企業ではない」と彼は言う。「仕事が国有企業ほど安定していない。民間企業だからね。日夜、週末も必死で働いてもらうよう、従業員を鼓舞しなければならない。モチベーションをしっかり持ってもらう必要があるが、その要因は職が安定していること、給料が高いことではなく」、会社の長期目標でなければならない。

ジーリーによるボルボ統合の指針として、沈暉(フリーマン・シェン)は直近の同様のケースを参考にした。二〇〇八年にインドのタタ・モーターズが、同じくフォード・モーター・カンパニーからジャガー・ランドローバーを買収していた。これも開発途上国の自動車会社による西側の由緒ある高級自動車メーカーの買収であり、いずれのケースも買収された企業のほうが新しいオーナーより優れた技術とブランドを持っていた。「タタからは実に多くを学ぶ機会を得た」と沈暉(フリーマン・シェン)は言う。彼はタタ・モーターズのCEO、カール＝ピーター・フォースターとは懇意の仲であり、二人は電話とミーティングを通じて互いに学べることはすべて分かち合おうと合意した。

ボルボのジーリーへの統合を促進するため、沈暉(フリーマン・シェン)は

表7.2　2010年のボルボとジーリーの比較

	創業からの年数	事業方針	ブランディング
ジーリー	13年	実用本位の自動車、コストで競争	差別化要因は少なく、価格の割に高い価値を提供
ボルボ	83年	質の高いデザイン、安全性、イノベーション	他社とは一線を画した独自のスタイリングと安全性能

「対話と協力委員会」を設立し、ジーリーとボルボのエンジニアやマネージャーに生産手法、人材管理、製品開発についてのアイデアや情報を交換させた。委員会が特に力を入れたのは、ボルボの技術的先進性とジーリーの中国や開発途上国市場についての知識を合体させる方策だった。沈暉（フリーマン・シェン）はボルボのエンジニア一〇〇名をジーリーの研究所に派遣し、成都にボルボの新工場を建設した。また、中国でジーリーが開発したボルボ車をアメリカに輸出する計画を立てた。

　総合的に見れば、ジーリーによるボルボ買収は、ジーリーの国内での継続的な成長と、その後の海外での成長を促進した。二社間で人材、技術、生産のアイデアを交流させた結果、製造コストの低減や新製品という成果が生まれ、国内外の売上は拡大した。とはいえ、国境を超えたこのような買収にリスクがあることに変わりはない。国際的な合併買収には文化や価格設定の問題がついて回り、失敗する確率は五〇％以上とされる。

　それでも、ジーリーとボルボの決断はこれまでのところ吉と出ている。中国企業が国際的買収を成功させる方法にさらに習熟していけば、他企業にとって成長拡大の手本となるかもしれない。現に沈暉（フリーマン・シェン）はグローバルな試みを持続性のある強みに変えた。彼は私たちに次のように語ってくれた。「会社のグローバリゼーションを推し進めるべきだ。中国の国内市場にばかり目を向けていては成功しない。グローバルにならなければ。グローバル市場の大部分において、競争はさらに激しいのだから」。そしてこう続けた。「グローバルな競争相手が中国市場の競合他社よりも強いなら、中国の競合他社も海外で成功できるほどになれば、グローバルレベルの強さになるはずだ」

中国企業による国際的買収が増えれば、私たちがインタビューした海外進出企業のビジネスリーダーたちに見られるのと同様の、実践で学ぶ手法が主流になりそうだ。ある消費財メーカーは一九七〇年代前半にアメリカに進出し、長い歳月をかけてビジネスを育て、アメリカ市場で第一位の中国ブランドとして頭角を現した。同社の会長は海外進出の手法を次のように語った。「チャイナ・ウェイの真髄は、事実を観察して現実的なソリューションを考え出すことではないだろうか。事業環境や市場条件に合わせた調整が必要だ。（中略）外国市場に参入したら、もはやそれはチャイナ・ウェイではない。現地の流儀（ローカル・ウェイ）を知らなければならない。アメリカ市場に参入したならアメリカ・ウェイだ。グローバリゼーションを志向する会社として、私は世界に溶け込むことが大切だと考えている」

中国の成長減速はそれほど悪いことか

二〇一五年、中国の国内総生産――中国国内のすべての個人と企業の生産高――の伸び率は、二五年間で最低の七％弱だった。他国であれば急成長といってもよい数字だが、過去二〇年近く年率約一〇％の成長に慣れていた国であるだけに、中国ばかりでなく中国が重要な経済のエンジンとなっていた他の国々にも懸念を与えている。その懸念は正しいのだろうか。

ロンドン・スクール・オブ・エコノミクスの柯成興（ダニー・クワ）教授は、中国が一〇年前と比べてもはるかに経済大国になったとはっきり指摘している。成長率が七％を維持し生産性も現在のレベルで成長し続ければ、中国には年間およそ五三〇〇万の新たな雇用が生み出されるだろう。中国の実質的な失業率を知る確かなすべはないが、労働人口は増えていない。むしろわずかに減少している可能性を示すエビデンスがある。政府の報告書は現在、求人に対して求職者の数はわずかに上回る程度であることを示唆しており、労働市場はきわめて逼迫している。それでも中国政府が失業に配慮していることは間違いないが、一〇年前のように対処を必要とする失業者が大量にいるわけではもはやない[13]。

国が考えるべきは経済規模や成長率の絶対値ではなく、国民一人当たりの経済規模である。人口の増加率が一〇％の国で経済の成長率が五％であったら、国民は急速に貧困化する。人口が増えていない中国のような国では、経済成長が数億人の生活水準の大幅な向上につながった。もちろん、経済大国で成長率が一％伸びればそれは莫大な金額になる。しかしどこかの時点で中国は、ＧＤＰが一％増加するごとに雇用が八〇〇万増えれば、労働市場が過熱しインフレが進行するという事実を心配し始めなければならないだろう。

世界にとって中国の経済成長は輸出のチャンスだ。中国が一〇年前に経験した一二％の成長率よりも、はるかに経済大国となった現在の中国の七％の成長率のほうがずっと価値が大きい――柯教授によればそれは絶対値で三倍近くに相当するという。輸出する側にとっては価値が大きければ大きいに越したことはないが、あまり欲張るのはやめておこう[14]。

中国の民間企業リーダーたちは進路を選択する際、独自の中国的倫理観と、歴史的にも現代においても西側の私たちが知っているのとはまったく異質な資本主義精神による目標を定めた。機関投資家資本主義よりも企業の成長が推進課題となった。そしてその成長は、製品を求める企業や消費者により多くを提供するのだという言い分を拠り所とし正当化された。顧客の役に立つことで、企業自身も業績を上げているのだ。[15]

また、民間企業の一途な成長の追求は、公的機関との私的な人間関係にはほとんど頼ってこなかった。代表的な例として、あるメーカーを取り上げよう。現在、鉄鋼生産や自動車部品から航空サービスやワイン醸造まで、一〇を超える事業を要する多角的コングロマリットとなっているこの企業の創立は、一九六〇年代後半にさかのぼる。小学校しか出ていない創業者で長年CEOを務めてきた人物は、多くの経営者と同様、実践を通じて学んでいった――ただし彼の場合は、雇った従業員たちから教わったおかげが大きいという。「私は従業員たちを先生と考えて接している。従業員たちのほうが私よりもはるかに高い教育を受けているからだ。私はあまり高い教育を受けていないから、常にオープンなリーダーシップ・スタイルを取って部下たち、特に若い人たちに責任ある仕事に挑戦させ、私は後ろから支援するようにしている」。そして彼が四〇年以上にわたる経営者としての経験から学んだのは、政府との複雑な人間関係に絡めとられず俊敏に未開発の市場に入り込むことだという。

ＣＥＯはさらに説明した。「意思決定プロセスが過度に複雑ではないから、重要なビジネス上の決断が早くできる。熾烈な競争から一歩抜け出したければこれは最も重要なことだ。［当社にとって］競争には二つの側面がある。コスト上の優位性と技術上の優位性だ。シンプルで柔軟性の高い経営体制のおかげで、コストは（中略）国有企業より低い。またプロジェクトの獲得に政府との関係はめったに利用しない。それよりも当社の強みとブランドに頼っている」。ＣＥＯの側近は社歴数十年という者が多い。金銭価値よりも成長を重視した一つの必然的結果として、彼らへの個人的報酬は現金よりも決定権とやりがいという形をしばしば取ってきた。「三〇年間、私についてきてくれた人々は今五〇～六〇歳になっている。彼らには、君たちのためにこれ以上富を創り出すことはできないかもしれないが、せめて幸せな人生を送らせてあげるよと言っている」

成長というイデオロギーは中国では一時的なもの、持続性のあるマインドセットというよりは歴史的な一段階の産物なのかもしれない。例えば二〇世紀半ばのアメリカでは、ＧＥやゼネラルモーターズなどの大企業を観察した識者らが、その規模の大きさと自律的な企業力を独自の推進要因と考えた。その事情をよくとらえているのが一九五九年に刊行されたエドワード・メイソン著『現代社会の企業（The Corporation in Modern Society）』（未邦訳）であり、その後一九九六年にもカール・ケイゼン著『今日のアメリカ企業（The American Corporation Today）』（未邦訳）で最新事情が取り上げられている。しかしその後数十年で、アメリカを動かす力は大企業ではなく大手機関投資家に移ったと見る識者もいる。そして機関投資家は、株主価値の拡大が事業規模の拡大より優先されるべきと主張している。大手中国企業の株式が今後、世界中のプロ投資家に保有されるようになると、企業の成長という経営者のイデオロギーも株主利回りに取って代わられるかもしれない。[16]

しかし当面、優勢なのは企業の拡大だ。そして拡大を一途に追求するなかで、人脈作りそのものを尊ぶ伝統的な中国の規範は、特に官僚との関係において、グワンシを手段と割り切る考え方に置き換わろうとしている。エグゼクティブと公務員のつながりは私的なものから目的を持ったものへと見直されつつある——そのつながりが成長という会社の課題に役立つなら構築されるが、そうでなければもはや不可欠ではなく、時には避けられることさえある。

その中立的に距離を置いた位置取り(アームズ・レングス)に関しては、中国の民間企業は国への大きな依存を長らく避けてきた西側企業と似ている。しかし精力的な拡大追求という点では西側、特に株主価値の追求が拡大に優先するようになって久しいアメリカの企業とは異なっている。

巨富の創造者たち(フォーチュンメーカーズ)が語る「金科玉条としての成長」

私の願いは［自社が］（中略）、基盤を置く事業や市場と密接に関連した新規事業へと継続的に拡大しながら、利益を出す企業になることだ。新しい事業は木から離れたところに咲く野の花ではなくガジュマルの枝のように、今の事業の延長上に育つものにする。そうすれば会社は長く存続でき、すべての従業員がスキルや才能を生かして自分の夢や価値観を実現する場所になれる。私たちのビジョンは「一〇〇年続く常緑企業」になることだ。

——不動産・金融サービス会社会長

率直に言うと、政府とは近すぎても遠すぎてもいけない。遠すぎれば政府の目にとまらず、プロジェクトに関心がないのかと思われてしまうおそれがある。むしろ、（中略）市に対する自社の位置取りには知恵を絞るべきで、いったん一種のパートナーシップが確立してしまえば、たいていの市や市の各部署から快く受け入れられる——例外もあるかもしれないが。

——不動産開発会社会長

自社だけに視点を固定すれば、私たちは今後も事業を成長させ続けるだろう。だがダイナミックな視点から見れば、才能ある若者たちが続々と旧世代のエグゼクティブたちに取って代わり、ビジネス、特にニューエコノミーとモバイルインターネット関連のビジネスを動かし始めている。一〇年前には誰もが馬雲（ジャック・マー）とアリババ（阿里巴巴）を鼻で笑うことができた。だがいまや馬雲（ジャック・マー）は中国で最も裕福な人物であり、アリババは中国最大のｅコマース企業になった。自社の過去との比較で見れば、当社は今後も向上して格付けを上げていくだろうが、若い世代の起業家たちの今後は読めない。当社が破壊的な新しい技術やビジネスモデルに負けることだってないとは限らない。

当社の未来は今以上に明るいと私は本気で思っている。海外には何百年も競争を生き抜いた巨大企業やビッグプレイヤーがいる。彼らには独自の強みがあるはずだ。だから当社はどれだけ勢いがあろうと、エネルギーにあふれた熱意があろうと、大きな目的を掲げていようと、謙虚に学ぶ姿勢を持ち続けなければならない。

——電気設備・送電会社会長

第8章 パートナーシップとしてのガバナンス

株主価値の最大化という考え方には同意しない。（中略）最も重要なステークホルダーはお客様だ。

中国のコーポレートガバナンスは、中国経済が自由化され発展していった過去三〇年の間に大きく変化した。一九七八年に歴史的な改革が始まるまで、経済は国有であり中央で計画されていた。実質的にすべての企業が政府または人民公社にコントロールされていた。大多数の企業が民営となった現在、中国の企業の所有権、ひいてはガバナンスには大きな変化が見られる[1]。

企業の所有権に最初の重要な変化が訪れたのは一九八〇年代、農村部の小規模な国有企業や集団所有の企業が一般向けの株式を発行するようになったときだ。改革が大企業にも及ぶと企業発行株式が急増して、国家政府に資本市場の創設を促し、一九九〇年に国は上海と深圳に全国規模の証券取引所の開設を認可した。

取引は当初はささやかだった。開設時に上場した企業はわずか一四社にすぎず、市場に流通したのは自社株の三分の一程度だった。しかし中国経済の急成長とともに株取引は大幅に増加し、一九九三年に政府は中国証券監督管理委員会（ＣＳＲＣ）を創設して、急増する上場と成長著しい資本市場の規制監督を義務づけた。

一九九三年に中国は最初の「会社法」を制定して、エグゼクティブや取締役の自己取引を禁じ、合併には株主の承認を必須とした。さらに一九九八年には「証券法」を追加し、株式市場に対するＣＳＲＣの監督と不正行為に罰則を科す権限を強化した。二〇〇三年には外国の機関投資家に株式市場を公開し、二〇〇五年に非流通株を流通株に転換する計画に着手した。

中国の市場改革と加速する成長に伴い、証券取引所もこの一〇年間で地位を上げていった。二〇一五年末時点で深圳証券取引所には一七四三社が上場し時価総額は二二兆人民元、上海証券取引所には一〇七六社が上場し時価総額は二八兆人民元に上った。上場企業を合計した時価総額五〇兆人民元――七兆七〇〇〇億ドル――は、それでもニューヨーク証券取引所の時価総額二一兆ドルと比較するとまだ少ない。

とはいえ、中国の証券取引所での取引はいかなる基準に照らしても相当な量に達しており、中国はわずか三〇年で資本市場をゼロから立ち上げて、西側の水準から見ても立派な規模に成長させたことになる。世界銀行と国際通貨基金は中国の数々の改革に高い評価を与えた。しかし企業のコンプライアンスと改革の施行は徹底されているとは言いがたく、課題は山積している。アジア・コーポレート・ガバナンス協会が二〇一四年に行った調査では、中国の実際のガバナンス慣行はアジア一〇カ国中九位に格付けされた。マイナス点となったのは、コーポレートガバナンスのルール、規制、施行が相対的に緩いことと、コーポレートガバナンスという原則の受け入れが進んでいないことだった。[2]

中国の株式市場の発達が立ち遅れていることを顕著に示すのが、二〇一五～二〇一六年の株式市況の急落だ。中国で最も重要な株価指標であり上海証券取引所の上場株で構成されている上海総合指数は、前年二〇一四年の六月一二日の二〇五二ポイントから二〇一五年六月一二日には五一六六ポイントへと倍以上に上がっていた。二〇〇八年の金融危機の前年、二〇〇七年一〇月一日の五九五四ポイント以来の最高値である。

ところが二〇一五年半ばのピークからわずか七カ月後の二〇一六年二月一五日、上海総合指数は二七四六ポイントへと半分近くに下落した。識者らは、急落の原因は銀行融資の伸び悩み、国内需要の減少、不動産の飽和、投機バブルなどのマクロ要因にあるとした。しかし中国政府は、CSRCと主席の肖鋼（シアオ・ガン）による株式市場の管理も不適切であったと指摘した。[3]

肖は二〇一五年のバブルと二〇一六年のバブル崩壊は未熟な投資家のせいであるとし、たしかにそれも急騰と急落の原因になったかもしれない。しかし肖自身も、株価が急騰した際は借入金による株式購入に介入せず、急落が始まってからの抑制策にも失敗していた。二〇一六年年頭にCSRCは、株価が五％下落したら一五分間、七％下落すれば終日すべての取引を一時停止するサーキット・ブレーカーという措置を発動した。年明け最初の週に二度サーキット・ブレーカーを適用したが、市場は落ち着くどころか、CSRCがまた取引を停止するのではないかとの恐れから投資家が売りに殺到したため、むしろ混乱に陥った。結局、逆効果と認識したCSRCはわずか四日後にサーキット・ブレーカー制度を停止した。肖主席は共産党員であり、銀行業界で超一流の経歴の持ち主でもあった――中国銀行総裁を務めている――が、政府は二〇一六年二月一九日に彼を解任した。[4]

コーポレートガバナンスの歴史が浅い中国

中国の民間企業はいきなり表舞台で活躍するようになったわけではない。当初は国有企業の中から、慎重な試みを繰り返しながら始まった。企業発祥の地、アメリカでは、現代的なコーポレートガバナンスは時間をかけて発展した。企業がさまざまなモデルを実験し、投資家や政府からの抵抗に対処しながら試行錯誤を繰り返したのがその主な道筋だった。抵抗が起きたのはだいたいそのモデルが行き過ぎたときである。

中国のアプローチは逆で、まだ企業の数が多くない時期から、企業行動の舵取りを意図したトップダウンモデルを追求した。その動きの重要な要素は公益――人によっては政府の利益と言うかもしれないが――をガバナンスの明確な目標として重視したことだ。コーポレートガバナンスは国有企業を先導役に使い、完全な政府の統制下で運用が始まった。モデルが自然発生するにまかせ、問題が出てくれば修正するという欧米のアプローチとは正反対だった。

一九七九年に中国の国務院が、国有企業の経営自主権を拡大し、経営者が経済的インセンティブに反応しやすくする企業統治の改革案を起草した。一連の予備的な研究が行われ、その結果が国有企業をより効果的に経営するための目標を記載した報告として一九八一年にまとめられ、国有企業の経営責任制と名づけられた。その主旨はもちろん資本主義の拡大ではなく、共産党の長年の目標である国有企業の効率化に向けて資本主義の優れたツールを借用するというものだった。

一九八六年に中央委員会が発表した報告が、国有企業のトップを欧米企業のＣＥＯとさほど変わらない独立したビジネスリーダーとする流れに寄与した。報告の主旨は、トップ・エグゼクティブに会社のほぼすべての側面に対する経営自主権を与えることだった。この新たなリーダーの役割を、短期の請負契約を連続させることによって管理する試みは基本的に失敗した。会社の健全性を犠牲にして目標を達成するという本末転倒なインセンティブを生んでしまったからだ。

状況が大きく進展したのは一九九三年の「会社法」制定からである。会社法は、国有企業を政府だけでなく投資家も所有権を有する独立した法人組織に移行させるのが狙いだった。この法律により、国有企業は事実上、公共セクターに露骨に従属する立場から対等の地位に引き上げられた。証券取引所と上場企業を擁する資本市場が発展するのはそれからまもなくのことだ。

中国は二〇〇一年に世界貿易機関（ＷＴＯ）に加盟した後、二〇〇二年に上場会社コーポレートガバナンス原則を公布した。この原則は西側の文献を参考にしたのが明白で、役員会とその役割や倫理的義務など、現代企業の機構のあらましを説明したものだった。二〇〇四年に国務院は中国の資本市場の運営に関するルールを厳しくした。二〇〇六年に施行された会社法と証券法の規定は、株主だけでなく一般大衆を保護するために上場企業が遵守すべき具体的な慣行を定めている。[5]

中国のコーポレートガバナンスの特徴

近年のコーポレートガバナンスの慣行は、多くの国では、西側の基準に収束する傾向があまり見られない。イギリスのキャドバリー委員会による行動規範（一九九二年）、あるいはアメリカのサーベンス・オクスリー法（二〇〇二年）およびドッド＝フランク・ウォール街改革法（二〇一〇年）に倣った国々もあるが、大半はいまだに独自の慣行に従っている。中国も例外ではなく、独自の道を進んだ。新興の民間企業のコーポレートガバナンスには中国流の資本主義の三つの特徴が影響し、アメリカの慣行とは著しい対照をなしている。その三つとは、（一）所有権の集中度の高さ、（二）所有構造の複雑さ、（三）企業支配権市場の弱さ、である。[6]

所有権の集中度の高さ。アメリカでは企業の所有権が広く分散しており、特定の企業の株式を数％以上保有している株主は比較的少ない。それに対して、中国の上場企業では所有権が高度に集中している。二〇一五年三月三一日時点で上海証券取引所と深圳証券取引所に上場していた二六八九社は、平均すると筆頭株主が三五・二％、大株主の上位五名が五二・六％の株式を所有しており、この割合は二〇〇七年の所有割合とほぼ変わっていなかった（表8・1参照）。実は、所有権の集中度は証券取引所設立以来、ほぼ安定して高止まりしたままなのだ。しかも上場企業の五分の二――二〇一四年三月現在で三九・七％――は国が完全所有している。その結果、中国では西側で通例となっているよりもはるかに、筆頭株主が会社に対して直接の支配権を行使している。アメリカ企業の取締役やエグゼクティブは、大株主がもし聞かれれば求めるであろうものとは異なる、プロとしての自身の判断を経営上の意思決定に適用し、大株主からある程度独立した経営を行うことが身についている。中国企業の取締役やエグゼクティブはそこまで独立していない。中国企業の大株主はアメリカ企業よりはるかに所有割合が大きく（例えば一〇倍）、従ってすべて通るとは限らないにせよ、意見を求められることが多いからである。[7]

所有構造の複雑さ。ほとんどのアメリカの大手上場企業は、投資家の利益を最適化するために、各自が独立して活動する別会社として所有・運営されている。それに対して中国企業は非上場の親会社に所有されるか支配されており、上場企業の多くもまた他の上場企業を支配している。上海証券取引所が二〇〇五年に行った調査によれば、非国有企業の九一・二％がそのようなピラミッド構造を採用しており、「トンネリング」とよく称される不正行為の抜け穴となっている。「トンネリング」とは支配側の企業が従属側の企業から収益や資産を搾取する操作のことで、そのような金融取引が明るみに出れば少数株主は当然承知しないだろう。二〇〇六年の上海証券

表8.1　中国の最大手上場企業の所有権の集中度、2007～2015年

年	筆頭株主の株式保有率	大株主上位５名の株式保有率
2007	36.0	52.0
2008	36.3	51.8
2009	36.6	52.2
2010	36.5	53.6
2011	36.3	54.4
2012	36.9	56.0
2015	35.2	52.6

出典：中国経済研究センター、2015年；著者によりデータ更新。
注：金融機関およびデータの不十分なものは除外。

取引所の調査では、「関連者間取引（connected transactions）」とよく称されるそのような慣行がすでに蔓延していることが裏づけられた。調査対象となった一三七七社のうち三五％が親会社から資金を流用されており、その総額は四八〇億人民元に上った。問題がいかに広がっていたかは、中国当局が二〇〇六年の会社法でピラミッド構造を利用した不正は犯罪とする、と宣言したことからもうかがえる。違法とされたにもかかわらず、関連者間取引の流行が下火になるには時間がかかった。二〇〇一年に中国の上場企業でこのような取引を行っていたのは五五・一％だったが、一〇年後もその割合は四八・六％にしか減っていない。図８・１に示すように、関連者間取引を行う企業の数は二〇〇〇年から二〇一〇年にかけて増加している。これは中国企業の取締役がアメリカ企業の取締役に比べ、少数の大株主だけでなく全株主を代表した監視役として機能できていないことを示している[8]。

企業支配権市場の弱さ。二〇〇五年以前は、平均的な企業の株式の三分の二を国または企業自身が保有しており取引されていなかったため、企業、ヘッジファンド、アクティビスト投資家が他の上場企業に対する影響力を競い合うアメリカ式の企業支配権市場はほぼ存在しなかった。しかし非流通株の公開市場への正式な移行が二〇〇七年に完了すると、支配権をめぐる活発な競争が実現しやすくなり、中国は合併買収市場が世界で最も速く成長している国の一つとなった。それに伴い、買収提案を受け入れるか拒むかの裁定を正式に行う役割として取締役が脚光を浴びるようになった。買収・合併・提携研究所（Institute for Mergers, Acquisitions and Alliances）によれば、二〇〇五年に中国企業が少なくとも一社関わった買収・合併は一九五一件あり、総額七一〇億ドルに相当したが、二〇一五年には件数が五九八六件、総額は七七五〇億ドルと、一〇年間で金額が一〇倍以上に増加した。

中国流のガバナンス

中国の上場株式市場が成熟するにつれ、中国の一部の上場企業では組織、構成、役員会の慣行がアメリカ企業に似た特徴を備えるようになった。しかし中国企業を統治する役員会は（一）役員会の構造、（二）株主の権利、（三）情報開示と透明性、（四）企業の社会的責任、（五）取締役の役割、の領域では独自の道を進んだ[9]。

役員会の構造。中国は、ドイツの慣習と同じく監査役会に取締役会を監督させる二層構造の役員会を採用してきた。中国の監査役会には最低三名の構成員が必要で、そのうち三分の一は従業員の代表でなければならない。原則として監査役会は取締役と経営者を監視するが、実際はほぼすべての監査役会の構成員は社内から就任しており、監査役会は基本的に取締役と経営者の意思決定を無批判に承認している。

アメリカのシステムでは役員会が企業統治の中心という位置づけであるが、中国では年次株主総会がさらに中心的存在になってきている。アメリカで通常は役員会が持たされている力を、

図8.1　関連者間取引に関与した中国の上場企業の数

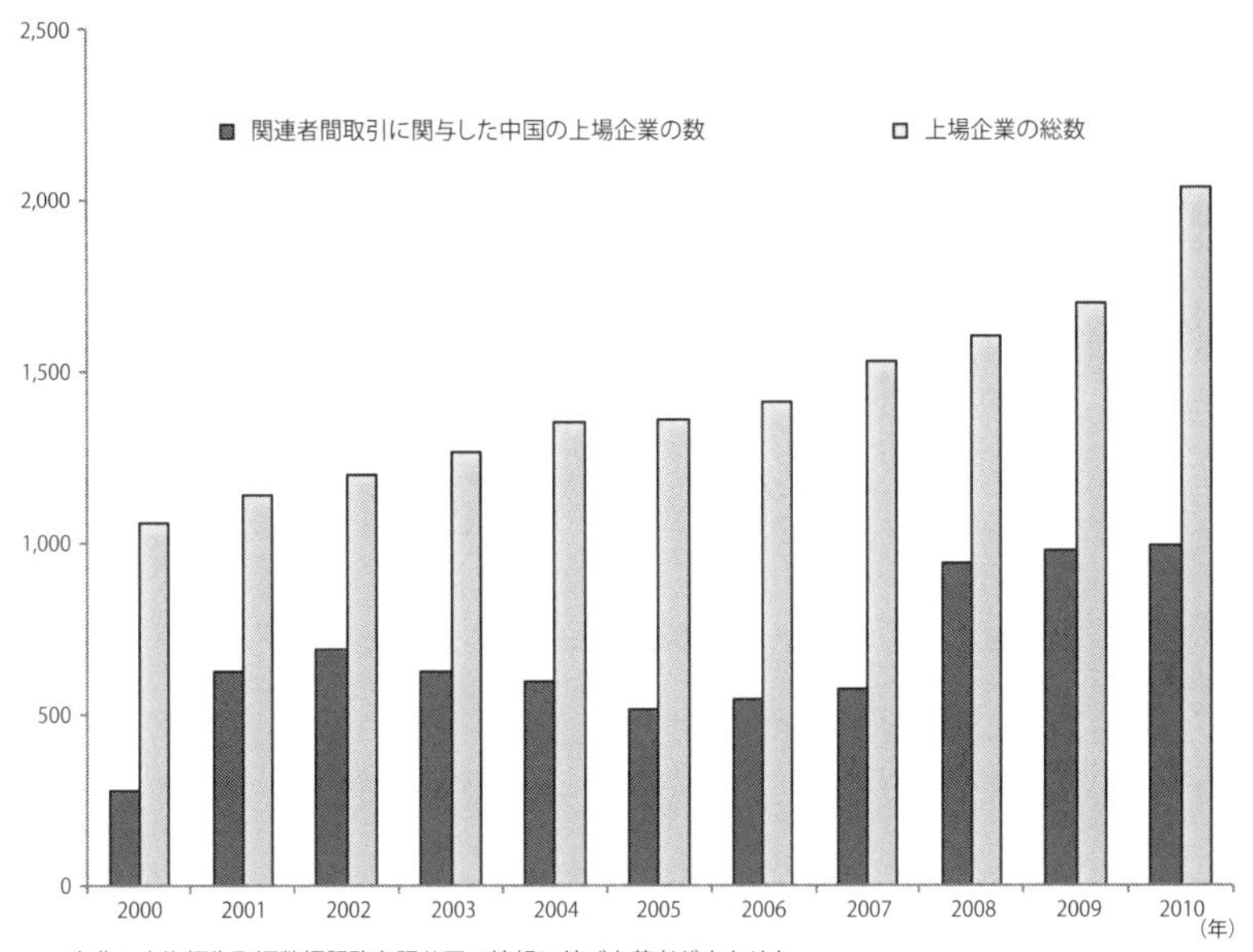

出典：上海恒生聚源数据服務有限公司の情報に基づき著者がまとめた。

中国の会社法は株主総会に与えているのだ。とはいえ、年次株主総会に出席する少数の人々が会場でその裁量権を有効に行使できないことを考えれば、実際の意思決定力はいまだにほとんど経営者が握っている。

中国の法規制では、企業が自社の代理として行動する「法人代表」として一名を指名しなければならない。この役職には通常、役員会の会長が就任する。このルールが、会長とＣＥＯの役職が分かれているアメリカ企業の一般的状況に比べ、中国企業の会長の権力を強める結果となっている。

株主の権利。中国の会社法は西側で一般的に見られる以上に、株主に対する情報開示を求めている。株主は株主総会で役員を選出して投票するが、他にも、企業行動憲章、株主名簿、監査役会と取締役会の議事録を閲覧することができる。

所有権が集中しピラミッド構造が幅を利かせている企業の少数株主を保護するために、企業が関連当事者との金融取引を行う場合は正式な手続きに従うことが求められている。例えば、今では企業が支配会社と取引を行う場合は株主の承認が義務づけられており、このような取引に関して支配会社は保有株式の議決権を行使できない。少数株主は株主総会において動議を提出したり、招集したり、議長を務めたりする権利を有し、取締役および監査役の選出に累積投票制度を採用することができる。

情報開示と透明性。情報開示の要件は大半の西側諸国と比べ、中国ではこれまで曖昧で強制力も弱かった。二〇〇三年の上海証券取引所による調査は「会計情報の歪曲がきわめて頻繁に行われている」と報告しており、二〇〇七年の中国証券監督管理委員会（ＣＳＲＣ）の報告書は「資本市場において経営陣の自己保身つまり『インサイダー・コントロール』の事例が依然として多い」、そして「証券のプロによる詐欺行為、価格操作、インサイダー取引」がいまだ見られると結論づけた。違法行為の通報も後を絶たない。一九九九年から二〇〇七年にかけて、中国の上場企業の一三・四％が財務報告書の修正を行った。そのうち三分の一以上が主要な指標の修正であり、五分の二以上が会計ミスによる利益の調整だった。ある評価によれば、多くの企業で財務情報の開示はまだ規定化されておらず、ごまかされる場合もあるという[10]。

全国人民代表大会は相場操縦への罰則を強化し、二重帳簿という広く横行する企業慣行をはっきりと禁止した。中国財政部は国際的な財務報告原則におおむね整合する会計基準を義務づけた。ＣＳＲＣは二〇〇七年に企業情報の開示に関してさらに厳格な要件を課し、財務報告の質は改善したものの、そのペースは遅い。二〇一三年に行われた中国企業の情報開示量についての調査では、二〇〇四年の総合指数六二・三は二〇一三年になってもほとんど動かず、わずか六三・二に達したのみだった。非支配的株主が企業経営と財務業績に十分に目が行き届く状況では到底なく、従って自分の投資を監視したり取締役にその代行を求めたりする力が弱いことがここにも表れている[11]。

企業の社会的責任（ＣＳＲ）。中国は多くの欧米諸国で通例となっている以上に、企業の社会的責任に力を入れてきた。例えば二〇〇六年の会社法では、企業に「社会規範とビジネス倫理基準を遵守し、正直に運営し、政府および公衆の監視を受け入れ、自社の社会的責任を引き受ける」ことを求めている。[12]

証券取引所はさらに踏み込んでいる。深圳証券取引所は上場企業に対し、（株主価値のために債権者の利益を犠牲にするのではなく）債権者の利益に「配慮」することを求め、債権者が財務および経営データにアクセスできるようにしている。また深圳証券取引所に上場している企業は、「社会の和諧（調和）を実現するため環境保護や共同体の発展など社会福祉サービスを行わ」なければならない。[13]

上場企業の社会活動に関する企業報告書の数から判断すると、企業の社会的責任という勧告への関心は高まりつつあるようだ。一九九九年に自社の社会貢献プログラムに関する報告書を発行していた上場企業は一社だけだった。しかし一〇年後にその数は五三三社に増え、二〇一二年には六二六社が自社の社会的責任活動を報告している。[14]

バンケ（万科）が二〇一四年に出したＣＳＲ報告書は、中国企業が情報公開をいかに拡大してきたかをよく示している。三〇年以上前に創業したバンケは、二〇〇七年から（アニュアルレポートとは別に）独立したＣＳＲ報告書を発行するようになった。現在は七〇頁にも及ぶこの報告書には、健康のために開催したマラソンに一五万人の「ランナー」が参加した記事から、高齢者向け住宅、地域のお祭りの協賛、子育て支援、グリーンテクノロジー、大気浄化、再生可能エネルギー、被災地支援、持続可能な開発（絶滅危惧樹種を床材に使わないなど）、さらにはユキヒョウとチベットのエベレスト山周辺にある生息地の保護まで、多数の社会貢献活動を掲載している。[15]

取締役の役割。二〇〇一年以前は、経営から独立した立場の取締役を求める法や規制はなかった。しかしCSRCは現在、上場企業の役員会の三分の一を独立取締役にすることを求めており、多くの企業がその基準を満たしている。二〇〇四年に深圳証券取引所が行った調査では、独立取締役が役員会の三分の一近くを占め、折に触れ独立した立場ならではの役割を果たしていた。例えば大々的に報道されたある事件では、有名食品メーカーの会長による関連当事者との金融取引を独立取締役が問題にし、CSRCの取り調べの結果を受け、同社は会長を追放した。[16]

二〇〇六年の改正会社法は、取締役の義務を「忠実義務」と「注意義務★」と定めて強化したが、この両者の明確な定義は行わなかった。忠実義務とは会社の資金を流用しない、権限のない貸付を行わない、会社の専有情報を開示しない、自己取引や贈収賄を行わないことであるという記載はされている。また、取締役の意思決定が国の規制や企業行動憲章に違反した場合、取締役に個人的責任があるとした。[17]

コーポレートガバナンスの監視の質は、この一〇年間でゆっくりとではあったが、着実に向上した。取締役の独立性、報酬の適正さ、行動する権限の度合いを基にした総合的なガバナンスの指数は、二〇〇四年の五二・六から一〇年後には六一・七へとわずかながら着実に上昇している（表8・2）。その結果、中国企業の役員会の経営監視能力はまずまず上がっている。指数の上昇から、

★ 善管注意義務（Fiduciary Duty）であり、注意義務（Duty of Care）と忠実義務（Duty of Loyalty）の２つの要素がある。

取締役の発言力が上がり、企業業績が良くなれば報酬も良くなり、報復を恐れず経営陣から独立した意思決定をする裁量が大きくなったことがうかがえる。

監視役としての役員会

アメリカ企業は一〇〇年以上にわたって、役員会を創設し運営してきた――その理念は高邁である。役員会は国の法律で必須とされ、アメリカ法の規制を受けて、監督者が監督される仕組みが確保されている。たとえ誰かに対して説明責任があるという名目のためだけであっても、監視役は誰にとっても必要だ[18]。

レノボのガバナンス――グローバリゼーションを目指したパートナーシップ構築

表8.2　中国の上場企業のガバナンス指数（2004〜2013年）

年	指数
2004	52.6
2005	53.2
2006	55.4
2007	55.7
2008	57.4
2009	57.9
2010	60.3
2011	60.8
2012	61.2
2013	61.7

出典：南開大学、2015年。

中国の民間企業の役員会は近年、会社のオーナーに代わってエグゼクティブの意思決定とパフォーマンスを監督する取締役の力――役員会の公式の監視機能――をささやかにしか強化してこなかったが、自社の役員会を抜本的に再設計し、エグゼクティブのパートナーとして二人三脚で会社の主導役を担わせた企業もある。その例がレノボ（聯想）だ。中国ではアメリカに比べ、株主の代理として経営を監視する役員の力が弱いが、一部の中国企業では役員が経営陣とパートナーシップを組んで会社を主導するべく前面に出ている。その変化を推進したのは、これまで具体的な事業課題について、社内から事情に精通し責任を負った立場での助言を求めてきた企業エグゼクティブたちだ。

二〇〇五年にレノボがＩＢＭのＰＣ事業部を買収する前は、非独立取締役（社内取締役）の人数が独立取締役を四対三で上回っていた。それに対し、買収後の役員会はエグゼクティブおよび非独立取締役四名、プライベート・エクイティ会社の役員三名、独立取締役四名という内訳になった。二〇一六年には九名の役員のうち六名が独立取締役となり、うち五名は外国人だ。[19]

ＩＢＭのＰＣ事業部買収前は、役員会は常に中国語で行われていた。買収後は一名を除く全役員が英語が話せ、中国語を話せない役員が数名いたため、英語が意思疎通の手段となった。買収前、会長とＣＥＯはともに中国人だったが、買収後、会長は中国人、ＣＥＯはアメリカ人になった。二〇〇四年の経営陣はすべて中国人だったが、二〇〇七年の経営陣一八名のうち六名がグレーターチャイナ出身、一名がヨーロッパ出身、一一名がアメリカ出身である。買収時に同社のＣＦＯ（最高財務責任者）だった馬雪征（マー・シュエジョン）は当時こう宣言している。「当社は国際的な経営手法をとったきわめて国際的な企業になる」[20]

レノボの役員会の構成が大きく変わったことは、戦略とリーダーシップを主眼に据えた、取締役とエグゼクティブの積極的なパートナーシップの構築をもたらした。「ＩＢＭのＰＣ事業部買収が分水嶺だった」とレノボの創業者、柳伝志（リウ・チュワンジー）は述べた。「それ以前は役員会の果たす役割は大きくなかった」。役員会の主な関心事は企業監査とエグゼクティブの報酬だったと彼は言う。ＩＢＭ買収以前のレノボは、独立非執行取締役（主に社外取締役）は主として少数株主――当時でいえば中国科学院以外の投資家――の保護のためにいると考えていた。柳とＣＥＯの楊元慶（ヤン・ユエンチン）はその限定的な役割からかなり踏み込んだ役割を持たせるべく役員会を再編成し、外国人役員を入れ、経営陣に助言を行う力を強め、さらに全般的に、グローバルな事情に通じ、独立しており、先見的な行動を起こせるという、企業を主導するための必須条件を備えた統治組織を作り上げた。

外国人役員を入れる決断を後押しした大きな要因は、重役会議に役員会としてもっとグローバルな「ビジョン」を持ち込むべきだというニーズがあったからだと言われている。「国際的なビジネスに取り組むようになった以上、今後は国際化が当社の重要な考慮事項だ」と柳は言った。そのため、レノボがいかにして世界市場で自社より大きな競合のシェアに食い込めるか――二〇〇五年のデルのシェアは一八％、ヒューレット・パッカードが一六％――、同時に自国市場のシェアを自社より小さな競合からいかに守るか――二〇〇五年時点でエイサーが五％、富士通が四％――について、役員たちは斬新な洞察をもたらすことを求められた。[21]

ＩＢＭ買収後のレノボの役員会の再編により、役員は二つのそれぞれに個性的な事業運営スタイルの統合を指導する役割も負うことになった。ＩＢＭは厳選した顧客企業との間に持続的な強い関係を築き上げていた。それに対してレノボは、多くの小売業者を顧客としておおむね単なる「取引」関係を作っていた。大企業との関係はＩＢＭのＰＣ販売の柱だったが、経営陣は小規模な消費者がもっと伸びると予想していた。しかし中国国外で成長に最適な領域を見つけ、そこに到達する効果的な方法を見きわめる判断は、不確実でリスクが高い。経営陣が役員に助言を求めるようになったのはこのような事情からである。

　レノボの役員会は、それまでは口を出す権限がなかったエグゼクティブの後継者選びにも直接関与するようになった。買収当時は、ＩＢＭのエグゼクティブでＰＣ事業部を担当していたスティーブン・Ｍ・ウォード・ジュニアがＣＥＯに就任し、楊が会長を務めるのが妥当と考えられた。二人の指名は主にエグゼクティブによる判断だった。しかし数カ月後、拡大したサプライチェーンの効率を上げる必要性をはじめ、合併後の同社が直面する諸々の課題を考慮すると、合併後の同社のリーダーとして元ＩＢＭのエグゼクティブは適任ではないことが役員会の戦略委員会――エグゼクティブである柳伝志（リウ・チュワンジー）と楊元慶（ヤン・ユエンチン）に役員のジェームズ・カウルターとウィリアム・グレーブで構成されていた――の目に明らかとなった。

　しかし楊と柳は、買収からあまりにも早いアメリカ人トップの突然の退任は、会社の国際化に水をさしかねないと危惧した。かといって二人とも、後継者を探せるほど海外のコンピュータ業界に明るくはない。そこでアメリカ人社外取締役のカウルターとグレーブに後継者探しが任された。数人挙がった候補者の一人が、当時デルのアジア事業部トップだったウィリアム・アメリオである。楊も柳もアメリカ人CEO交代のプロセスに慣れていなかったが、プライベート・エクイティ会社から来た二人の役員には何度も経験があった。カウルターとグレーブ、そして同じくプライベート・エクイティ会社であるニューブリッジ・キャピタルから来ていた三人目の社外取締役、單偉建（シャン・ウェイジャン）が柳と楊に協力して、ウォードからアメリオへのCEO交代が実現した。「プライベート・エクイティ会社の役員三名の助けがなかったら、スティーブン・ウォードを退任させるのはずっと難しかっただろう」と柳は語った。[22]

まもなく他にも大きな問題が多数、役員の精査と意思決定にゆだねられた。例えば、IBMのロゴをいつまで維持するか、今後どのような買収を行うか、サーバーなど隣接市場のどれを進出の検討対象とするか、ノートパソコンと電話の中間を埋める端末を開発すべきか。例えばレノボがその後パソコンメーカーのパッカードベル買収を検討した際は、買収案を進めるかどうか、買収額をいくらとするかなどの意思決定に役員たちが積極的な役割を果たした。「会社全体に関わる大きな問題だったから、全員が関与した」と社外取締役の單偉建（シャン・ウェイジャン）は語った。結局、レノボは買収を見送る決断をしたが――レノボとパッカードベル買収を争ったPCメーカー、ゲートウェイは後に台湾のエイサーに買収されている――、その決断に至るうえで役員会の審議が重要な働きを担った。

これらは自然のなりゆきで行われたわけではない。例えば、取締役とエグゼクティブは、役員会の開催場所を世界各地で持ち回りにし、すべての役員会に取締役全員が出席しなければならない、もしくはあらかじめ指定した代理人を出席させなければならないというルールを採用した。

このような取り決めがあったからこそ、ＩＢＭ買収後、ＣＥＯの迅速な交代、買収見送りの決定、性格の大きく異なる企業同士の異文化間統合の促進などにおいて、取締役たちが会社を主導する役割を果たせるようになったのだ。ＩＢＭのＰＣ事業買収前の二〇〇三年、買収後の二〇〇七年、一〇年後の二〇一六年と、レノボの役員会が経営陣のパートナーとして効果的に機能するべく再編されていった経過を表８・３に示す。

バンケのガバナンス——所有権を分散して企業の経営自主権を確保

中国人エグゼクティブたちが取り組まなければならなかったガバナンスの課題はもう一つあった——もはや望まざる国家株主の存在である。望まざる理由はさまざまだが、その中には、株主である国——そして役員会に送り込まれた国の代理人——は、地域雇用などの公共の目標を押しつけたり、あるいは逆に、少数株主を犠牲にするトンネリングなどの行為により私腹を肥やす狙いで圧力をかけたりする可能性が高い、という考えがある。このような歪みの根源が何であるかはともかく、企業リーダーたちは、公的機関に介入されずに事業成長戦略を追求する経営自主権を自身と取締役に与える手段として、所有権の分散を急いできた。それを如実に示すのが、王石（ワン・シー）によるバンケの役員会の構築であり、ビジネスリーダーたちがチャイナ・ウェイの形成にあたって株主価値より企業の拡大を優先してきた事実である。

王石（ワン・シー）は一九八四年、国有企業である深圳経済特区発展公司（ＳＲＤＣ）から分離独立する形でバンケを創業した。王は出身会社に感謝はしつつも、今後の会社の進路選択には単一株主への義理

表8.3　2003年、2007年、2016年のレノボの取締役（★）

エグゼクティブ（執行取締役）および非独立取締役、2003年			
柳伝志（リウ・チュワンジー）	中国	会長	1984年に聯想（レジェンド）を創業。レジェンド・ホールディングス会長。
楊元慶（ヤン・ユエンチン）	中国	CEO	1989年にレジェンド入社。2001年にCEO就任。
馬雪征（マー・シュエジョン）	中国	CFO（最高財務責任者）	1992年にレジェンド入社。中国科学院（CAS）出身。
曾茂朝（ゾン・マオチャオ）	中国	非執行取締役	元CAS計算技術研究所所長。
独立非執行取締役			
呉家瑋（ウー・ジアウェイ）	香港	非執行取締役	元香港科技大学学長。
丁利生（ティン・リーセン）	アメリカ	非執行取締役	WRハンブレクト〔投資銀行〕マネージング・ディレクター、ヒューレット・パッカード出身。
黄偉明（ウォン・ワイミン）	イギリス	非執行取締役	公認会計士。ローリー・インターナショナル・ホールディングス、シンガポールCEO。

★ 社外取締役は会社法に定められた概念。独立／非独立は抽象的な概念で、独立取締役は会社の業務執行と関係が薄く、社外取締役である場合が多い。社外であるが当該会社との事業関係が深ければ「社外非独立取締役」となる。

表8.3　2003年、2007年、2016年のレノボの取締役（続き）

エグゼクティブ（執行取締役）および非独立取締役、2007年			
ウィリアム・アメリオ	アメリカ	CEO	デルの元アジア担当バイスプレジデント。NCR、ハネウェル、IBM出身。
馬雪征（マー・シュエジョン）	中国	CFO	1992年にレジェンド入社。CAS出身。
柳伝志（リウ・チュワンジー）	中国	非執行取締役	レジェンド創業者。レジェンド・ホールディングス会長。CAS出身。
朱立南（ジュー・リーナン）	中国	非執行取締役	1989年にレジェンド入社。君聯資本（レジェンド・キャピタル）マネージング・ディレクター。
プライベート・エクイティ出身取締役			
ジェームズ・カウルター	アメリカ	非執行取締役	テキサス・パシフィック・グループ（TPG）創業パートナー。
ウィリアム・グレーブ	アメリカ	非執行取締役	ゼネラル・アトランティック（GA）マネージング・ディレクター兼プライベート・エクイティ投資家。
單偉建（シャン・ウェイジャン）	中国	非執行取締役	ニューブリッジ・キャピタルのマネージング・ディレクター兼プライベート・エクイティ投資家。
独立非執行取締役			
ジョン・W・バーター	アメリカ	非執行取締役	BMCソフトウェア取締役。アライドシグナルの元CFO。
吳家瑋（ウー・ジアウェイ）	香港	非執行取締役	元香港科技大学学長。
丁利生（ティン・リーセン）	アメリカ	非執行取締役	WRハンブレクトのマネージング・ディレクター、ヒューレット・パッカード出身。
黄偉明（ウォン・ウェイミン）	イギリス	非執行取締役	公認会計士。ローリー・インターナショナル・ホールディングス、シンガポールCEO。

表8.3　2003年、2007年、2016年のレノボの取締役（続き）

エグゼクティブ（執行取締役）および非独立取締役、2016年			
ヤン・ユエンチン 楊元慶	中国	会長	1989年にレジェンド入社。2001年にCEO就任。
ジュー・リーナン 朱立南	中国	非執行取締役	1989年にレジェンド入社。レジェンド・キャピタル社長。
ゴードン・D・H・オーア	イギリス	非執行取締役	マッキンゼー・アジアの元マネージング・パートナー。
独立非執行取締役			
ニコラス・アレン	イギリス／香港	非執行取締役	プライスウォーターハウスクーパースの元パートナー。
ウィリアム・テューダー・ブラウン	イギリス	非執行取締役	ARMホールディングス創業者。
ウィリアム・グレーブ	アメリカ	筆頭取締役	GAアドバイザリー・ディレクター兼プライベート・エクイティ投資家。
マー・シュエジョン 馬雪征	中国	元CFO	1992年にレジェンド入社。CAS出身。
ティエン・スーニン 田溯寧	中国	非執行取締役	チャイナ・ブロードバンド・キャピタル・パートナーズ（中国寛帯産業基金）創業者兼会長。
ジェリー・ヤン 楊致遠	アメリカ	非執行取締役	ヤフー共同創業者、元CEO。シスコシステムズおよびアリババの元取締役。

出典：レノボアニュアルレポート。

に縛られない役員会が必要になると考えた。そうしなければ、自分の事業判断が後から批判にさらされたり、それどころか、会社を急成長させたい彼自身とは異なる経営課題を持つ役員に覆されたりしてしまいかねない。

バンケ創業から四年後の一九八八年に深圳政府が国有企業の民営化を始めたとき、王はその計画に真っ先に名乗りを上げたが、社内外から強い抵抗がなかったわけではない。多くの従業員が、終身雇用保証、鉄飯碗（ティエファンワン）、包括的な健康保険、退職給付の保証など、当時の国の保護を失うのを恐れた。労働者が単なる「雇われ人」になったら、失業のおそれだけでなく、もし会社が傾けば貧困に陥るおそれもある。親会社のＳＲＤＣは金のなる木を失うことを恐れた。バンケはすでに好調な業績を出しつつあったからだ。だが従業員や当局との粘り強い交渉のすえ、王の民営化計画は受け入れられた。

しかし民営化は予想外の困難ももたらした。中国にはまだ証券取引所がなく、新規株式公開の概念もなかったため、王石（ワン・シー）は投資家を自分で募らなければならなかった。香港の証券会社からプロの指南を受けながら、王は期限までに二八〇〇万株すべての買い手を確保した。その中には二〇万株余りを購入したファーウェイ（華為技術）創業者の任正非（レン・ツェンフェイ）をはじめ多くの個人投資家もいたが、最大の買い手となったのはＳＲＤＣだった。同社は子会社であるバンケの株を六〇％取得している（後にその割合を三〇％に減らした）。

事実上の支配権を行使できるだけの割合を有する最大の単独株主になったとはいえ、ＳＲＤＣは不動産の業界知識が皆無で、バンケの野心的な拡大計画に投資する資本もなかった。事業に関心がないどころか異論をはさんでくるオーナーが負担になると考えた王は、会社の所有権を分散させるべく動いた。その手段とは、一九九一年に深圳証券取引所に自社のA株——中国人しか買えない株式——を上場し、一九九三年に外国人向けのB株を上場して六億四〇〇〇万人民元を調達し、SRDCの所有株を希薄化させたことだ。王はバンケの小売事業をチャイナ・リソーシズ・ヴァンガード（華潤万家）に譲渡し、その親会社であるチャイナ・リソーシズ・グループ（華潤集団）のバンケ持ち株比率を一四％にした。王は自社の所有権を分散して特定の一投資家の影響力を薄める努力をする一方、バンケ以外の何者の利益に対しても義務を負わない役員会を立ち上げた。二〇一五年時点で一〇名の取締役で構成される役員会は、王石（ワン・シー）を会長として五名が同社のエグゼクティブ、二名が大株主であるチャイナ・リソーシズ・グループの代表者、三名が独立取締役という内訳になっていた。

単一株主の影響力を軽減するために会社の所有権を分散したことは、敵対的買収を仕掛けられやすくなるという意図せぬ結果も招いた。中国の株式市場の開放が進み、企業の所有権が創業の祖と強固な結びつきを持たなくなるにつれ、敵対的買収や合併買収の市場が活発化した。その結果、バンケは二〇一五年に深圳に本社がある不動産金融会社、バオノン・グループ（宝能集団）の一方的な買収のターゲットとなり、バオノン（宝能）はバンケの持ち株を二四・三％に増やして最大の単独株主となった。バンケは典型的な買収防衛策（ホワイトナイト）を講じ、友好的な投資家だったアンバン・インシュランス・グループ（安邦保険集団）に自社株の七％を取得してもらい、買収予防策（ポインズンピル）として、新株発行を認め、戦略的投資家（ストラテジックインベスター）を募集した。[23]

アリババのガバナンス——経営のコントロールのため所有権を制限

アリババ（阿里巴巴）はさまざまなネットビジネスから莫大な利益を上げ急成長してきた。タオバオ（淘宝）とTモール（天猫）は繁盛し、アリペイ（支付宝）は売上高、利益ともに大きな成長の源泉となった。ネット上のプラットフォームが継続的な投資を必要としたため、アリババの資本ニーズは拡大し、同社は株式公開の有望候補として多大な注目を集めた。アリババほど大きな期待を背負って上場した企業はほぼ先例がない。

馬雲（ジャック・マー）は一般投資家向けと、自分と創業時の社員三〇名向けの二種類の株式を設定しようとした。資本市場の気まぐれを懸念し、少数の「アリババ・パートナーズ」を会社に長期的にコミットさせて短期的な投資家の圧力への防波堤にするつもりだったのだ。馬雲（ジャック・マー）は当初、会社を香港証券取引所に上場させることを検討したが、香港証券取引所は「一株一議決権」の原則を主張した。影響力がより大きい種類株式を持つというアリババ・パートナーズの考えは香港証券取引所には受け入れられなかったが、ニューヨーク証券取引所は異なる種類株式の上場を認めていた。

ただし海外の証券取引所に上場する場合、中国では国外に持株会社を設立しなければならない。海外の投資家は持株会社の株式を所有すると同時に、持株会社と事業会社の仲介役を果たす中国国内の全額出資外国事業体の株式を所有することになる。アリババは議論を重ねたすえ、ニューヨーク証券取引所への上場を選択した。売上のほぼ全額をまだグレーターチャイナ内でしか上げていない会社としては破格の二二〇億ドルで上場し、投資家とメディアの大きな関心を集めたことは、同社の今後への期待の大きさを物語っていた。[24]

しかしこの上場に伴う変則的なガバナンスは批判も呼んだ。例えば、この構造が投資家の権利にいくつかの点で影響を与えることに、株主主権論者から疑問が呈された。第一に、投資家には事業会社から中国国内の全額出資外国事業体（wholly owned foreign entity）に移転された利益しか見えないため、アリババの事業の実態が透明性を欠く可能性がある。第二に、アリババ・パートナーズの上場当時の持ち分は一三％にすぎなかったが、取締役の任命など重要な意思決定のコントロール権は彼らが握っていたため、関連当事者取引を誘発する可能性がある。第三に、海外投資家はコントロール権の変更に間接的な影響力しか行使できない。[25]

馬雲（ジャック・マー）は、たとえそうであっても長期的には投資家の利益になる、自分とパートナーたちはまさにそのことにコミットするのだからと回答した。しかし短期的には、アリババ株は発行から数カ月間低迷した。株価は二〇一四年九月一九日のＩＰＯから二〇一六年五月二日までの間に一九・一％下落した――同時期のＳ＆Ｐ５００指数は二・六％上昇しているにもかかわらずだ。原因と考えられるのは、アリババのウェブサイト、タオバオに模倣品が多数掲載されているとした、中国の国家工商行政管理総局の報告書だった。アリババの抗議を受けて国家工商行政管理総局は報告書を撤回したが、同社が模倣品を掲載しているのではないかという疑惑は投資家を明らかに不安にさせた。フランスの高級品販売会社ケリングは、アリババが偽ブランド品の発見と閉め出しに十分な対策を取っていないと主張した。[26]

事業会社と持株会社を分離したことにより、アリババの創業パートナーたちは取締役の任命など主要なガバナンス上の意思決定のコントロール権を維持し、投資家にとっては透明性が低い。このような変則的な所有権モデルを、証券取引所と株式投資家は受け入れなければならなかった。それでも馬雲（ジャック・マー）とパートナーたちは、短期的には市場から疑念を持たれることを、長期的成長のため自分たちが統治権を確保する道として甘受する道を選んだ。

企業リーダーシップにとってのコーポレートガバナンス

中国の非国有企業には、役員会がいまだに原始的で、取締役が経営陣の監視役もパートナー役も果たせていないところがある。二〇世紀半ばのアメリカで、企業のオーナーと経営者が分離した後、経営者が会社の操縦席にしっかりとおさまった「経営者革命」たけなわの時代によく見られた状況と同様だ。中国では社外取締役はいても、建前上の役割とは裏腹に、企業の経営にはほとんど関与していない。法律上の要件として、彼らは財務報告書に目を通して承認し、事業拡大施策を検討し、報酬委員会や監査委員会で信認義務を果たさなければならない。ところが現実には、戦略の策定、あるいは会社の方向づけにおいてすら、経営者のパートナーとしての社外取締役の存在感はまだ薄い[27]。

ある中国の業界大手の電気機器メーカーのガバナンスを例にとろう。ＣＥＯは一九九〇年代前半に同社を創業し、一九九〇年代後半から社外取締役を役員会に迎えるようになった。彼らが前歴の企業経験をもたらしてくれた部分もあったが、この会社との個人的な利害関係が限定的であるぶん、会社に寄せる関心もそれなりでしかなかった。ＣＥＯの目から見ると、社外取締役は「会社のことを真剣に考えてくれない」、ＣＥＯの意思決定に異論をぶつけることもなく、結果として「重要な役割を果たしていない」。ＣＥＯの率直な結論は次のとおりだ。「私が筆頭株主だから、私が意思決定の全権を握っている」

あるインテリアデザイン装飾会社の会長も似たような経験をしていた。社外取締役は事業が成長していた間、つまり創業からずっと、「限定的な影響」しか及ぼしてこなかった。会長の提案に一度も反対したことがなく、「たいした仕事をしなかった」。あるコンピュータ・ＩＴ機器企業のＣＥＯは自身の経験から、中国人取締役は自社も含め、おおむねＣＥＯのいいなりだと語った――その多くが友人であることも理由の一端だ。フランスのビジネススクールＩＮＳＥＡＤの二人の研究者は、中国の多くの上場企業におけるコーポレートガバナンスは「いまだ発達が遅れている」とまとめている。[28]

しかし、社外取締役が何もしないどころか大活躍している企業もある。それはエグゼクティブが、役員会に独自かつ多様性のあるスキルセットをもたらしてくれる人々を探したおかげだ。独自性と多様性が役員会を変える前提条件なのである。あるコンピュータ・電子機器会社のＣＥＯは、自社とまったく異なる企業を経営した「プロフェッショナルなコンピテンシーと経験」を持ち込んでくれる人材を探した。自社のような会社を率いる知識のない部外者を入れるのは不思議に思われるかもしれないが、それこそが狙いだ。「民間企業のシニアマネージャーは（中略）まったく求めていない」とＣＥＯは言った。かわりに選んだのは国有企業や外資系企業のシニアマネージャーである。なぜなら「民間企業の事業経営には私たち自身がすでにあまりにも慣れ切っているからだ。国有企業で働いた経験のある社外取締役に来てもらうことで、株主、従業員、会社の利害配分が学べる」

ステークホルダーの利害の配分は西側、特にオーナーに比重が偏っているアメリカでよく耳にするものとは大きく異なっている。株主総利回り――配当金と株価上昇――の増大がアメリカの企業業績の重要な指標だ。それが実現できるかどうかにエグゼクティブの報酬は紐づけられているし、すべてに優先して株主総利回りを確保することが取締役の責務になっている。株主総利回りの成長が期待に満たなければ、必ずエグゼクティブは退任を迫られ、取締役は職務を果たしていないと責められる。[29]

中国の多くの民間企業では事情が異なる。ある鉄鋼会社の会長は次のように言い放った。「私は従業員が非常に重要なステークホルダーだと考えている。だからまず従業員の利益を秤にかけ、株主の利益を考慮するのはその後だ」。といっても利益配分はゼロサムではない。高い成果を上げる従業員も企業価値を向上させる要因の一つであるという論理が前提だからだ。「株主にも理解してもらえると思っている。従業員が株主にとっての価値を生み出すのだから」とこの会長は語った。実際、その優先順位づけが株主から反対されたことはないという。対して、アメリカ企業のエグゼクティブが従業員の福利を株主利益に優先させる――しかも取締役も賛成している――と明かしたら、株式アナリストやプロ投資家からどれだけ反発があるか考えてみるとよい。

ある多角化産業用材料・加工品メーカーの会長は自社を「利益志向の会社ではない」とまで言った――もっとも同社はこれまで利益を出してきたが。「我が社の経営陣、従業員、取引先に成功をもたらすのが私の経営方針だ」と彼は説明し、従って「事業パートナーと供給業者と流通業者の満足を最優先している。彼らを犠牲にして金儲けするような真似はしない」と語った。株主にとって目先のマイナスにはなっても、会長は従業員に利益を配分し、研究開発に潤沢な投資を行うことを選んできた。「これが経営方針として正しいのかどうか確信はない」と彼は打ち明けた。「財務報告書の数字は他社ほど良くはないかもしれない」が、いずれにせよ財務報告書の数字を良くすることが彼の目的ではない。結局は複数のステークホルダーを考慮したマインドセットを持つほうが、「心穏やかで気分よくいられる」と会長は言った。

株主最優先とせずにステークホルダー間の利害配分のバランスをとるため、社外取締役はエグゼクティブから人材開発にせよ事業戦略にせよ、全般的な経営課題に意識を向けるよう求められることが多い。例えば一九九〇年代前半に創業したあるパーソナルケア・ヘルスケア会社の会長は、自社の持続可能な優位性の重要な源泉は従業員の質だと語った。「人が大事だ」と会長は断言し、人材管理のため一般社員の育成法について取締役の助言を求めてきた。

経験に裏打ちされた知識と多様性に富んだ経歴を備えた取締役は、中国企業のエグゼクティブからチャイナ・ウェイ構築の大きな決め手ともいうべき進路開拓の補佐役と目される。私たちはそれをレノボとバンケで、またインタビューした多数の企業で見てきた。例えばある産業用材料・加工品メーカーの会長は、自社の取締役が製品や投資に関する重要な判断に一役買ってきたと話した。「個人の情報処理能力には限界がある」と彼は自分について打ち明けた。「情報があふれている状況で、直観で意思決定するのは難しい」。だから「大きな決断をする前には必ず役員会の意見を聞く」という。

　取締役が求められれば助言する立場から踏み出して、先見的な行動を促す場合もある。例えば、私たちがインタビューした産業用材料・加工品メーカーのＣＥＯは、環境保護のための水処理に投資するのは賢明ではないと考えていたが、同社の取締役らはいずれ市場が活性化して利益をもたらすようになると主張して投資を積極的に勧めた。取締役らの判断にＣＥＯは同意しなかったものの、自社の利益にはならないとしても少なくとも「社会の益になる」だろうとの考えから役員会の意向に従うことにした。

　インタビュー中、経営の監視役としての社外取締役の価値に触れたＣＥＯはいなかったが、彼らの有意義な助言について口にするＣＥＯは多かった。そこで助言を目的とした取締役の採用基準に探りを入れてみると、経営経験の多様性が最重視されていた。例えば、中国・吉利（ジーリー）・ボルボの副会長を務める沈暉（フリーマン・シェン）にとって、社外取締役の選定のポイントは、彼らが他の上場企業で身に着けた幅広い経営能力——財務や会計から事業運営やマーケティングまで——を自社の役員会に取り入れられるかどうかだった。

　ある民間教育サービス会社の創業者兼会長は、海外市場で直接事業を運営した経験がある社外取締役を探した。その条件にかなう人物として、従業員数四万人以上のウェブサービス会社の創業者兼ＣＥＯと、大手インターネット企業のＣＥＯを取締役に迎えた。二人はグローバルな株式市場の経験を役員会にもたらしてくれた。

不動産・建材・観光業を展開するある企業では、社外取締役にCEOが「専門知識ないし経歴がグループ全体に確実に利益をもたらしてくれるような人物」を求めたため、専門知識の有無を主要な選定基準にした。ある紙製品会社の人材部門ディレクターも同様だ。社外取締役の選定にあたっては自社の業界知識を最重視し、大型ジョイントベンチャーに関する意思決定を討議した五度の役員会では、彼らの知見が特に役立ったという。ある自動車および産業用ガラスメーカーの会長によれば、九人の取締役のうち六人を占める社外取締役が、自社同様に大株主が支配する企業から中国南東部にある生産施設を買収するかどうかなどの案件を検討した。彼らの意見が意思決定に有益だったのは、技術系企業の経営の専門家だからというだけでなく、大株主からも地方政府からも独立した立場にいたからだ。

企業を主導する役割に社外取締役が実質的に関与するかどうかには企業間で大きな差があり、まったく蚊帳の外に置かれている場合もあれば、専門知識が積極的に活用されている場合もある。経営の監視役としての力量について語られることはほとんどなかったが、戦略上の助言を受けた例はインタビューでたびたび挙がった。助言役を求められるため、選定にあたってはエグゼクティブとしての実体験――あるいは少なくとも他社の取締役経験――が必須条件になっている。その専門知識によって、社外取締役は会社のリーダーシップにおいて企業エグゼクティブのパートナーとなりえている。

結論

中国の大手民間企業のガバナンス体制が、たった数十年で一挙に整備されていったのを私たちは見てきた。一九八〇年代の経済自由化前は、株式市場に上場する企業は皆無であり、欧米のコーポレートガバナンスの概念は知られていなかった。上海と深圳の証券取引所で株式上場が始まってから四半世紀が経ち、民間企業は欧米の基準にある程度似通って見えるガバナンス体制を構築した。しかしここにもまた独自の特徴があり、中国流を形成する要素の一つとなっている。

エスティーローダー、フォード・モーター・カンパニー、ニューヨーク・タイムズなど一握りの同族経営企業を除き、アメリカの大手上場企業では株式の所有権は現在広く分散している。二〇一五年のS&P500企業のうち、単一の最大株主の所有割合は平均して数パーセントにすぎない。それに対して、中国の大手企業ではその割合は三五%を超える。この状況を踏まえて、中国は情報開示ルールの強化や少数株主保護など役員会による自主的な投資家の権利防衛策を強化してきたし、取締役の少なくとも三分の一は経営から独立した立場であるよう求めてきた。しかし中国で単一株主が強い状況が継続していること、ピラミッド構造の企業が圧倒的多数であり、株式市場が企業をコントロールする力が弱いことから、欧米に比べ役員会の監視機能が中国で発達していないのは意外ではない。

他方、中国の取締役がエグゼクティブのパートナーとして会社の方向性を決め、主導する補佐役としての存在感を高めている点については、アメリカをはじめとする他国と同様の発展が見られた。この発展が確認できたのは、二〇〇五年にＩＢＭのＰＣ事業部を買収し、一夜にして世界市場への進出を果たした後のレノボだ。買収をきっかけに、同社のエグゼクティブは役員会の機能を経営者の控えめな監視から経営者への積極的な助言に変化させた。同様の発展はバンケにも見られた。同社ではＣＥＯの尽力により、単一の大株主の支配力と役員会における代表権が弱まり、社外取締役全員が経営から独立した、公平な立場で会社に戦略上の助言が行えるようになった。

私たちがレノボとバンケに見た発展は、中国の多くの――すべてではないが――民間企業に見られる。いまだに取締役の指導を活用せず、法律上の義務として役員会を維持しているだけでほとんど助言を受けていない企業もある。しかし私たちがトップ・エグゼクティブのインタビューを行った七二社の多くでは、レノボとバンケと同様にエグゼクティブが積極的に取締役の経営知識を活用していることが確認できた。

他の様々な文献で書いてきたが、多くのアメリカ企業が取締役を戦略に関与させる利点を評価するようになったのはようやく近年のことである。この認識は、機関投資家、株式アナリスト、州の規制当局、ガバナンス評価機関、アクティビスト投資家が、取締役に公的に求められている監視機能を果たさせようと持続的に努力してきた結果、意図せぬ副産物として生まれた。中国の民間企業において、監視任務の強化はまだ課題として認識され始めたばかりだが、現在、取締役たちはＣＥＯの要請により以前の地位からステップアップして、未知の領域をナビゲートする補佐役としてのパートナー機能は十全に発揮するようになった。[30]

開発途上国の大半で、電話サービスが固定電話の段階を経ずいきなり携帯電話として普及したように、中国企業では取締役が監視機能の強化という段階を飛び越して直接リーダーシップ機能を果たすようになった。国際的なガバナンス基準を求める海外投資家からの圧力を中国企業が感じるようになれば、いずれ監視機能も強化されていくと私たちは予想している。しかし現状、取締役は経営陣に対して株主総利回りの最適化を迫る役割を十分に果たせていないものの、役員会が経営陣に協力して成長拡大を支援する存在であることが、チャイナ・ウェイの特徴といえる。

巨富の創造者たち（フォーチュンメーカーズ）が語る「パートナーシップとしてのガバナンス」

当社では役員会が経営にしっかり関与しており、戦略レベルの課題についての最終決定権を持っている。また社外取締役が自分の責務を理解するようになり、活躍の度合いが高まっている。彼らは同じ問題を別の視点から見ることができるし、原則から離れない。

――消費財メーカー会長

［社外取締役を選定する主な基準は何でしょうか、という質問に対して］最も重要な基準は独立した立場であることと、プロフェッショナルとしての経歴だと私は考えている。

経営者として多様性のある経歴を持った人が、当社の発展には有益だ。［当社の］取締役を（中略）例に挙げると、二〇〇七年から常に強い姿勢で役割を果たしてくれている。（中略）なにしろ当社は上場したばかりの会社でまだ問題が山積している。グローバル企業として先を見すえるためには、改善が必要な部分を指摘し、助言してくれる社外取締役はなくてはならない存在だ。

——ブランド衣料製造販売会社会長

当社では社外取締役に、大きな意思決定に対して助言や提案をしてくれることを期待している。

——総合メーカー会長

株主価値の最大化という考え方には同意しない。（中略）最も重要なステークホルダーはお客様だ。お客様こそ真の価値を生んでくれるのだから。そして第二が従業員。当社では従業員に世の中の平均よりも高い給料を払っている。（中略）私たちはミッション、ビジョン、コアバリューに従っている。そうすれば良い循環が生まれる。お客様が満足すれば喜んでお金を出してくださり、従業員が満足していれば最大の価値を生んでくれる。株主の利益も最大となるはずだ。順番が逆では悪循環になる。

——寧波方太厨具有限公司会長、茅忠群（マオ・ジョンチュン）

当社では従業員に手厚くし、彼らの職場環境の向上を優先している。金儲けは主目的ではない。経済的価値をすべてのステークホルダーと分かち合うのが企業と起業家の責任だ。

——自動車および産業用ガラスメーカー会長

会社が投資家や株主に対して最大の責任があるという考え方には賛成しない。私の考えでは、従業員の利益が常に最優先だ。当社の未来は従業員の肩にかかっているのだから。私たちが従業員のことを考えているから、従業員は喜んで経営者についてきてくれる。従業員がビジョンとビジョンへの関心を共有していれば、会社の未来は明るい。

——金属メーカー会長

第9章

独自性は何か、持続性があるのは何か

「メイド・イン・チャイナ」から「デザインド・イン・チャイナ」にシフトすることが当社の責任だ。

これまでの章では、欧米に見るのとは一線を画する——特異とすら思われる中国の企業リーダーの慣行を概説した。中国企業がその独自性を獲得したのは、多くのエグゼクティブたちが成人したのが、民間企業がかろうじて黙認されていた時代であったからであり、もう少し若い世代でもまだ民間企業がいかがわしい目で見られていたからだと私たちは考えている。子供が資本家になるのが目標だと言うと親は世間に胸を張れなかった。

そんな時代に育ったのが起業家第一世代を目指した人々、本書でインタビューした創業者たちだ。彼らは特権階級と呼べる集団ではなかった。共産党幹部や政府官僚の子弟ではない。彼らは野心にあふれ、性急で、社会的進歩の選択肢が足りないことにしばしば苛立った。

彼ら、特に文化大革命を直接体験した者のマインドセットに持続的な影響を与えたもう一つの要素は、不確実性へのぬぐいきれない不安だ。事業が発展し始めた当初の数年間は、今日は頂点に立っていても明日は転落するかもしれない、そんな運命の反転を、私たちが研究したリーダーの多くが親族や自身のものとして体験していた。資本主義は比較的短期間のうちに禁制から黙認へ、さらに容認の対象へと変わったが、その流れが逆転はしまいか。観察したリーダーたちの心理にまで分け入った洞察を主張するつもりはないが、そのような懸念が彼らの脳裏をよぎらなかったわけはないだろう。会社を立ち上げ、会社の価値観を形成しつつあった創業当初はなおさらだ。

学習の重要性

私たちが観察した企業とエグゼクティブに共通する経営者マインドセットの決定的な特徴は、経験学習の重視である。エグゼクティブの知見の大半は身をもって経験した苦労から生まれている。もっとも、エグゼクティブたちは自身の学びに他人の知恵で磨きをかけることにも意欲的だった。どのエグゼクティブも、ビジネス書、戦略コンサルタント、外国企業、エグゼクティブ養成プログラムに経営についての情報を求めたと口をそろえた。

もちろん、他の経営手法についての知識は実践する気がなければあまり役には立たない。私たちが研究したリーダーたちが傑出していたのは、実践に踏み切る積極性だ。その意欲の裏には、外国の競合他社が自社より先行しており、追いつくにはリーダーの学びが必要だという認識があった。

正規教育の重視に中国文化も一役買っていたことは間違いない。しかし、中国のビジネスリーダーたちが学習を自分の一生のミッションとして引き受けたその意思は、私たちの研究で他国に前例がないものだった。当然ながら多忙をきわめる彼らが、個人として学習に没頭する姿にも感銘を受けたが、さらに彼らは部下のマネージャーや全社員にも学習の重要性を説き、学習の姿勢を身に着けよ——彼ら自身が会社を育ててきた長年の間に身に着けたように——と全社に発破をかけていた。

しかし中国の企業リーダーたちが他の情報源からリーダーシップ慣行を吸収したのは、そうした慣行の詳細情報に触れることによってだけではない。まず自身の経験からの学びが出発点となり、内省という広く普及した慣行によってその学びが深まっていった。創業者の多くが自身の経験を検討、分析して学びを得、そうして生まれた理解を事業経営にまつわる、往々にして曖昧で複雑な問題に適用した。この内省が日誌の読み返し、自分の学びを振り返る報告書、さらには自己批判という形で見られた組織もあった。欧米企業で自己批判のような自虐的なプログラムが機能するとは想像しがたい。理由の一つは、アメリカのエグゼクティブは自分が有能であると印象づけることを非常に気にするからだ——企業リーダーに、「弱い」マネージャーを頼もしげな人物に替えたがる傾向があることを思えば、それも無理はない。

私たちがインタビューした中国人エグゼクティブの多くが、自分たちは新時代の大規模な市場改革、豊富な労働力、広大な自国市場の恩恵を受けて運が良かったとも強調した。レノボ（聯想）の創業者、柳伝志（リウ・チュワンジー）がいみじくも語っている。「鄧小平（ドン・シャオピン）の開放政策がなかったら、私たちの誰ひとりとして、どれほど能力があろうと、たいした実績は上げられなかっただろう」

知識の呪い

心理学には知識の呪いと呼ばれるものがある――これは、あるトピックについて熟知している者が、何も知らない者に時として負けてしまう理由の説明を試みた理論である。つまり、見慣れてしまうとそれをあたりまえに感じ、疑問を持たなくなるため、知らない者の目で見たらどう見えるかを想像できなくなる。その具体的な例を挙げれば、自分の問題を自分では認識しづらいことかもしれない。たとえうまくいっていなくても、今のありようを見慣れてしまい、別のやり方もあるという想像が働かなくなるのだ[1]。

私たちが研究した中国人ビジネスリーダーたちは、自社のビジネスでこの知識の呪いに苦しめられることはまったくなかった。彼らが創業したのは、真似るべきモデルが少なくとも身近にはなかった時代だ。欧米の起業家たちと違って、別の会社でキャリアをスタートし、無意識にそこでの学びを応用できたわけでもない。起業家は国有企業で働いた経験からビジネスの初歩を学ぶだろうと政府は考えていたかもしれないが、そのようなことはまずなく、学んだとしてもそれはしばしば反面教師としてであり、自分の会社をこうはしたくないという彼らの思いを強めただけだった。

そんな中国人起業家たちはビジネスの知識が皆無であっただけに、当初はもちろん過ちを犯した。ビジネスとして成立する製品を探して、多くの創業者たちがたどった紆余曲折を振り返ればわかるだろう。だが白紙の状態で臨んだおかげで、知識の呪いに苦しまずにすんだ面もある。事業運営の方法に関して、彼らにはこうすべきという型にはまった先入観がなかった。このような経緯が、私たちが研究した企業の慣行に内在する三つの教訓を生んだ。

第一は、実践学習というアプローチである。これに則って、ビジネスリーダーは自身の経験を最重視し、会社にもうまくいくかどうか実際に試してみて判断しようという意識がある。創業時はエグゼクティブに経験がなく、従うべきルールブックもなかったから、やることなすことすべてが実験だった。洗練された欧米企業に見られるような、市場でコントロールされた実験を行うのとは違う。リスクをとって新しいことに挑戦する意欲が高かったのだ。それは当初は他に方法がなかったからであり、やがて理由はそのやり方に慣れたからに変わった。リスクテイキングがビジネス上のマインドセットの一部になった。企業リーダーたちとのインタビューでは、アメリカ出身者に多いＭＢＡを持っているマネージャー――経験からではなくルールブックからビジネスの知識を得た――への反発を口にするリーダーから、この実践学習という合言葉を繰り返し聞いた。

中国の民間企業が学んだ第二の教訓は、アイデアを社外に求める重要性である。中国の民間企業の体制と慣行にオーナーの独断は反映されていなかった。なぜなら、少なくとも当初は、体制や慣行そのものがなかったからだ。インタビューしたビジネスリーダーたちは自身や自社の成功に非常に誇りを持っている。きわめて短期間にきわめて多くを学ばなければならなかった経験から、他国でよく目にする自前主義へのこだわりに陥らずにすんだようだ。

第三の教訓は反省を繰り返しながら実践する重要性である。実践学習と同様に大事なのが実践から学びを得ることで、これがレノボの「覆盤」学習法の一要素である――「覆盤」とは、個人としての前例も共有された知恵もないビジネス上の問題解決を、定形化した手順に沿って重ねていく手法だ。私たちがインタビューした中国人エグゼクティブたちは、自分の行動とその影響を意識的に振り返り、その個人的経験から経営の処方箋を作り上げていると語った。

かつての植民地がしばしば宗主国から得ていたような、単一の明確な参考モデルはなかった。中国が国際ビジネスコミュニティに自国を開放したときは、外国企業がこぞって中国に進出し、逆の流れは起こらなかった。しかし中国人エグゼクティブが見習える手本となった外国企業はほとんどなかった。GE、アップルなどを参考にしたエグゼクティブはいるが、特定の一企業やビジネスの伝統をごっそり取り入れたエグゼクティブはいない。彼らは情報源となるものならどこからでも多くを学べる――特に自国から、しかし海外から学ぶのもやぶさかではない――という基本の考え方を守り、そのほうが重要だった。

エグゼクティブたちはその「自力での進路開拓」の姿勢を全社にも広げた。しかし中国企業における学習で意外なのは、欧米企業に見られるよりも伝統的なスタイルの教育にはるかに力を入れている点だ。キャリア開発とそれに関連づけて行う仕事をベースにした学習は、私たちが研究した中国企業にはおおむね欠けている。他国の企業は教科書や座学という形の教育から実践学習にすでに移行している。中国企業の社員教育へのアプローチでとりわけ不思議なのは、教室よりも経験を通じて獲得した知識を好むというリーダーの発言とはそぐわないように見えるところだ。

おそらく中国企業には、ローテーション人事など実地に学ぶ経験を用意する時間的余裕はないし投資する意欲がなかったのではないだろうか。そのようなプログラムはコストが高く、しっかりした組織体制が必要であるし（例えば人材開発部門）、事業の足も引っ張るからだ。多くのマネージャーやエグゼクティブが長期的な事業開発の任務に取り組んでいるときに、途中で異動させるのは難しいのもあろう。

中国人エグゼクティブの範例の探し方が特異なのは――「知識の呪い」を思い起こさせる――、彼らが慣行を大きな体系から切り離してしまうところだ。例えば、GEから財務管理のアイデアを持ってきても、それ以外のGEのやり方を採用するわけではない。従来型の企業モデルに基づいたボストンのコンピュータ企業と新しいモデルに基づいたシリコンバレーのコンピュータ企業の違いを述べたアナリー・サクセニアンの有名な論文を読む学生は、後者が前者に完全に勝っており、模倣すべきモデルであるととらえがちだ。しかし私たちが観察した中国企業は、両者のモデルを借用していた。彼らは従来型の企業から生まれたコンピテンシーに注力しつつ、シリコンバレーモデルのフラットな組織と無駄をそぎ落とした体制で事業運営している。そして日本企業の強い文化と忠誠心を醸成する手法を真似つつも、日本企業に見られる複雑なキャリア開発体制や時間のかかる合意形成は省いているようだ[2]。

最も重要な点は、中国企業のエグゼクティブたちが大規模化していく企業の運営法を学びながら、創業時の起業家志向を持ち続け、シンプルな組織体制と運営モデルを維持していたことだ。実のところ、私たちが研究した企業の人材部門は現代の基準からすると原始的である。洗練された採用慣行、育成プログラム、キャリア形成プログラム、従業員の士気を観察したり組織改革のマネジメントを支援したりする組織開発部門はこれらの企業にはない。つまり、中国企業には業務をこなし運営の調整を行えるだけの最低限の体制が整っているのみで、ＣＥＯまたは創業者がいまだに公然とほぼすべての指揮を執るモデルに頼っている。

これら企業の多くには、本格的な計画部門や戦略部門もない――そのような仕事はどちらかといえば創業者かＣＥＯのものであるようだ。アメリカ企業とは異なり、中国企業は独自の損益責任を持つ、自主権のある個別の事業部門を多数作ってはこなかった。もっとも、ハイアール（海爾）は確実にその方向に移行しているが。また、インタビューしたビジネスリーダーたちは側近は非常に大事にするが、会社の価値観に沿わない下層のマネージャーの解雇には痛みを感じている様子がなかった。彼らエグゼクティブたちにとって、全員を同じ方向に向かせる企業文化という概念は非常に重要だが、日本企業に見られるような、会社の価値観を確実に遵守させるよう時間をかけて説得や影響力浸透のための演習を実施する根気強さはない。中国人ＣＥＯと創業者は、主に自分個人の行動と従業員に対するコミュニケーションを通じて、自力でそのミッションを進めているようだ。

起業家が立ち上げた企業が得意とするのは何だろうか。いち早くチャンスに目をつけてつかむこと、無駄のない組織を構築して成長することだ。おそらくこれが、中国の民間企業の最大の特徴ではないだろうか。中国の起業家は、市場が独自のコンピテンシーに公正に報いてくれると信じている。しかしたとえそれが明白に思えても、市場開放がもたらついた改革の初期にその信念に基づいて行動するのは楽ではなかった。実行できたのは、一つには企業戦略に対する創業者のコントロール権が強かったから、もう一つの理由は短期的な収益性をあまり気にしなかったからである。現在収益性の高い事業から、長期的には有望だが移行に時間とリスクを伴う新市場へと業種転換すれば、欧米では多くの投資家から見放されるだろう。

政府とビジネス

独自性と移転可能性の問題にじかに関連する一つのテーマが、企業エグゼクティブと政府との関係であり、それが企業の成功それとも破滅につながるのかをめぐる共通認識だ。ここで見てきたリーダーの慣行はどこまでが、共産主義体制といまだに個人より集団を重視する中国文化の上に市場企業を載せた、国家主導の資本主義という中国独自の体制の結果なのだろうか。

中国の官僚が民間企業に対し生殺与奪の力を持っていたことは間違いない。エグゼクティブたちが自力での進路開拓に苦闘していた初期はとりわけそうだった。西側スタイルの資本市場がほとんど存在しなかったため、企業は政府機関やさらには国有企業にまで後援と財務調達を頼った。国の機関や企業に依存するようになったのは必要に迫られたからであり、そのためには相手と懇意になることが役に立った。ある医療機器メーカーの会長が説明してくれたが、彼が一九九〇年代に「ほとんど無一文の状態から」会社を立ち上げたときは、中国にはプライベート・エクイティ・ファンドもベンチャーファンドもなかったため、自力で資本調達するしかなかった。当時は資金を集めるのは困難をきわめ、市場にキャッシュがふんだんにある現在とはまったく対照的だったと彼は述べた。

地方政府は雇用創出のために、地元の不動産スタートアップ企業の育成や創業支援に積極的なことが多かった。地価も、省や市の政府が提供できる機会の評価方法も確定していなかった黎明期には、政府の助力で大きな利益を上げることが可能だったし、逆にそれがなければ何もできない場合もあった。しかしそのような時代はほぼ終わった。今日では民間融資が簡単に利用でき、株式市場も確立しており、リソースの獲得競争があたりまえになっている。国家や地方政府の後ろ盾は創業に不可欠なものでも、成功を保証するものでもなくなった[3]。

インタビューで、ビジネスリーダーたちが政府当局を適切に尊重し、国家の利益から逸脱しないことが重要であると認識しているのがわかった。しかし全体としては、政府への追従が今でも成長に不可欠であるとは考えていない。欧米企業と比べれば、中国企業のエグゼクティブと官僚の関係は今も重要だが、かつてほどの決定力はなくなっている。政府は勝者を選定して後援する存在から、ゲームのルールを設定して施行する存在になりつつある。

前述したように、これと密接に関連した要素で中国ビジネスの要としてよく引き合いに出されるのがグワンシ――エグゼクティブが資源へのアクセスと影響力を手に入れるための人脈――である。経済開放政策の初期、特に官僚とのコネが創業に不可欠だった時期には人のつながりがたしかに大きな存在感を持っていた。自由市場が未発達で、取引の信頼性や契約の法的強制力を判断する確かな情報がない部分を個人間の信用が埋めているようなときは、人間関係のネットワークが重要だ。だが、私たちが研究したリーダーたちの口からグワンシという言葉はほとんど出なかった。彼らはグワンシを自社のリーダーに不可欠であるとは語らなかったし、重視してもいなかった。以前と比べてはるかに中国の市場が発達し、情報が手に入るようになった現在、個人間のつながりは他のリーダーシップ・スキルほどの重みはなくなり、必要な場合でも、人間関係から個人的性格はかなり薄れ、個人ではなく役職として持つものになっている。

ボス

私たちがインタビューした創業者たちが会社を立ち上げた約三〇年以上前、会社の設立がどれほど伝統に逆らう行動だったかを考えると、彼らの多くは最初の挑戦に失敗してもなんとか成功してみせるという意志の強い連続起業家(シリアルアントレプレナー)タイプだったのではないかと思われる。本書で半生を紹介した人々は、中国の自由化によって激増したチャンスを活用する一方、みずからの個性を自分の会社に刻印した。倣うべき先行モデルを持たないパワフルな創業者と組織的指導の影響を受けやすい従業員、この組み合わせから、創業者の価値観を色濃く反映した企業文化が生まれた。創業者の多くがいまだ現役であり、組織文化が会社の優先課題であるという考えを貫いてきた事実に、たとえ同業他社から専門性の高い人物を採用するなど均質化への流れが強まっても、彼ら独自のスタイルは健在であることがうかがえる。

シリコンバレーのスタートアップ企業は、当初の創業者の個性が長年にわたって会社に影響を及ぼすことが知られている。特に文化的な気風――社員がどうふるまうべきかの規範――はそれで決まる。ひとたび定着すると、文化的な気風は変えにくい。シリコンバレーの場合は、近隣のスタートアップ企業で働いた経験のあるハイテク技術者や起業家で構成されたプロフェッショナルたちの大きなコミュニティから、規範が持ち込まれることが多い。中国で近年創業された会社は、幹部となった経験豊富な技術者とプロフェッショナルたちが規範を形成している。例えば、二〇一〇年に創業された携帯電話メーカーで、わずか五年で端末の年間販売台数が七〇〇〇万に達したシャオミ（小米科技）は、シリコンバレー企業によく似た事業運営法をとっているが、これは同社の文化が、矢継ぎ早に引き抜いてきたプロフェッショナルたちの規範を源流としているからだ[4]。

だが、私たちが研究した企業の大半が創業したとき、そのような既存のプロフェッショナル・コミュニティは存在しなかった。どんな業種であれ、戦歴の長いビジネス経験者などほとんどいなかったからだ。脈々と伝わる中国文化が創業時の経営思想に影響を与えてはいるが、当時は経営のプロなどほとんど見当たらない環境だったから、創業者たちは会社の文化にみずからの刻印を押す強大な権限を手にしていた。創業者も初期の幹部たちも民間企業で働いた経験がなく、何が正しいかが感覚的にわからない。確実にわかっていたのは、これから自分たちが作ろうとしているものが、自分たちがこれまで知っていたものとはまったく違う、おそらく先駆的なものになるだろうということだった。その予感は正しかった。

これら七二社のリーダーたちとのインタビューから共通して浮かび上がってきたテーマは、

彼らが自社の戦略だけでなく企業文化と組織体制の決定に果たすみずからの役割を強調していたことだ。彼らが戦略策定に主要な役割を果たすのに違和感はないとしても、企業文化の醸成と組織体制の構築への力の入れようは、特に典型的なエグゼクティブの仕事が戦略策定であるのが常識になっている欧米と比較すると、特異さが目立つ。私たちはアリババ（阿里巴巴）の来歴を参考に、中国のスタートアップ企業の多くが短期間のうちに大企業化したため、大企業になっても起業家的なマインドセットを失ってはならないという創業者が固く決意していることでそれが説明できるのではないかと結論した。また、市場の変化の速さゆえに企業文化と組織体制の重要性が増した面もあるだろう。新しいチャンスが現れたとき、数千名の従業員を迅速に再配置することを可能にするのが企業文化と組織体制だからだ。

私たちが研究した企業の多くでは、ビッグ・ボス・モデルがまだ現役で機能しており、CEOの直属ではない下層レベルのマネージャーへの権限委譲と責任の割り振りの指針があまり発達していなかった。戦略策定の責任と重要な意思決定はいまだに上層部に集中している。市場にシニアマネージャー人材がまだまだ不足しているため、結果的にそうなっている面もあるのかもしれない。しかしそうした事情はともかく、戦略の要の部分をまだ握りつつも、企業エグゼクティブたちは必要に迫られて事業運営に関する権限を大幅に委譲してきた。

私たちが研究した企業に共通していたのはひりひりした切迫感、機を逃さない行動と即断即決を至上とする考え方だった――おそらく、国内のチャンスとグローバルに開かれた可能性、そしてそんな見通しがいつまでも続かないかもしれないという恐れが一緒になってもたらしたものだろう。製品デザインが国内市場に急速に普及したため、企業は製品の差別化よりも市場シェアで競争せざるをえなかった。民間企業の成長が果たして早すぎたのか、やがて事業機会がコモディティ化するにつれ会社の規模の大きさとコストが重荷になるかどうかは、今後のなりゆきを見守りたい。多くのグローバル企業と同様に、彼らもコストの安い東南アジア地域に生産拠点を移転せざるをえなくなるかもしれない。

中国企業の創業者たちは会社の永続的なバックボーンとなる価値観と規範をどこから得たのだろうか。近年であれば、他社のモデルから意図的に選択したところもあるだろうが、創業者に限って言えば、アメリカでさえそれはまれであることがわかっている。実のところ、中国人エグゼクティブのマインドセットを形成している第一にして最大の源泉は彼ら自身の価値観と経験であり、私たちが各社に観察した慣行の多様性もこれで説明がつく。重視されがちな規範の一つが、会社の所有権を従業員がどの程度共有しているかである。アメリカではスタートアップ企業の所有権を従業員に分配するという文化的原則が非常に強いため、それをしないことは難しいだろう。しかし中国の文化ではそのような規範はまったく存在しないため、中国企業の創業者たちの行動は彼ら自身の価値観を反映させたものとなりがちだった――そして従業員に会社の所有権を分配した企業もあるにはあるが、大半はそうではない。こうした背景から、企業特有の組織形態がほぼ全面的に経営トップからもたらされたビッグ・ボス・モデルが観察されたのである。

株主の立場

これら中国人リーダーと企業の最も特異な点の一つは、株主価値の創出を優先課題とすることにまったく関心を示さないところだ。彼らが優先課題としているのは成長であり、そのためなら収益を犠牲にするのもいとわない。実際、中国企業について西側から聞かれる愚痴が、市場を獲得するために積極的に値下げをしてくることで、極端な場合は、略奪的価格設定を禁じるアメリカの反トラスト法にも抵触しかねない、コストを下回る価格設定をする。

短期的な株主利益に反するこの志向は本当に中国独自なのか。だとすれば、中国企業の一時的な通過点なのか、逆にもっと本質的な要因があるのか。この一見すると変わった中国企業の志向を説明するうえで最初に指摘しておきたいのは、実はこれはとりたてて異例ではないということだ。インドのビジネスリーダーと彼らの会社を研究したときも、ほぼ同じ行動が見られた。開発途上国でも先進国でも、アメリカほどビジネスコミュニティが株主価値の最大化に執着している国は他にはない。おそらくアメリカのほうがむしろ例外だろう。

私たちが研究した中国企業が、少なくとも短期的には株主価値の最大化にそれほどこだわってこなかった一つの理由は、いまだにほとんどが支配株主の立場にいる創業者が今も会社の舵を握っているからだ。アメリカでは、もし企業リーダーが主要所有者の立場で行動すれば、株主利益を最大化する努力をもっとするはずだという話を時々聞く。だが、私たちが研究した中国の企業リーダーの多くはすでに大株主であり、桁外れの億万長者になっている。彼らはさらに成功を追求することに関心がないのではなく、成功についての考え方が欧米の専門経営者や投資家とは異なるのだ。インタビューした中国人エグゼクティブたちは、短期的な株主利益を最大化せよという要求はどこからも聞こえてこないと語った。

年配のエグゼクティブの時間的視野は引退が迫るにつれ狭くなるだろうと思いがちだが、彼らは今もほとんどのプロ投資家よりはるか先を見ていることがわかった。将来の成長と市場シェアに注力する姿勢は変わらず、反トラスト行動やセクター支配に対する政治的圧力は中国には基本的に存在しないため、企業リーダーは自分の長期計画に比較的制約を受けずに取り組めるのだ。

中国人エグゼクティブたちは買収合併にあまり関心を示さないが、その理由は欧米の企業リーダーが敵対的買収によく抵抗するのと同じで、自社の支配権を失いたくないためである。自社に個人的な思い入れがあり、労せずして手に入る金銭的利益には目もくれず、会社を自分で経営することを大事にしている。リーダーの最優先課題は会社と戦略の方向性を維持することだと彼らが語る一つの理由はそこにある。そのほうが彼らにとっては個人資産の形成よりも重要なのだ。

また、売る側にその気がなければ買収合併は起こらない。そしてそうした取引が実現可能になるには、企業支配権の市場がもっと発展しなければならない。多くの西側企業のリーダーたちが個人としては売却する意思がなくても売却の決意に誘導されるのは、買収プレミアムの提供によって会社の株主に売却を促せるからである。あるいは、抵抗の意思を骨抜きにするために「ゴールデンパラシュート〔経営者への高額な退職金〕」が提供される。こうした金銭を使った戦術は、中国企業では効果がはるかに薄い。リーダーたちが企業支配側に残っているからだ。

とはいえ中国の民間企業リーダーたちも、特にグローバルなプレゼンスを確立したり、新しいブランドを構築したり、自国で新市場に参入したりするために、企業支配権市場に価値があることを認識し始めている。それが確認できたのは、二〇〇四年に社史に残るＩＢＭのＰＣ事業部買収を果たしたレノボである。レノボは一夜にして国際的プレゼンスを確立した。そして一〇年後、同じグローバル・アジェンダを掲げたレノボはＩＢＭのサーバー事業とグーグル傘下にあったモトローラ・モビリティを買収し、後者の買収によって一夜にして南北アメリカとヨーロッパでスマートフォン事業の足場を獲得した。同様に、ジーリー（吉利）は、ボルボをヨーロッパと北米のブランドとして管理しきれなかったフォード・モーター・カンパニーから買収したことで、同社を黒字転換させることにも自社を国際プレイヤーに変身させることにも成功した。

欧米で企業支配権市場の主要な原動力となっている株主アクティビズムは、これまでのところ中国ではまれである。だから、私たちがインタビューしたエグゼクティブたちがインベスター・リレーションズやメディア・リレーションズをほとんど重視していないのは意外ではなかった。しかし中国の民間企業が企業支配権の国際市場へとプレゼンスを拡張していけば、トップマネジメントのこうした職務がもっとエグゼクティブの関心を占めるようになるだろう。

創業者の引退問題

アメリカのスタートアップ企業で研究者たちが観察してきた重要な教訓は、企業の創業者がたいていどこかの時点でプロフェッショナルなエグゼクティブと交代するということだ。その際、企業の独自色が強かった慣行の一部が変化する。創業者が残っている企業は、創業者が早い段階であるいは簡単に交代する企業とは異なる個性を持ちやすい。だから、中国のビジネス界で中国流のプロフェッショナル規範を軸に新しい企業が設立されるようになった時代の後発企業とは対照的に、私たちが研究した企業には今後長きにわたって継続する独自性があるのかもしれない。今後現れる新しい企業の文化がファーウェイ（華為技術）よりもシャオミ（小米科技）に近いだろうことは間違いない。

私たちが研究した企業の将来に関する根本的な問題は、この第一世代の創業者が引退したらどうなるか、である。多くは会社の日常的な業務運営からすでに身を引いているが、重要な意思決定はいまだにコントロールしている者が大半だ。リーダーたちの発言で興味深かったものの一つが、会社のリーダーシップを血縁者ではなくプロの経営者に譲る計画だと多くが語っていたことだ。専門経営者に頼る風潮を彼らの多くが非難していたから、これはおおいに矛盾している。

しかし専門経営者について耳にした反発は、主にアメリカ式の意思決定、特に多くのアメリカ人エグゼクティブがビジネススクールで身に着けた、財務業績の偏重志向に向けられたものだと私たちは考えている。会社の経営に関して意思決定の最適な定石が存在するという考え方、そのような意思決定法が欧米から輸入できるという考えは、創業者たちの優先課題ややり方とはまったく相いれないのだ。

また、中国の取締役が創業者を追い出して、財務目標を重視する専門経営者を入れるとは想像しづらい。中国では創業者が会社を手放す際、自分の考え方に近い後継者が選ばれるよう、選定プロセスまで居残って支配力を及ぼす傾向がはるかに強い。私たちが観察した創業者の多くがすでに事業承継を始めていたが、それは彼ら自身が後継者の育成と選定を行えるコントロールされたものであり、後継者をみずから選ぶという形で会社に自分の刻印を残そうとしていた。[5]

創業者が専門経営者と入れ替わりに退場させられても個人的な刻印を残すであろうことは、西側企業の観察によって得られたエビデンスからわかる。しかし、中国の第一世代のリーダーたちが一〇〇年前のアメリカの第一世代の創業者たちと同様にビジネス界に大きな遺産を残すかどうか、それはまだわからない。鉄鋼のカーネギーや自動車のフォードのようなアメリカの大企業の創業者たちは、現代的な事業形態を発明した。例えば、ピエール・デュポンによる複数事業部制企業の創造やアルフレッド・P・スローンによるゼネラルモーターズの計画管理システムは、かつてない規模の企業を構築するという根本的な挑戦への最初の試みだった。さらに時代を下れば、マイクロソフトのビル・ゲイツ、アップルのスティーブ・ジョブズ、フェイスブックのマーク・ザッカーバーグがまったく新しい産業を創造した。中国の創業者と企業は、少なくとも現在のところまだ、それほどの大きさの遺産を築いていない。しかし今後そうしたものが現れる可能性はある。[6]

私たちが研究した中国企業と第一世代のアメリカ企業に共通する、重要かつ突出した要素は、全国展開したことである。アメリカの多国籍企業の歴史と海外での成功は、アメリカそのものが二〇世紀初頭すでに巨大な市場だったという事実から始まっている。ジョンソン・エンド・ジョンソンやプロクター・アンド・ギャンブルのような企業は海外進出する前にすでに巨大に成長していた。これらの企業は巨大なアメリカ市場に製品を提供し支配すらできる規模になった結果、まず国内で、その後海外でコストと価格を下げられるだけの規模の経済を手に入れていたのだ。

中国の国内市場は二〇一五年のGDPが一一兆四〇〇〇億ドル、アメリカのGDP一七兆四〇〇〇億ドルに次ぐ――そして日本の四兆八〇〇〇億ドル、ドイツの三兆六〇〇〇億ドルを超える――世界第二位であり、すでに莫大な規模だ。家庭用品、携帯電話、家電などの大衆消費財については、中国人顧客はアメリカ人消費者を数で大きく凌駕している。いまや世界最大の家電メーカーとなったハイアールのような企業は、二〇〇〇年にアメリカ市場に初参入したときすでに世界の大手冷蔵庫メーカーの仲間入りを果たしており、高品質製品を低価格で販売する海外での競争力は、自国市場で大規模展開していたため十分に備わっていた。レノボのような中国のエレクトロニクス企業についても同じことが言える。ほとんどの民間企業にとって中国国内での競争がいまや熾烈なので、欧米に進出した企業はおおむね欧米に認知された時点ですでに大企業化している。多くの中国企業が欧米市場でこれだけ成功している理由の一端はこれで説明がつく。[7]

中国人リーダーの教訓から欧米が学べること

中国企業の経験の独自要素には、中国特有の事情に由来するため、他国にそのまま移転できないものもある。しかし応用できる可能性が高いものもある。新しい企業組織体制と事業運営方法に関わる部分だ。

その筆頭に挙げられ、間違いなく最も重要なのは、欧米企業よりも無駄のない支配体制で運営する能力だ。「無駄のない」とは、ここではマネージャーの数が少なく監視の度合いが低いことを指す。これができる理由は、第一に、従業員が少なくとも欧米の従業員ほど手抜きや不正をしないという考えがあるからだ。中国の個人主義は言われてきたほど強くない。その結果、説明責任を逃れたり私腹を肥やそうとしたりするインセンティブがあまり大きくないのである。おかげで、監督者やマネージャーに監視させる必要性とコストが大幅に軽減されてきた。

不正行為のリスクが低くてすむもう一つの要因は、一般的に従業員が会社、特にリーダーに対して義務感を持っていることだ。欧米であれば会社への「コミットメント」あるいは「カリスマ的」権威と呼ぶかもしれない。献身的な従業員は会社の利益を守ることへの意欲が高いが、その意欲にはビッグ・ボスへの心酔と、リーダーが自分たちや自分たちの幸せに目配りしてくれているという信頼から生まれている面もあるかもしれない。

この義務感は上層部においてとりわけ強い。何人かのリーダーたちは、比較的少数の事業担当エグゼクティブたちによる会社の価値観と規範へのコミットメントが、自社のリーダーシップの要だと話してくれた。そのような義務感はどのように醸成されたのだろうか。時間をかけた慣行によってだ。安定して優秀な業績を上げ、会社への誠実さとコミットメントを繰り返し示してきたエグゼクティブたちはCEOから引き立てられ、側近に加えられる。そして、側近になれば守られる。CEOからミスを、少なくとも小さなものであれば許され、業績がふるわなくてもだいたいは大目に見てもらえるようになる。そのかわり、エグゼクティブたちはボスにいっそう忠誠を尽くし正直になる。失敗しても会社人生の致命傷とはなりにくいので、隠そうとしなくなる。

無駄（リーン）のない事業体制によって育つもう一つの重要な優位性は、迅速に変化し適応する能力だ。その一つの要因は、組織の間接費が低いことである。階層と管理者が少ないマネジメント組織体制のほうが方向転換がしやすい。また、マネージャーが職を失う危機感を持ちにくいほうが方向転換がしやすい。組織がこのように簡素なのは、創業者がいまだに采配をふる場面が多く、そのため政治闘争やサボタージュが起こりにくいおかげでもある。

そしてその敏捷性が、新しい機会を察知していち早くつかみに行く中国企業の競争優位性を生むのに一役買っている。ここが、既存の顧客に注力する多くのインド企業や、定評ある製品の高性能化を追求する日本企業、斬新な製品に挑戦する新興のアメリカ企業とさえ異なるところだ。私たちが観察した中国企業は、既存製品の新しい機会を探し、競合他社が反応できないうちに好機に飛び込む積極的な事業戦略によって成長した。企業リーダーたち——特に創業者——は新しい市場機会、特に競合他社が弱い場所の発見に時間の大半を費やして取り組んでいた。そして迅速にその市場に進出した。

こうした無駄のない敏捷な事業施策が持続可能かどうかはまだわからない。中国では個人主義が台頭し、それとともに少なくとも一部の従業員の間には個人の利益を最大化しようという風潮が確実に育っている。中国で、特に民間企業に今広まりつつある転職文化が、エグゼクティブの考える忠誠心と義務感という概念をむしばんでいくだろうことは疑いがない。企業が自社独自の施策をさらに強化して、この現れつつある課題に対抗できるか、その答えを知るには時を待たなければならない。インタビューした多くの企業リーダーたちが企業文化の構築と維持をきわめて重視していたのは、その努力がなされている表れといえよう。

これら中国企業の無駄のない敏捷なアプローチは、マネジメントを一つのシステムとして考える大切さを思い出させてくれる。システム理論という概念の発祥はペンシルベニア大学ウォートン校教授ラッセル・アコフら研究者や、タルコット・パーソンズのような社会科学者らにさかのぼる。システム思考では、多くの要因が結果を決定するうえで役割を負い、要因同士の個々の相互作用に大きな意味がある。この考え方でとらえると、会社としての監視が緩くても事業運営が可能なためには、従業員側にそれに相当する別の行動が必要であり、それは互恵主義という組織文化に依存しているのだといえる。[8]

永続的なものは何か

中国の民間企業のリーダーシップとマネジメントの中心的要素を見きわめる難しさは、観察した行動のどの部分が一時的な、かりそめのものなのか――つまりやがて過ぎ去る状況への対応なのかを識別するところにある。やがて過ぎ去る状況に関連した行動もいずれ消え去るはずだからだ。こうした慣行が本当に中国の状況に特有なのかどうかは答えが出ていない。国に関係なく、創業者がまだ支配している若い企業の特性にすぎないのか。それとも、中国企業の経験の産物なのか――後者だとしても、その優れた特徴は他国の企業が借用して自社なりの形で取り入れ、成果を上げられるものなのか。

この問いが中国の状況においてことさら意味を持つのは、中国では情勢が急激に変化してきたからだ。過去三〇年ほどの間に中国が経てきたほどの根本的な変化をいくつも経験した国はあまりない。かといって、中国が経てきた変化が振り子のように昔の方向に揺り戻す可能性はおそらくない。私たちの知っている信頼のおける識者で、中国が国家が運営する中央計画経済に戻るだろうと示唆する者は一人もいない。

中国の資本主義は国家主導で、企業運営も政府中心に行われていると語るのが今の流行りだ。そのような言説はたしかにかなり当たっているが、その状況はいつまでも続くだろうか。ここで日本の経験に学ぶことができる。一九七〇年代まで、日本企業は輸出市場でほとんど成功していなかった。日本製品は品質が低く劣っていると見られていた。トヨタはアメリカで自動車を販売しようとしたが、まったく成功せず撤退を余儀なくされた。

そこで日本政府が、特に輸出入品目の決定に関して、企業に深く関与するようになった。

それを担当した機関が通商産業省（通産省）だ。日本の産業政策を策定し、政府や民間セクターが投資すべき分野を決定し、他の省庁を巻き込んで国益を推進する努力に企業を協力させるなどに功があったのは通産省であるとされた。一九七〇年代に日本の競争力は大変貌を遂げた。日本企業はアメリカに自動車を輸出し、アメリカ企業から急速に市場シェアを奪っていった。ソニーなど日本のメーカーがコンシューマーエレクトロニクスの覇者となり始めた。

当時は輸出産業における日本の成功の功労者は通産省であるというのが通説だった。しかし今日では、通産省（二〇〇一年に経済産業省に改称）の影響力や、そもそも日本政府が日本のビジネス慣行を推進する役割を果たしているとする論者は誰もいない。五〇年ほど前に政府が果たした役割が決定的だったかどうかはともかく、日本企業は国際経済にしっかり地位を確立しており、もはや政府は重要ではなくなった。これとかなり近いことが韓国についても言える。韓国政府は一九八〇年代にサムスン、ヒュンダイ、ＬＧなどの大企業育成を支援する輸出政策を推進した。これらの企業は現在、国際的に成功をおさめている。今では韓国政府がこれらの企業に指図をしていると見る者は誰もいない。[9]

中国でも同じ展開になるのではないだろうか。私たちがその多くを研究した民間企業の第一世代が、政府から多大な影響を受けていた――いくつかのケースでは多大な支援を受けていた――ことは疑いがない。あからさまに政府の利益に反するようなことをしていたら生き残れなかった可能性も高い。しかしそのような時代は、日本や韓国と同様、終わろうとしているように見える。どこの国の政府もビジネスにおいては影響力の強いプレイヤーであり、中国政府はその点、他国の政府以上に影響力が強いことは明らかだ。だが、今の中国では西側と同様、起業家が政府とのつながりを持たなくても民間企業が創業できる。市場、資本、労働力へのアクセスは社会の一部になった。近年始まって現在も継続している腐敗取り締まりは、企業と政府官僚の非公式な関係をターゲットとしており、民間企業を以前よりも政府（少なくとも政府官僚）からさらに引き離す働きをするかもしれない。

ビジネスに関してはすべてがいずれ移り変わるとするなら、これは中国の民間企業には特にあてはまるとは言えないだろうか。創業者がいなくなった後、同じモデルは続けられるのか。もっと端的に言えば、企業の規模が大きくなり、国際化が進み、複雑になったとき、現在の敏捷で、学習志向で、ボスを中心にした事業運営を行うことは果たして可能なのか。

この懸念に関して第一に警告したいのは、中国の民間企業はこれ以上あまり複雑になる必要はないということだ。複雑化はリーダーの積極的な選択である。中国の民間企業には、いまやコンサルティングやホテルから鉄鋼、自動車生産までありとあらゆる事業を経営しているタタ・グループのようなインド企業において観察した、他業種進出への関心は見られなかった。中国企業が無駄のない（リーン）体制でい続けるには、多角化せず垂直統合を避けたほうがずっと楽だろう。

中国の民間企業が、大半の創業者が計画しているように専門経営者にバトンを渡したとしても、従来通りの事業運営を続けることは間違いなく可能だ。新リーダーが変革を行ったという事実を作るため、自分の刻印を残すために事業運営を変えようとする可能性は必ずある。それでも結局、ディズニー、ＩＢＭ、ウォルマートといったアメリカ企業は、創業者の手を離れてもビジネスモデルが比較的損なわれずに生き延びた。

中国の民間企業にとって最大の懸念は、今のモデルで事業運営を続けることは今後も可能かどうかであろう。なかでも大きな課題は、相対的に豊かでより個人主義傾向の強い文化の中で育った新世代の中国人従業員が、前世代の従業員と同じように、意思決定において自己利益よりビッグ・ボスを優先し、自分の利益よりも会社の利益のために行動する働き方を望むかどうかである。企業文化が従業員に勝てなくなったら、会社は欧米の競合他社が数世代前に採用したもっと複雑な監視管理や人事制度に頼らざるをえなくなるのだろうか。

ある靴メーカー兼衣料小売企業の会長はすでにこの課題を予見していた。「私の後継者は今の私と同じ経営法を取らないだろうと思う。戦略を使って社員を引きつけ、利益を使って社員を引き留め、愛情をもって社員の心をつかまなければならないだろう。（中略）社員を引きつけるための要件が将来的には変わると思う」

結論

欧米の企業資本主義と多国籍企業がビジネス思想とマネジメント原則を世界に広めて一世紀を経た今、企業運営の独自モデルを中国に見出すことは簡単ではない。ベストプラクティスを探し出して急速に世界に拡散する仕組みになっている経営コンサルティングとビジネス教育が、いまやグローバルな産業となっていることを考えればなおさらだ。

実は、そんなベストプラクティスに近いものを私たちはチャイナ・ウェイに発見した。私たちが研究した企業の独自性は唯一無二（スイ・ジェネリス）だ。たいていの国と同様に、その独自の慣行を生み出すのに一役買っているのは中国の文化、歴史、法制度である。慣行のなかには企業が成長し、複雑になり、地理的に拡大していくにつれ消えるものもあるかもしれない。レノボのような民間企業は中国で非常に重要なプレイヤーになったが、グローバルプレイヤーとなってからもその独自の企業文化と慣行を維持できるかどうかはまだ答えが出ていない。ひょっとすると、前パートナーのIBMと同じ市場需要や投資家の圧力に直面して同社と融合ということもあるかもしれない。

だが、中国のビジネス慣行のなかには、生みの親の企業によってそのまま世界の舞台に持ち込まれ、出身地や本拠地に関係なく他社の新しい慣行を取り入れようと考えている非中国企業に移転可能なものがあるかもしれない。欧米企業が中国企業から学べるかどうかは、欧米の企業リーダーが欧米流（ウェスタン・ウェイ）にすべての答えがあるとは限らないと気づけるかどうか――そして中国企業がすでに対応している自社の盲点を自覚できるかどうかにかかっている。

だから、西側の企業リーダーたちが、自社流の経営法だけでなく、世界的にビジネスをリードするためのより優れた方法を示すようになったアリババ、ジーリー、ハイアール、ファーウェイ、レノボ、バンケ（万科）、シャオミをはじめ中国の何百社とある大手民間企業のリーダーたちをしっかり観察するのは有益だと私たちは考える。

巨富の創造者たちが語る「独自性は何か、持続性があるのは何か」

「メイド・イン・チャイナ」から「デザインド・イン・チャイナ」にシフトし、お客様のために付加価値を創造することが当社の責任だ。(中略)我々は模倣企業ではなく当社独自の創造性を有しているが、この抱負を実現するためには優良な事業環境が必要だ――しかしそれ以上に重要なのは我々の事業だ。それこそが当社が将来、世界のビジネスの舞台で競争力を持つための決定要因となるだろう。

――靴および総合メーカー会長

今では海外の有名企業の会長に創業者はほぼ見当たらないが、中国企業の会長はいまだにほとんどが創業者だ。だから中国と海外では会長の資質と能力に大きな差がある。[外国企業の会長は]中国企業の会長とはおよそ比べ物にならない。コンピテンシーのレベルが違う。新しい事業や会社の立ち上げ、イノベーション、問題解決能力に関して、中国人の会長は一〇〇点満点だ。外国企業の会長はまず間違いなく五九点以下だろう。彼らは中国人の会長と比べるとトラブルの経験値がずっと少ないのだから、すごいと思う理由がないのだ。

――コンピュータ・エレクトロニクス製品メーカー会長

我々の決断がすべて正しいと私が言ったことはないと思う。第一に、中国では市場環境が全般的にまだ未成熟だから、利益を上げるのが比較的たやすい。第二に、私にはミスを改める能力がある。市場競争が育ってきている今は、ミスが許される余裕があまりない。我々は意思決定プロセスに以前より慎重になっている。自分は頼りにできるほど意思決定の経験を積んではいないと考えている。丹念な分析よりも衝動で決断したこともあるからね。だがミスを認めてすぐに修正する勇気は持っている。

——万科企業股份有限公司会長、王石（ワン・シー）

当社は政府とは常に誠実かつ正直に付き合ってきた。本音をいえばこの件に関してはあまり時間と労力を割きたくない。当社の本分は、民間企業として、コアコンピタンスを育成して自由競争市場での競争優位性を築くことだ。政府との良好な関係から恩恵を受けることに気をとられすぎては、自社を向上させることへの関心と勢いを失ってしまう。何よりも、政府との関係から得られるリソースは長い目で見るとあてにならず、持続可能性に欠ける。

——食品メーカーCEO

中国は他の国とはまったく違う。中国では政府の力が非常に強い。過去三〇年間、当社は多くの地方政府の高級官僚と付き合ってきた。（中略）当社では官僚と個人的に親しくなりすぎないことを原則としてきた。（中略）官僚と親密な付き合いをすることはめったにない。当社の主目標は社会のために価値を創造し、税を納め、雇用を創出することだからだ。成果を上げて政府や地方政府官僚の期待に応えるかぎり、向こうも喜んで支援してくれる。ここがきわめて重要なポイントだ。政府官僚と親しくなりすぎ、黒い取引に関われれば、簡単にトラブルに巻き込まれる可能性がある。

——アグリビジネス企業会長

当社は創立三〇周年を祝った際、次の三〇年の長期計画を立てた。向こう三〇年の会社の未来を定める、このような長期計画を持つことが重要だと私は考えている。

——コングロマリットメーカー・サービスCEO

個人的に、株主利益の最大化を会社の最重要ミッションとする考え方に私は賛同しないし、この点について当社で大きな議論になった記憶はない。お客様のために最高の価値を創造することが当社の務めだから、最も重要なステークホルダーはお客様だ。次が従業員だ。社員に少なくとも平均以上のレベルの給料と福利厚生を提供するのが我々の務めだ。株主利益を犠牲にしてでも、従業員の福利厚生は平均レベルをクリアするべく努力するつもりだ。

――寧波方太厨具有限公司、会長、茅忠群（マオ・ジョンチュン）

職位に関係なく、全社員が必ず利益を得られるようにしなければならない。株主に多額の配当金を支払っているのに従業員を会社の事業成長の公正な恩恵から排除するわけにはいかない。

――海豊国際控股有限公司（ＳＩＴＣ）会長、楊紹鵬（ヤン・シャオポン）

創業期は、ボスが事業に全身全霊で打ち込んでいなければ従業員も献身してはくれない。だから当初、私は自分のすべてを仕事に注ぎ込んだ。例えば週末は一切休まず、年間に取った休日は二日だけだった。

――不動産・金融サービス会社会長

リーダーとしてふさわしい人間になるためにはまず、みずからが手本となることから始めなければならない。キャリア開発だけでなく、カリスマ性とたたずまいも非常に大切だ。自分がしてきたことで全社員から認められたい。まったくの利己心で行動するのではなく、少なくとも他人にできないことをして率先垂範しなければならない。ロールモデルの影響力は大きい。一人の人間が一つの集団に、さらには大勢の人々に影響を与えることができるからだ。

――リサイクル設備メーカー会長

付録1　チャイナ・ウェイの成長

ここでは、中国の輸入、輸出、対外直接投資、国有企業の雇用、国有企業および民間企業の生産高と売上の近年の成長傾向、GDPの年間成長がわかる数値を示す。

非国有企業とホールディング企業には、集団所有企業、協同組合企業、有限責任企業、民間企業が含まれる。企業には一九九八〜二〇〇六年にかけて主要ビジネスで五〇〇〇万人民元以上の年間売上があるすべての国有および非国有企業、二〇〇七〜二〇一〇年にかけて主要ビジネスで五〇〇〇万人民元以上の年間売上がある企業、二〇一一年以降に主要ビジネスで二〇〇〇万人民元以上の年間売上がある企業が含まれる。統計上の分類に変更があったため、一九五二〜一九九七年については総工業生産高を、一九九八〜二〇一三年については主要ビジネスの売上高を使用している（この情報については中国国家統計局の助言を得た）。

中国企業によるアメリカへの民間対外直接投資（ＦＤＩ）は、創業、買収、投資いずれの形かにかかわらず、アメリカを拠点とする企業に中国の非国有企業が大規模な所有権を持つケースをすべて含む。「大規模な」とは、中国企業がアメリカ企業の資産の一〇％以上を保有し、積極的に経営に関わることを意味する。

図A1.1　中国のGDPに占める輸出入の割合、1978～2013年

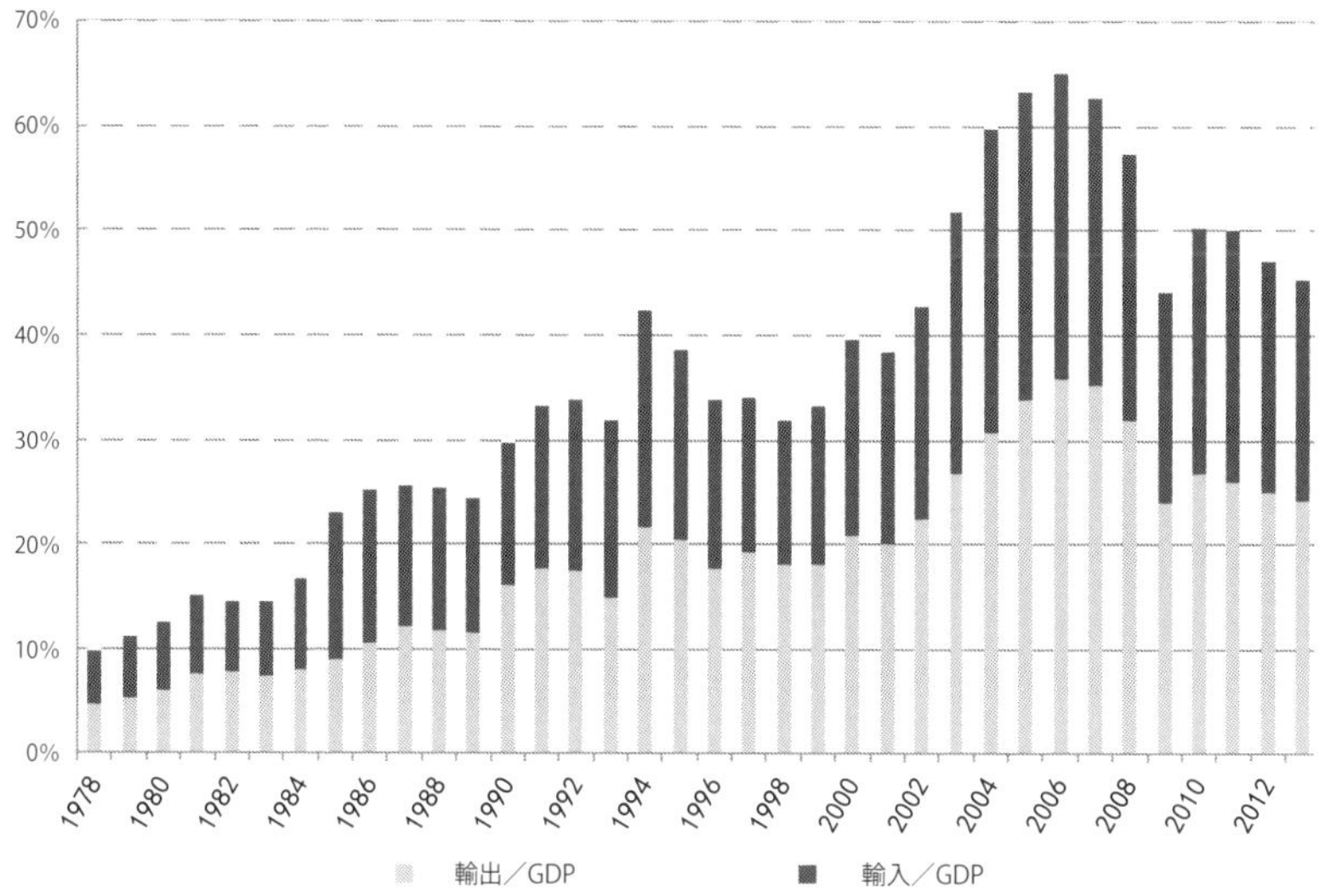

出典：China Statistical Yearbook、2015年。

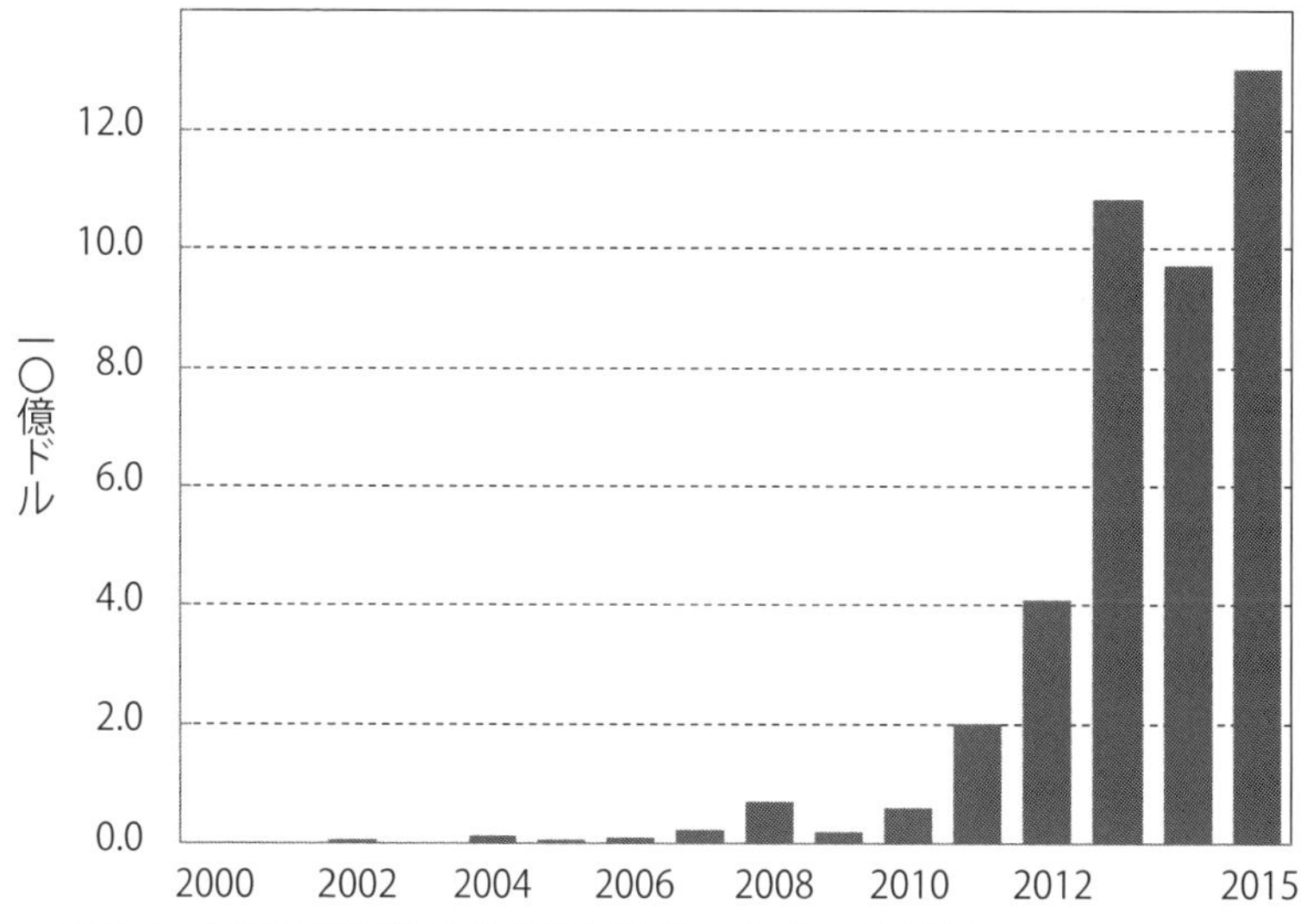

図A1.2　中国民間企業による対米直接投資、2000～2015年

出典：Rhodium Group（ローディアムグループ）、2016年。

図A1.3　中国企業の買収合併金額、2005〜2015年

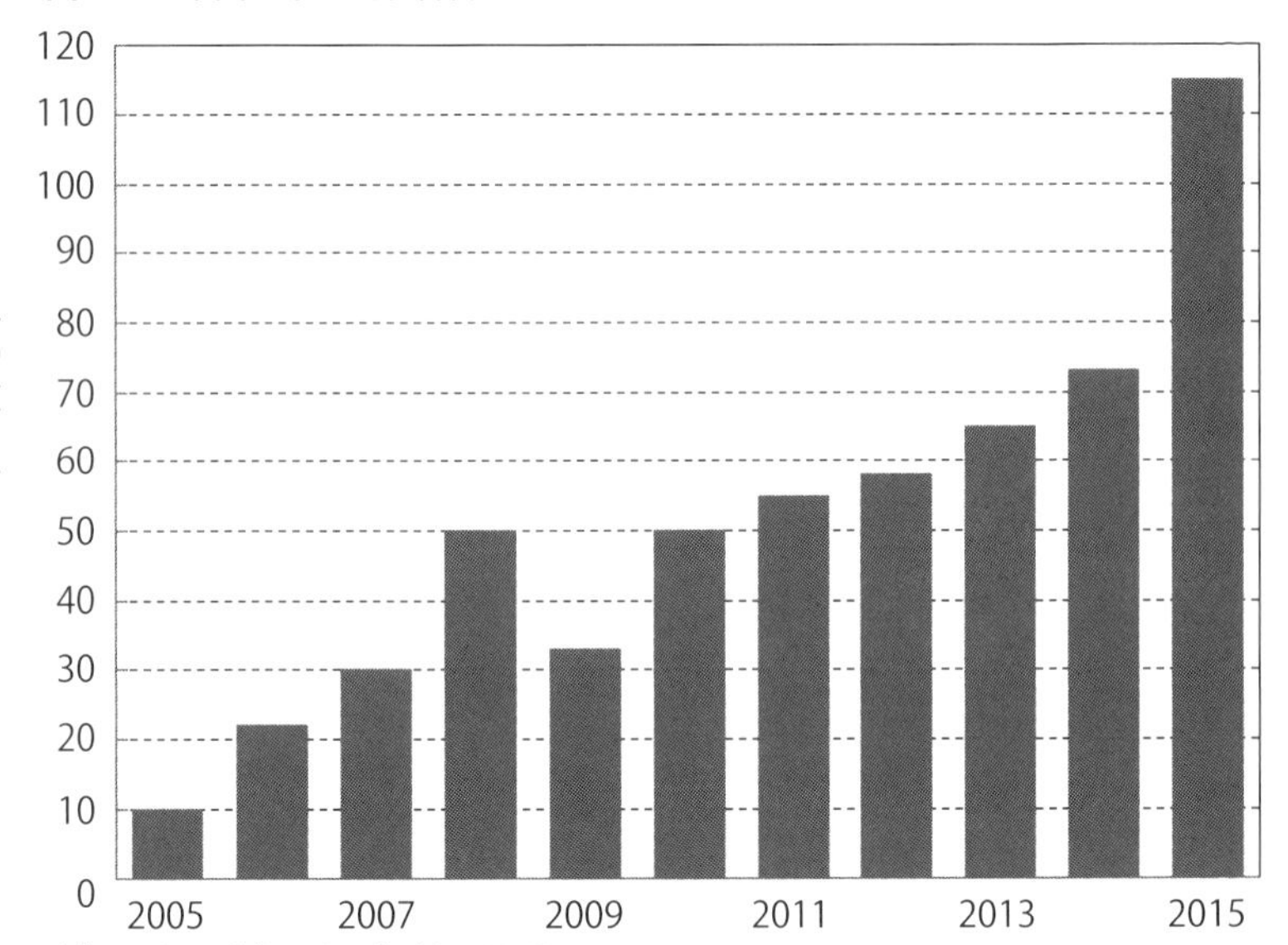

出典：Dealogic（ディーロジック）、2016年。

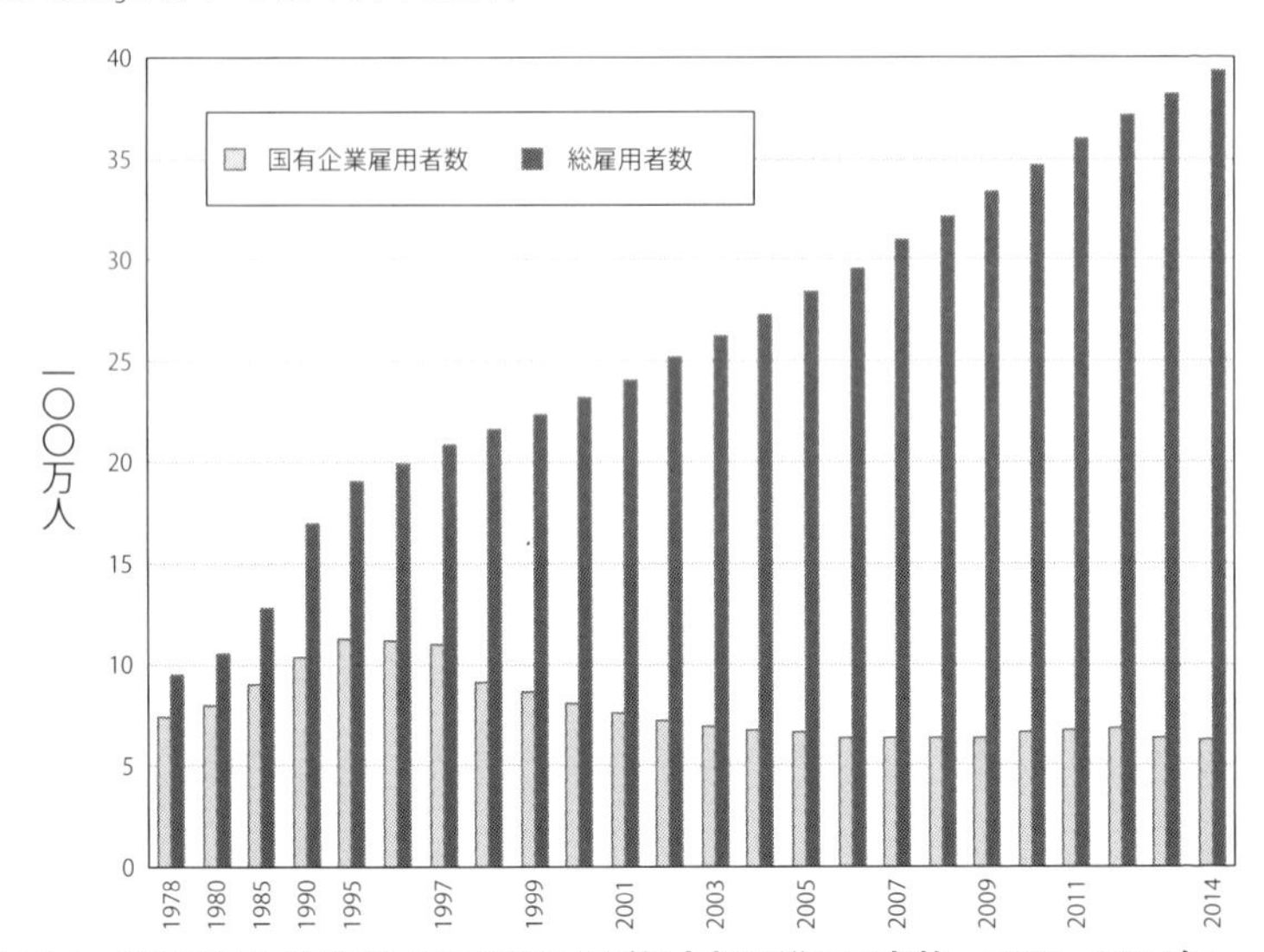

図A1.4　都市部の国有企業雇用者数および都市部の総雇用者数、1978〜2014年

出典：China Statistical Yearbook、2015年。

図A1.5　所有形態別　都市部の企業雇用者数の割合、1978～2013年

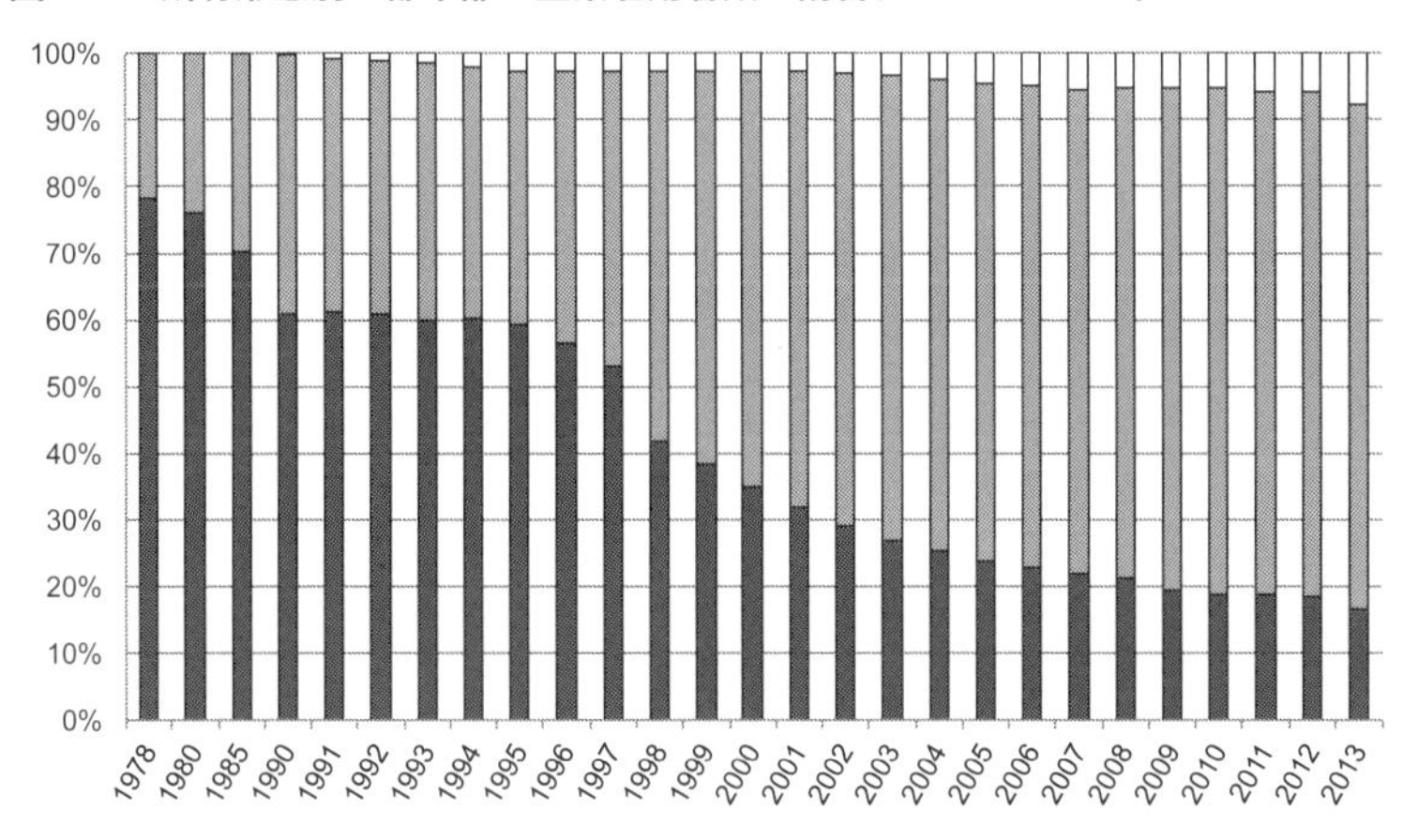

□　外国人もしくは香港、マカオ、台湾の起業家の出資会社

▨　非国有企業

■　国有企業

出典：China Statistical Yearbook、2015年。

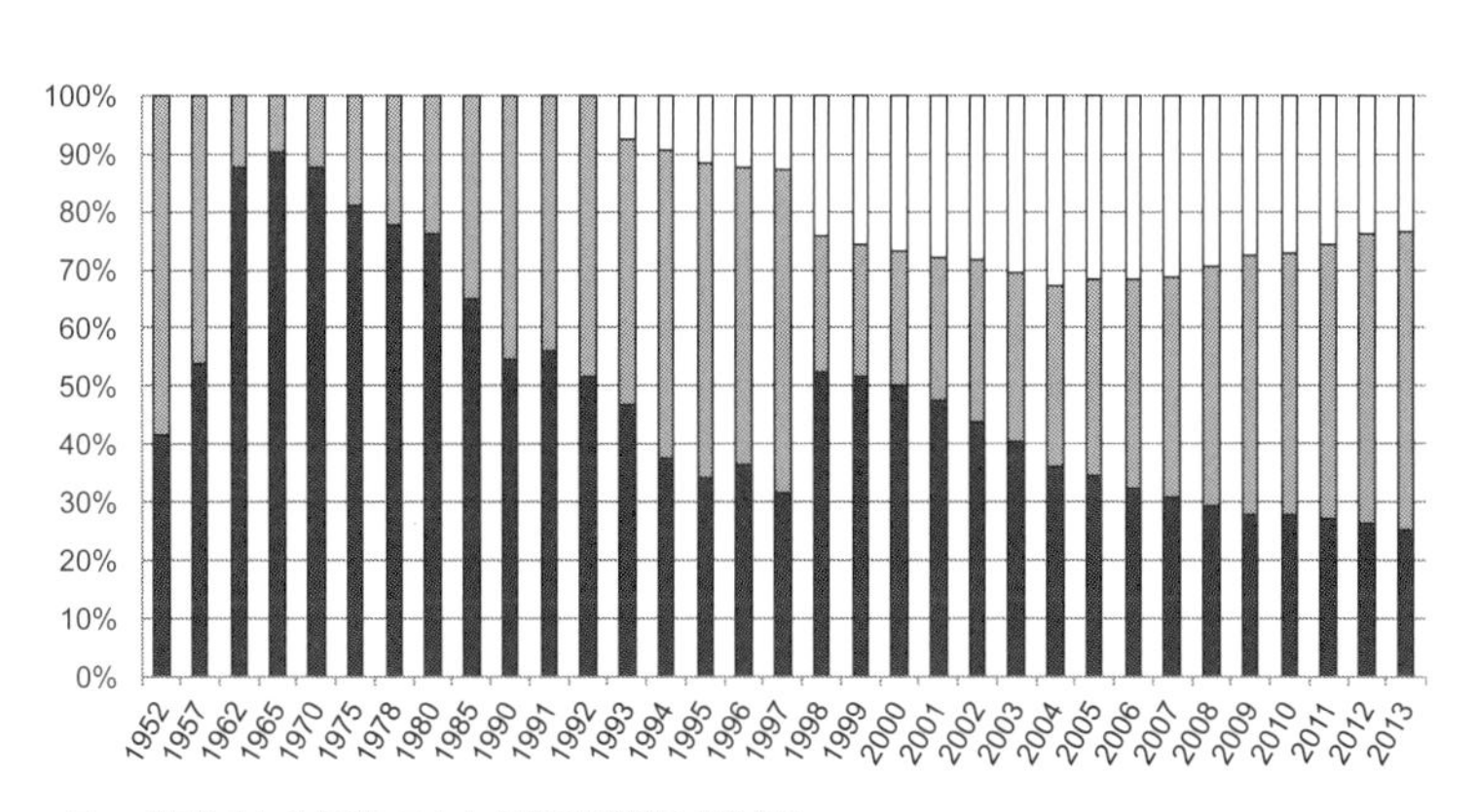

□　外国人もしくは香港、マカオ、台湾の起業家の出資会社

▨　非国有企業

■　国有企業

図A1.6　所有形態別　生産高と売上、1952～2013年

出典：China Statistical Yearbook、2015年。

図A1.7　所有形態別　中国企業の生産高、1952～2013年

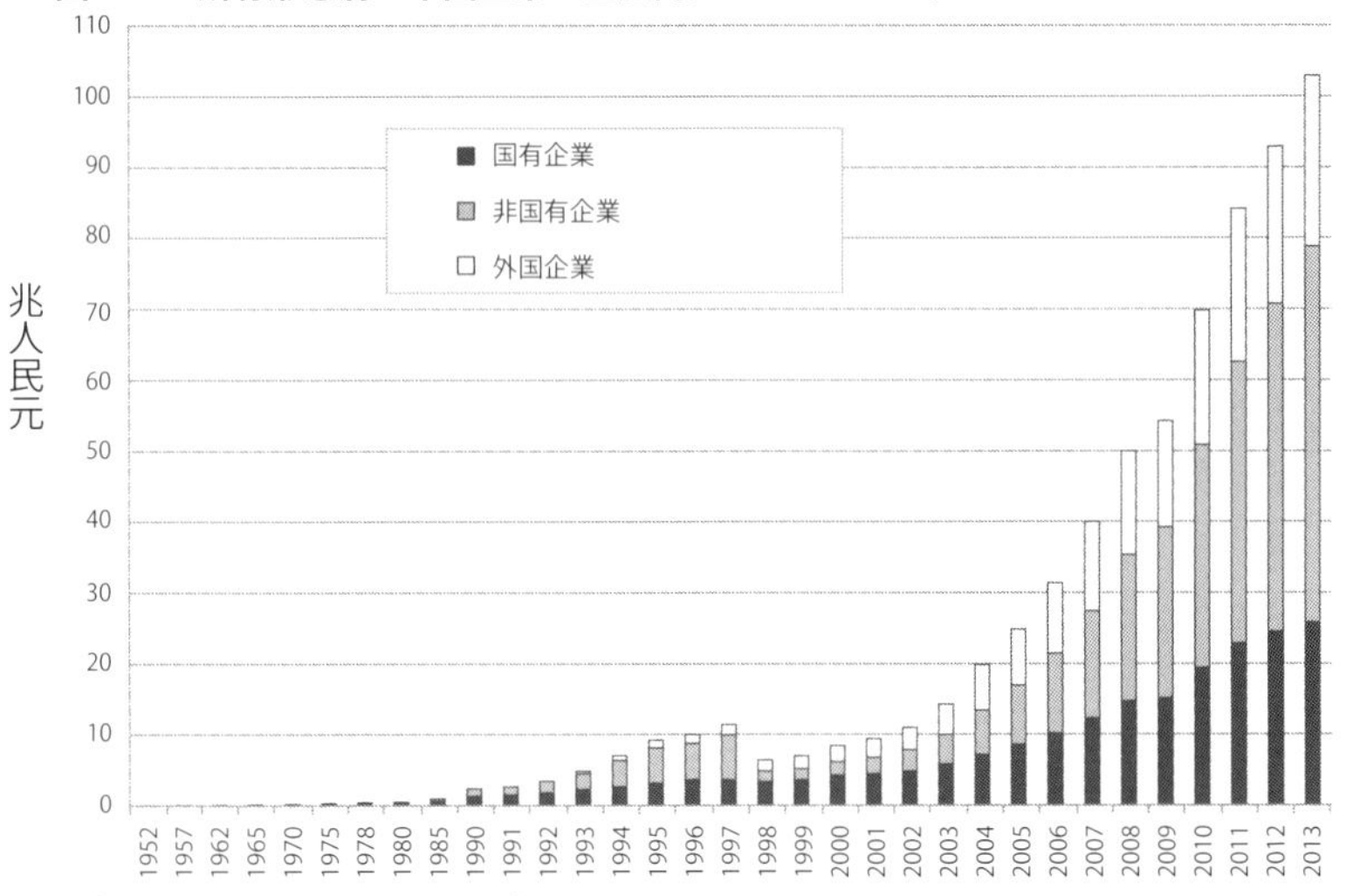

出典：China Statistical Yearbook、2015年。

付録2　インタビューした中国人ビジネスリーダー

肩書と社名はインタビュー当時のもの。

- 江蘇三房巷集団有限公司、会長、卞平剛（ビエン・ピンガン）
- 福耀玻璃集団有限公司、会長、曹徳旺（ツァオ・ドーワン）
- 深圳市海王英特龍生物技術股份有限公司、執行董事、柴向東（チャイ・シアンドン）
- 紅星美凱龍家居集団、会長兼総裁、車建新（チョー・ジエンシン）
- 中国華栄能源股份有限公司（旧社名：中国熔盛重工集団）、会長兼総裁、陳強（チェン・チアン）
- 三全食品股份有限公司、総裁、陳希（チェン・シー）
- 研祥智能科技股份有限公司、会長兼執行董事、陳志列（チェン・ジーリエ）
- 北極光創投、創設者兼董事総経理、鄧鋒（ドン・フォン）
- 広聯達科技股份有限公司、会長、刁志中（ディアオ・ジージョン）
- 中天鋼鉄集団有限公司、会長兼総裁、董才平（ドン・ツァイピン）
- 美的電器株式会社、董事局主席兼総裁、方洪波（ファン・ホンボー）
- 万通投資控股股份有限公司、会長、馮倫（フォン・ルン）
- 波司登国際控股〔持ち株の意味、ホールディングス〕有限公司、会長兼総裁、高徳康（ガオ・ドーカン）

- 天正集団有限公司、会長、高天楽（ガオ・ティエンロー）
- 中利科技有限公司、副会長、龔茵（ゴン・イン）
- 台達集団、会長、海英俊（ハイ・インジュン）
- 臥龍控股集団有限公司、総裁、韓礼鈞（ハン・リージュン）
- 三人行広告有限公司、董事長、胡棟龍（フー・ドンロン）
- 江蘇華宏実業集団有限公司、会長、胡士勇（フー・シーヨン）
- 北京中坤投資集団有限公司、会長、黄怒波（ホワン・ヌーボー）
- 遠東控股集団有限公司、会長、蔣錫培（ジアン・シーペイ）
- 精功集団有限公司、会長、金良順（ジン・リアンシュン）
- 四川西南不銹鋼有限責任公司、総経理、康明（カン・ミン）
- 遠洋集団控股有限公司、会長兼行政総裁、李明（リー・ミン）
- 春和集団有限公司、会長、梁小雷（リアン・シアオレイ）
- 聯想控股股份有限公司、会長、柳伝志（リウ・チュワンジー）
- 東軟集団股份有限公司、会長、劉積仁（リウ・ジーレン）
- 新希望集団有限公司、会長、劉永好（リウ・ヨンハオ）
- 寧波金田銅業（集団）股份有限公司、総裁、楼国強（ロウ・グオチアン）
- 中天集団有限公司、会長、楼永良（ロウ・ヨンリアン）
- 新城控股集団股份有限公司、行政総裁、呂小平（リュー・シアオピン）

- 阿里巴巴集団、会長、馬雲（ジャック・マー）
- 招商銀行、会長、馬蔚華（マー・ウェイホワ）
- 佳杰（傑）科技（中国）有限公司、総裁、毛向前（マオ・シアンチエン）
- 寧波方太厨具有限公司、会長、茅忠群（マオ・ジョンチュン）
- 江蘇江南実業集団、会長、梅澤鋒（メイ・ジョーフォン）
- 盛虹控股集団有限公司、会長兼総裁、繆漢根（ミウ・ハンゲン）
- 江蘇双良集団有限公司、総裁、繆双大（ミウ・シュアンダー）
- 正泰集団、会長、南存輝（ナン・ツンフィ）
- 金螳螂建築装飾股份有限公司、会長、倪林（ニー・リン）
- 紅蜻蜓集団有限公司、会長、銭金波（チエン・ジンボー）
- 浙江森馬服飾股份有限公司、副会長、邱堅強（チウ・ジエンチアン）
- 浙江吉利控股集団有限公司、副会長、沈暉（フリーマン・シェン）
- 中国銀泰投資有限公司、会長、沈国軍（シェン・グオジュン）
- 青島啤酒股份有限公司、会長、孫明波（スン・ミンボー）
- 華地国際控股集団有限公司、執行董事長兼ＣＥＯ、陶慶栄（タオ・チンロン）
- 朗詩集団股份有限公司、会長、田明（ティエン・ミン）
- 光輝国際、亜太区総裁、鄭家勤（チャールズ・ツェン）
- 均瑤集団有限公司、副会長兼総裁、王均豪（ワン・ジュンハオ）

- 重慶華立控股股份有限公司、会長、汪力成（ワン・リーチョン）
- 万科企業股份有限公司、会長、王石（ワン・シー）
- 歩歩高商業連鎖股份有限公司、会長、王填（ワン・ティエン）
- 億利資源集団有限公司、会長、王文彪（ワン・ウェンビアオ）
- 九陽股份有限公司、会長、王旭寧（ワン・シューニン）
- 建業地産股份有限公司、会長兼創始者、胡葆森（ウー・ボーサン）
- 深圳邁瑞生物医療電子股份有限公司、会長、徐航（シュー・ハン）
- 江蘇隆力奇生物科技股份有限公司、会長、徐之偉（シュー・ジウェ）
- 海豊国際控股有限公司、会長兼執行董事、楊紹鵬（ヤン・シャオポン）
- 厦門恵尓（爾）康食品有限公司、会長兼総裁、葉美蘭（イエ・メイラン）
- 四川金広実業（集団）股份有限公司、総裁、尹懐波（イン・ホワイボー）
- 浙江九鼎投資集団有限公司、会長、兪春雷（ユー・チュンレイ）
- 新東方教育科技集団有限公司、会長兼総裁、兪敏洪（マイケル・ユー）
- 三胞集団有限公司、会長、袁亜非（ユエン・ヤーフェイ）
- 浙江広厦股份有限公司、会長、張漢文（ジャン・ハンウェン）
- 石横特鋼集団有限公司、会長、張武宗（ジャン・ウーゾン）
- 唐山国豊鋼鉄有限公司、会長、張震（ジャン・ジェン）
- （山東）歩長製薬股份有限公司、会長、趙涛（濤）（ジャオ・タオ）

・奥克斯集団有限公司、会長、鄭堅江(ジョン・ジエンジアン)
・法尓(爾)勝泓昇集団有限公司、総裁、周江(ジョウ・ジアン)
・海瀾集団有限公司、会長、周建平(ジョウ・ジエンピン)
・新誉集団有限公司、会長、周立成(ジョウ・リーチョン)
・華翔集団股份有限公司、会長、周暁峰(ジョウ・シアオフォン)

インタビューはすべて原稿に起こして翻訳し、引用または要旨を使わせていただくことを以下のエグゼクティブの方々に許可いただいた。龔茵(ゴン・イン)、沈暉(フリーマン・シェン)、柳伝志(リウ・チュワンジー)、茅忠群(マオ・ジョンチュン)、汪力成(ワン・リーチョン)、王石(ワン・シー)、王旭寧(ワン・シューニン)、楊紹鵬(ヤン・シャオポン)、兪敏洪(マイケル・ユー)。それ以外でインタビューから使用した引用ないし要旨については、エグゼクティブの名前や社名を伏せている。一般に公開されている情報源から使用した引用や要旨については出典を明らかにしている。七二名のエグゼクティブのインタビューにあたっては、一二項の質問をし、相手の反応に応じてフォローアップする質問を追加していった。

リーダーシップと戦略

1 過去五年間にあなたがリーダーシップを行使するうえで最も重要だったリーダーとしての能力を二つ挙げてください。

2
御社で最も重要な競争優位性は何でしたか？
フォローアップ質問：
2a　その競争優位性をどうやって作りましたか？
2b　その競争優位性に全社レベルないし企業グループレベルのリソースと政府との関係はどの程度寄与しましたか？

3
CEOとしてのさまざまな役割のうち、過去五年間で最も重要だったものを以下から三つ挙げてください。
- 社員に対する指導者または教師役
- 事業戦略への主要な意見提供者
- 組織文化の保護者
- 組織体制、制度、政策の構築者
- オーナーおよび投資家の代表
- 他のステークホルダー（従業員、地域社会など）の代表
- ビジネスコミュニティ内における企業市民としてのリーダーシップ
- ビジネスコミュニティ外における企業市民としてのリーダーシップ
- 外交官（関係の構築や争いの仲裁）
- トラブル対応者（危機、例外案件、非定型的問題の管理）

4
過去三年間で最も時間を費やしたタスクを三つ挙げてください。

- 政府との関係、政府指令、規制やコンプライアンスの課題
- 取締役会への報告ないし管理
- オーナーや投資家との関係
- 政策策定
- メディアとの関係
- 日常業務のマネジメント
- 従業員との関係、企業文化
- 顧客との関係
- トップマネジメント・チームの構築
- 重要なリソースの確保
- その他

ガバナンス

5 御社で最も有益なコーポレートガバナンス慣行を二つ挙げてください。

6 取締役会が最も重視するステークホルダーは誰ですか？　株主ないし投資家の利益と他のステークホルダーの利益のバランスを取締役会はどのようにとっていますか？

7 御社の最近で最も重要だった買収、売却、ないし合弁事業において、取締役会、社外取締

役、最大株主、少数株主はどのような役割を果たしましたか？

8　御社において最も重要な社外取締役の選定基準を二つ挙げてください。

人材

9　御社の人材管理の最優先課題を二つ挙げてください。

10　後継者へのアドバイスとして最も重要なものを二つ挙げてください。

11　五年後の御社はどのようになっていてほしいですか？

結論

12　リーダーシップ、戦略、ガバナンス、人材に関して、他に取り上げるべき点はあるでしょうか？

謝辞

- ルイス・バレステロス、博士課程学生、ペンシルベニア大学ウォートン校
- ジェフリー・バーンスティイン、マネージングディレクター、ペン・ウォートン・チャイナ・センター、北京、中国
- ルビー・チェン、デピュティ・ディレクター、エグゼクティブ・エデュケーション、カンパニー・スペシフィック・プログラム・ディレクター、中欧国際工商学院
- マギー・チョン、ゼネラルマネージャー兼事務局長、中国起業家クラブ
- チャールズ・チョウ、シニアコンサルタント、デロイトコンサルティング
- トニー・ファン、准教授、ヒューマン・リソーシズ・マネジメント・アンド・エンプロイメント・リレーションズ、モナシュ大学
- レナータ・フローレス、研究者、プログラム評価、フィラデルフィアおよびメキシコシティ
- ゴードン・ガオ、デピュティ・ディレクター、エグゼクティブ・エデュケーション、オープン・エンロールメント・プログラム・ディレクター、中欧国際工商学院
- マーク・ハンナ、独立研究者
- デービッド・ホアン、シニアマネージャー、エグゼクティブMBAプログラム、中欧国際工

商学院

- ジエンウー・ジアン、スクール・オブ・マネジメント、深圳大学
- ジェフリー・クライン、エグゼクティブ・ディレクター、マクナルティ・リーダーシップ・プログラム、ペンシルベニア大学ウォートン校
- サミュエル・リー、ディレクター、翻訳部門、中欧国際工商学院
- ラリー・リウ、リサーチアシスタント、ペンシルベニア大学
- ジョン・マハネー、コントリビューティング・エディター、パブリックアフェアーズ・ブックス
- マーシャル・メイヤー、経営学教授、ペンシルベニア大学ウォートン校
- ムクル・パンディア、エグゼクティブ・ディレクター／エディター・イン・チーフ、Network、ペンシルベニア大学ウォートン校
- ラファエル・サガリン、ＩＣＭ／サガリン・リテラリー・エージェンシー
- ダンヤン・ワン、リサーチアシスタント、ペンシルベニア大学
- レイ・ワン、アカウント・ディレクター、エグゼクティブ・エデュケーション、中欧国際工商学院
- チンジアン・ワン、ディレクター、校友会事務局、中欧国際工商学院
- ジョン・Ｗ・ライト、ジョン・Ｗ・ライト・リテラリー・エージェンシー
- ケビン・ジャン、研究者、中国起業家クラブ

- Z・ジョン・ジャン、マーケティング学教授、ウォートン校、エグゼクティブ・ファカルティ・ディレクター、ペン・ウォートン・チャイナ・センター
- リリアン・ジャン、シニア・リサーチアシスタント、中欧国際工商学院
- ウェイジオン・ジャン、バイスプレジデント兼学長、戦略学教授、中欧国際工商学院
- 中華全国工商業連合会
- 中国起業家クラブ
- 中欧国際工商学院
  - 校友会事務局
  - 北京事務所
  - ケースセンター
  - エグゼクティブ・エデュケーション・プログラム事務局
  - エグゼクティブMBAプログラム事務局
  - 研究委員会
  - 翻訳部門
- Knowledge@Wharton
- 北京大学国家発展研究院
- ペン・ウォートン・チャイナ・センター
- ペンシルベニア大学ウォートン校

Chuan Chen and Yueh-Ting Lee, eds., *Leadership and Management in China: Philosophies, Theories, and Practices*, Cambridge University Press, 2008.

Zhao, Hongxin, and Jiangyong Lu, "Contingent Value of Political Capital in Bank Loan Acquisition: Evidence from Founder-Controlled Private Enterprises in China," *Journal of Business Venturing*, 31, 2016, 153–174.

Zhao, S., J. Zhang, W. Zhao, and T. S. C. Poon, "Changing Employment Relations in China: A Comparative Study of the Auto and Banking Industries," *International Journal of Human Resource Management*, 23, 2012, 2051–2064.

Zuo, Mandy, "The Secret Behind How Chinese Entrepreneur Che Jianxin Outdid His Foreign Rivals," *South China Morning Post*, July 16, 2015.

Lenovo Group Limited," *R&D Management*, 34, 2004, 407–422.

Xu, Chenggang, "The Fundamental Institutions of China's Reforms and Development," *Journal of Economic Literature*, 49, 2011, 1076–1151.

Xuecon, Muron, "China's Tradition of Public Shaming Thrives," *New York Times*, March 20, 2015.

Yahoo Finance, 2016, http://finance.yahoo.com/echarts?s=LNVGY+Interactive#.

Yao, Souchou, *Confucian Capitalism: Discourse, Practice and the Myth of Chinese Enterprise*, Routledge, 2015.

Yao, Yang, "The Chinese Growth Miracle," in Philippe Aghion and Steven N. Durlauf, eds., *Handbook of Economic Growth*, Elsevier, 2016.

YCharts, Alibaba data, 2016, https://ycharts.com.

Yi, Jeannie J. and Shawn X. Ye, *The Haier Way*, Homa & Sekey Books, 2003.

Young, Doug, "Geely's Folksy Li Known as China's Henry Ford," Reuters, July 22, 2010, http://www.reuters.com/article/us-geely-volvo-newsmaker-idUSTRE66L2ER20100722.

Yu, Dan, *Confucius from the Heart: Ancient Wisdom for Today's World*, Atria Books, 2013.

Yu, Rose, "Builder China Vanke Acts to Block Takeover," *Wall Street Journal*, December 30, 2015.

Yuen, Lotus, "Why Chinese College Graduates Aren't Getting Jobs," *The Atlantic*, 2013.

Zacks, "U.S. Steel Imports Up in July on China Glut: More Pain Ahead?" 2015, http://www.zacks.com/stock/news/188236/us-steel-imports-up-in-july-on-china-glut-more-pain-ahead.

Zeng, Ming, and Peter J. Williamson, "The Hidden Dragons," *Harvard Business Review*, 81, 2003, 92–103.

Zhang, Lu, "Lean Production and Labor Controls in the Chinese Automobile Industry in An Age of Globalization," *International Labor and Working-Class History*, 73, 2008, 24–44.

Zhang, Ruimin, "Management Model Innovations of the Internet Era," Wharton Global Alumni Forum, Beijing, June 14, 2014.

Zhang, Xiaojun, Pingping Fu, Youmin Xi, Lei Li, Liguo Xu, Chunhui Cao, Guiquan Li, Li Ma, and Jing Ge, "Understanding Indigenous Leadership Research: Explication and Chinese Examples," *The Leadership Quarterly*, 23, 2012, 1063–1079.

Zhang, Zhi-Xue, Chao-Chuan Chen, Leigh Anne Liu, and Xue-Feng Liu, "Chinese Traditions and Western Theories: Influences on Business Leaders in China," in Chao-

Scribner's, 1958 (originally published in German in 1905). [マックス・ウェーバー『プロテスタンティズムの倫理と資本主義の精神』中山元訳、日経 BP 社、2010 年]

Wei, Lingling, "China's Top Securities Regulator Replaced," *The Wall Street Journal*, February 19, 2016.

Wei, Zhe, "From a Professional Manager to a Business Partner—My 'Grown-Up Night,'" in Fei Zeng, ed., *The Ali Smell: Reflections*, Alibaba Group, n.d.

Wiener, Martin J., *English Culture and the Decline of the Industrial Spirit, 1850-1980,*, Cambridge University Press, 2004.

Wildau, Gabriel, "Wang Chunqi, China's First MBA Graduates," *Financial Times*, January 26, 2015.

Wilkes, William, "China's Deal Makers Have German Tech Firms in Their Sights," *The Wall Street Journal*, June 9, 2016.

Witt, Michael A., and Gordon Redding, "China: Authoritarian Capitalism," in Michael A. Witt and Gordon Redding, eds., *The Oxford Handbook of Asian Business Systems*, Oxford University Press, 2014.

Womack, James P., Daniel T. Jones, and Daniel Roos, *The Machine That Changed the World: The Story of Lean Production*, Free Press, 1990. [ジェームズ・P・ウォマック他『リーン生産方式が、世界の自動車産業をこう変える。：最強の日本車メーカーを欧米が追い越す日』沢田博訳、経済界、1990 年]

Wong, Chun Han, "China Rolls Out First Large Passenger Jet," *The Wall Street Journal*, November 2, 2015.

Wong, Jacky, and Wayne Ma, "Hanergy Plunge: The Man Who Lost $14 Billion in One Day," *The Wall Street Journal*, May 21, 2015.

World Bank, Foreign Direct Investment, 2015, http://data.worldbank.org/indicator/BX.KLT.DINV.CD.WD.

World Steel Association, *World Steel in Figures 2015*, 2015, https://www.worldsteel.org/en/dam/jcr:2e76bbc6-6db4-4d20-90ee-0e6e91ceeda8/World%2520Steel%2520in%2520Figures%25202015.pdf

Wu, Jinglian, and Shaoqing Huang, "Innovation or Rent-Seeking: The Entrepreneurial Behavior During China's Economic Transformation," *China and World Economy*, 16, 2008, 64–81.

Wulf, Julie M., "Alibaba Group," Harvard Business School Case 710-436, Harvard Business School, 2010.

Xie, Wei, and Steven White, "Sequential Learning in a Chinese Spin-off: The Case of

Registration Statement, May 6, 2014, https://www.sec.gov/Archives/edgar/data/1577552/000119312514184994/d709111df1.htm.

Vanke, Corporate Social Responsibility Report, 2014, http://www.vanke.com/en/upload/file/2016-05-09/367797f6-cc69-42af-9c25-c987a91a6dae.pdf.

Varma, Arup, and Pawan S. Budhwar, eds., *Managing Human Resources in Asia-Pacific*, Routledge, 2014.

Vlasic, Bill, "G.M. Will Import Buicks Made in China to the U.S.," *New York Times*, December 4, 2015.

Vogel, Ezra F., *Deng Xiaoping and the Transformation of China*, Harvard University Press, 2011.［エズラ・F・ヴォーゲル『現代中国の父鄧小平』益尾知佐子、杉本孝訳、日本経済新聞出版社、2013年］

Wachtell, Lipton, Rosen & Katz, "Hedge Fund Activism and Long-Term Firm Value," 2015, http://www.wlrk.com/webdocs/wlrknew/WLRKMemos/WLRK/ WLRK.24990.15.pdf.

Waldman, D. A., G. G. Ramirez, R. J. House, and P. Puranam, "Does Leadership Matter? CEO Leadership Attributes and Profitability Under Conditions of Perceived Environmental Uncertainty," *The Academy of Management Journal*, 44, 2001, 134–143.

Wang, Changsheng, and Gang Zhang, "The Story Behind the Dismissal of Alibaba CEO David Wei by Jack Ma," *China Entrepreneur*, March 28, 2011.

Wang, Helen H., *The Chinese Dream: The Rise of the World's Largest Middle Class and What It Means to You*, CreateSpace Independent Publishing Platform, 2010.

Wang, Hui, Anne S. Tsui, and Katherine R. Xin, "CEO Leadership Behaviors, Organizational Performance, and Employees' Attitudes," *The Leadership Quarterly*, 22, 2011, 92–105.

Warner, Malcolm, "Chinese Enterprise Reform, Human Resources and the 1994 Labour Law," *The International Journal of Human Resource Management*, 7, 1996.

———, "Human Resources and Management in China's 'Hi-Tech' Revolution: A Study of Selected Computer Hardware, Software and Related Firms in the PRC," *The International Journal of Human Resource Management*, 10, 1999, 1–20.

———, "'Making Sense' of HRM in China: Setting the Scene," *The International Journal of Human Resource Management*, 20, 2009, 2169–2193.

Wasserman, Noam, "Founder-CEO Succession and the Paradox of Entrepreneurial Success," *Organization Science*, 14, 2003, 149–172.

Weber, Max, *The Protestant Ethic and the Spirit of Capitalism*, Talcott Parsons, trans.,

Tan, J., and R. J. Litschert, "Environment-Strategy Relationship and Its Performance Implications: An Empirical Study of the Chinese Electronics Industry," *Strategic Management Journal*, 15, 1994, 1–20.

Tang, Stephy, "Kering v Alibaba Sounds the Alarm on China's Online Counterfeits," *Managing Intellectual Property*, June 9, 2015.

Thomson One Banker, Mergers and Acquisitions database, 2016.

Trading Economics, China Average Yearly Wages, 2016, http://www.tradingeconomics.com/china/wages.

Tsang, Amie, "G.E. to Sell Appliance Division to Haier for $5.4 Billion," *New York Times*, January 15, 2015.

Tse, Edward, *China's Disruptors: How Alibaba, Xiaomi, Tencent, and Other Companies Are Changing the Rules of Business*, 2015, Portfolio.

Tsui, Anne S., Yanjie Bian, and Leonard Cheng, eds., *China's Domestic Private Firms: Multidisciplinary Perspectives on Management and Performance: Multidisciplinary Perspectives on Management and Performance*, Routledge, 2014.

Tsui, Anne S., and Chung Ming Lau, eds., *The Management of Enterprises in the People's Republic of China*, Springer, 2002.

Tsui, Anne S., Hui Wang, Katherine Xin, and Lihua Zhang, "Let a Thousand Flowers Bloom: Variation of Leadership Styles Among Chinese CEOs," *Organizational Dynamics*, 33, 2004, 5–20.

Useem, Michael, *Investor Capitalism: How Money Managers Are Changing the Face of Corporate America*, Basic Books, 1996.

———, "Corporate Leadership in a Globalizing Equity Market," *Academy of Management Perspectives*, 12, 1998, 43–59.

———, ハイアールグループマネジメント・リサーチ・インスティテュートのディレクター、ポン・ジアジュン（Peng Jiajun）とのインタビュー、2014年6月13日。

———, "From Classwide Coherence to Company-Focused Management and Director Ascendance," in Paul Hirsch, Glenn Morgan, and Sigrid Quack, eds., *Elites on Trial*, in the series titled *Research in the Sociology of Organizations*, edited by Michael Lounsbury, Emerald Group Publishing, 43, 2015, 399–421.

Useem, Michael, and Neng Liang, "Globalizing the Company Board: Lessons from China's Lenovo," in Jay Conger, ed., *Leading Corporate Boardrooms: The New Realities, the New Rules*, Jossey-Bass, 2009.

US Securities and Exchange Commission, Alibaba Group Holding Limited, F-1

2011 年]

Shanghai Gildata Service Co., Ltd., TK, Shanghai, 2015, www.gildata.com.

Sheldon, Peter, James Jian Min Sun and Karin Sanders, "Special Issue on HRM in China: Differences Within the Country," *International Journal of Human Resource Management*, 25, 2014, 2213–2217.

Shenzhen Stock Exchange, "Shenzhen Stock Exchange," 2006, http://www.szse.cn/main/en/RulesandRegulations/SZSERules/GeneralRules/10636.shtml.

Shih, Gerry, "China's Huawei Leads International Patent Filings: WIPO," Reuters, March 19, 2015.

Shiying, Liu, and Martha Avery, *Alibaba: The Inside Story Behind Jack Ma and the Creation of the World's Biggest Online Marketplace*, HarperCollins Business, 2009.

Sina Finance, "Li Hejun's Certainties and Uncertainties," 2015, http://finance.sina.com.cn/zl/energy/20150212/113721538161.shtml.

Smith, Craig S., "China's High-Flying Capitalist Crashes to Earth," *New York Times*, May 31, 2000.

Soros, George, "The Capitalist Threat," *Atlantic Monthly*, February, 1997.

South China Morning Post, "China Vanke Seeks Ally in Shenzhen Metro After Baoneng's Hostile Takeover Bid," March 13, 2016.

Srinivas, Nidhi, "Epistemic and Performative Quests for Authentic Management in India," *Organization*, 19, 2012, 145–158.

Standing Committee of the Tenth National People's Congress of the People's Republic of China, "Companies Law of the People's Republic of China," 2011, http://www.china.org.cn/china/LegislationsForm2001-2010/2011-02/11/content_21898292.htm.

Stewart, James B., *Disney War*, Simon & Schuster, 2006.

Stewart, Terence P., Elizabeth J. Drake, Jessica Wang, Stephanie M. Bell, and Robert E. Scott, "Surging Steel Imports Put Up to Half a Million U.S. Jobs at Risk," Economic Policy Institute, 2014, https://www.epi.org/publication/surging-steel-imports.

Sugawara, Toru, "Slowing Growth, Clashes with Regulators Cloud Alibaba's Future," *Nikkei Asian Review*, February 5, 2015, https://asia.nikkei.com/magazine/20150205-Changes-in-the-air/Business/Slowing-growth-clashes-with-regulators-cloud-Alibaba-s-future.

Sun, Zhongjuan, W. Xie, K. Tian, and Y. Wang, "Capability Accumulation and the Growth Path of Lenovo," Technology and Management for Development Centre Working Paper, Oxford University, 2013.

announces_termination_of_proposed_combination_with_allergan.

Pye, Lucian W., "China: Erratic State, Frustrated Society," *Foreign Affairs*, Fall, 1990.

Quah, Danny, "The Simple Arithmetic of China's Growth Slowdown," in (blog) *Future Development: Economics to End Poverty*, Brookings, 2015.

Ralston, David A., Carolyn P. Egri, Sally Stewart, Robert H. Terpstra, and Yu Kaicheng, "Doing Business in the 21st Century with the New Generation of Chinese Managers: A Study of Generational Shifts in Work Values in China," *Journal of International Business Studies*, 30, 1999, 415–427.

Rarick, Charles A., "Confucius on Management: Understanding Chinese Cultural Values and Managerial Practices," *Journal of International Management Studies*, 2, 2007.

Redding, Gordon, *The Spirit of Chinese Capitalism*, Walter de Gruyter, 1995.

Ren, Daniel, "Beijing to End Price Controls for Most Products," *South China Morning Post*, May 8, 2015.

Research Center of Shanghai Stock Exchange, China Corporate Governance Report 2011: Related Party Transaction and Horizontal Competition, Shanghai People's Publication, Shanghai, 2012.

Research on the Quality of China's Listed Companies' Information Disclosure, 2008.

Revill, John, and Brian Spegele, "Syngenta Agrees to $43 Billion ChemChina Takeover," *Wall Street Journal*, February 3, 2016.

Rhodium Group, "Chinese FDI in the US: 2015 Recap," 2016, https://rhg.com/research/chinese-fdi-in-the-us-2015-recap.

Roland, Gerard, "The Political Economy of Transition," *Journal of Economic Perspectives*, 16, 2002, 29–50.

Saxenian, AnnaLee, *Regional Advantage: Culture and Competition in Silicon Valley and Route 128*, Harvard University Press, 1996. ［アナリー・サクセニアン『現代の二都物語――なぜシリコンバレーは復活し、ボストン・ルート 128 は沈んだか』大前研一訳、講談社、1995 年］

Schaffmeister, Niklas, *Brand Building and Marketing in Key Emerging Markets*, Springer, 2015.

Schein, Edgar H., *Organizational Culture and Leadership*, Jossey-Bass, 2010. ［エドガー・H. シャイン『組織文化とリーダーシップ』梅津祐良、横山哲夫訳、白桃書房、2012 年］

Senge, Peter M., *The Fifth Discipline: The Art & Practice of the Learning Organization*, Doubleday, 2006 (originally published in 1990). ［ピーター・M・センゲ『学習する組織――システム思考で未来を創造する』枝廣淳子、小田理一郎、中小路佳代子訳、英治出版、

https://www.forbes.com/sites/ericxlmu/2014/08/05/xiaomi-employees-snobbery-backfired/#7479f3f2609b.

Murray, Janet Y., and Frank Q. Fu, "Strategic Guanxi Orientation: How to Manage Distribution Channels in China?," *Journal of International Management*, 22, 2016, 1–16.

Nankai University, Tianjin, 2015, 私的に提供されたデータ。

National Bureau of Statistics of China, *China Statistical Yearbook*, 2015, China Statistics Press.

Nee, Victor, and Sonja Opper, *Capitalism from Below: Markets and Institutional Change in China* , Harvard University Press, 2012.

———, "Markets and Institutional Change in China," Center for the Study of Economy and Society, Cornell University, 2013.

Nelson, Teresa, "The Persistence of Founder Influence: Management, Ownership, and Performance Effects at Initial Public Offering," *Strategic Management Journal*, 24, 2003, 707–724.

Organisation for Economic Co-operation and Development, *Corporate Governance of Listed Companies in China: Self-Assessment by the China Securities Regulatory Commission*, OECD, 2011.

———, *Latin American Economic Outlook 2016: Towards A New Partnership with China*, OECD, 2015.

Osnos, Evan, "Confucius Comes Home," *The New Yorker*, January 13, 2014.

Ouchi, William, *Theory Z: How American Business Can Meet the Japanese Challenge*, Addison, 1981. [ウィリアム・G・オオウチ『セオリーZ：日本に学び、日本を超える』徳山二郎監訳、CBS・ソニー出版、1981 年]

Palepu, Krishna, Suraj Srinivasan, Charles C. Y. Wang, and David Lane, "Alibaba Goes Public," Harvard Business School, November 2015.

Parsons, Talcott, *The Social System*, 2nd ed., Routledge, 2005.[第1版の翻訳は以下の通り。第 2 版は未邦訳。T. パーソンズ『社会体系論』佐藤勉訳、青木書店、1974 年（第 14 刷：1997 年)]

People's Justice, "The Case of Ma Hanwen," September 1982.

Peters, Thomas J., and Robert H. Waterman Jr., *In Search of Excellence: Lessons from America's Best-Run Companies*, Harper & Row, 1982. [トム・ピーターズ、ロバート・ウォータマン『エクセレント・カンパニー』大前研一訳、英治出版、2003 年]

Pfizer Inc., "Pfizer Announces Termination of Proposed Combination with Allergan," April 6, 2016, https://www.pfizer.com/news/press-release/press-release-detail/pfizer_

Marquis, Christopher, and Cuili Qian, “Corporate Social Responsibility Reporting in China: Symbol or Substance?” *Organizational Science*, 25, 2014, 127–148.

Martin, Gillian S., Mary A. Keating, Christian J. Resick, Erna Szabo, Ho Kwong Kwan, and Chunyan Peng, “The Meaning of Leader Integrity: A Comparative Study Across Anglo, Asian, and Germanic Cultures,” *Leadership Quarterly*, 24, 2013, 445–461.

Maslow, Abraham H., “Theory Z,” *Journal of Transpersonal Psychology*, 1, 1969, 31–47.

Mason, Edward S., ed., *The Corporation in Modern Society*, Harvard University Press, 1959.

Mayer, Colin, *Firm Commitment: Why the Corporation Is Failing Us and How to Restore Trust in It*, Oxford University Press, 2013. [コリン・メイヤー『ファーム・コミットメント――信頼できる株式会社をつくる』宮島英昭監訳、清水真人、河西卓弥訳、NTT 出版、2014 年]

MBA Lib, “Jun Li River Profile,” 2016, http://wiki.mbalib.com/wiki/%E6%9D%8E%E6%B2%B3%E5%90%9B.

McCall, Morgan W., “Leadership Development Through Experience,” *Academy of Management Executive*, 18, 2004, 127–130.

McChrystal, Stanley, with Tantum Collins, David Silverman, and Chris Fussell, *Team of Teams: New Rules of Engagement for a Complex World*, Portfolio, 2015. [スタンリー・マクリスタル、タントゥム・コリンズ、デビッド・シルバーマン、クリス・ファッセル『チーム・オブ・チームズ――複雑化する世界で戦うための新原則』吉川南、尼丁千津子、高取芳彦訳、日経ＢＰ社、2016 年]

McDonald, Paul, “Maoism Versus Confucianism: Ideological Influences on Chinese Business Leaders,” *Journal of Management Development*, 30, 2011, 632– 646.

McGregor, Richard, *The Party: The Secret World of China's Communist Rulers*, Harper, 2010. [リチャード・マグレガー『中国共産党――支配者たちの秘密の世界』小谷まさ代訳、草思社、2011 年]

Melvin, Sheila, “Yu Dan and China's Return to Confucius,” *New York Times*, August 29, 2007.

Mitchell, Tom, “Walmart Wins China Labour Dispute,” *Financial Times*, June 26, 2014.

———, “Li Yonghui, Chinese Self-Made ‘Everyman,’” *Financial Times*, January 3, 2016.

Mozur, Paul, and Mike Isaac, “Uber to Sell to Rival Didi Chuxing and Create New Business in China,” *New York Times*, August 1, 2016.

Mozur, Paul, and Shanshan Wang, “The Rise of a New Smartphone Giant: China's Xiaomi,” *New York Times*, December 14, 2014.

Mu, Eric, “Xiaomi Employee's Snobbery Backfires,” *Forbes Asia*, August 5, 2014,

Chinese Context, Palgrave, 2000.

Li, Shaomin, and Kuang S. Yeh, "Mao's Pervasive Influence on Chinese CEOs," *Harvard Business Review*, 85, 2007, 16–17.

Li, Yiqiong, and Peter Sheldon, "HRM Lives Inside and Outside the Firm: Employers, Skill Shortages and the Local Labour Market in China, *International Journal of Human Resource Management*, 21, 2010, 2173–2193.

Laing, Jonathan R. "Alibaba: Why It Could Fall 50% Further," *Barron's*, September 12, 2015.

Liang, Neng, and Michael Useem, "China," *The Handbook of International Corporate Governance*, Institute of Directors, 2009.

———, "Corporate Governance in China," *Nankai Business Review*, 2009.

Liang, Neng, Michael Useem, and Ziqian Zhao, "Lenovo 2009: The Role of Board Chairperson in a Turnaround," China Europe International Business School, 2014.

Ling, Zhijun, *The Lenovo Affair*, Wiley, 2006.

Liu, Qiao, "Corporate Governance in China: Current Practices, Economic Effects and Institutional Determinants," *CESifo Economic Studies*, 52, 2006, 415–453.

Liu, Xiangmin, "How Institutional and Organizational Characteristics Explain the Growth of Contingent Work in China," *Industrial and Labor Relations Review*, 68, 2015, 372–397.

Long, Huey B., and S. Morris, "Self-Directed Learning in Business and Industry: A Review of the Literature, 1983–1993," in Huey B. Long, ed., *New Dimensions in Self-Directed Learning*, Oklahoma Research Center for Continuing Professional and Higher Education, 1995.

Lublin, Joann S., Ann Zimmerman, and Chad Terhune, "Behind Nardelli's Abrupt Exit," *Wall Street Journal*, January 4, 2007.

Ma, Hao, Shu Lin, and Neng Liang, *Corporate Political Strategies of Private Chinese Firms*, Routledge, 2012.

Ma, Li, and Anne S. Tsui, "Traditional Chinese Philosophies and Contemporary Leadership," *Leadership Quarterly*, 26, 2015, 13–24.

Ma, Wayne, "Hanergy Thin Film to Cut Workforce by More Than a Third in Restructuring," *Wall Street Journal*, August 30, 2015.

Mackey, John, and Rajendra Sisodia, *Conscious Capitalism*, Harvard Business Review Press, 2014.［ジョン・マッキー、ラジェンドラ・シソーディア『世界でいちばん大切にしたい会社──コンシャス・カンパニー』鈴木立哉訳、翔泳社、2014 年］

Kaysen, Carl, ed., *The American Corporation Today*, Oxford University Press, 1996.

Khanna, Tarun, and Krishna G. Palepu, "Why Focused Strategies May Be Wrong for Emerging Markets," *Harvard Business Review*, 75, 1997, 41–51.

Khurana, Rakesh, *Searching for a Corporate Savior: The Irrational Quest for Charismatic CEOs*, Princeton University Press, 2004.［ラケシュ・クラーナ『カリスマ幻想――アメリカ型コーポレートガバナンスの限界』加護野忠男監訳、橋本碩也訳、税務経理協会、2005 年］

Kilachand, Sean, "Forbes History: The Original 1987 List of International Billionaires," *Forbes*, March 21, 2012.

Kissinger, Henry, *On China*, Penguin, 2011.［ヘンリー・A・キッシンジャー『キッシンジャー回想録 中国』塚越敏彦、松下文男、横山司、岩瀬彰、中川潔訳、岩波書店、2012 年］

Knowledge@Wharton, "Haier Group's Zhang Ruimin: Standing at the 21st Century's 'Global Crossroads,'" June 24, 2009, http://knowledge.wharton.upenn.edu/article/haier-groups-zhang-ruimin-standing-at-the-21st-centurys-global-crossroads.

Kotler, Philip, and Nancy Lee, *Corporate Social Responsibility*, Wiley, 2004.［フィリップ・コトラー、ナンシー・リー『社会的責任のマーケティング――「事業の成功」と「CSR」を両立する』恩藏直人監訳、早稲田大学大学院恩藏研究室訳、東洋経済新報社、2007 年］

Kroll, Luisa, and Kerry A. Dolan, "The World's Billionaires," *Forbes*, 2015.

Kuruvilla, Sarosh, Ching Kwan Lee, and Mary E. Gallagher, *From Iron Rice Bowl to Informalization: Markets, Workers, and the State in a Changing China*, Cornell University Press, 2011.

Lam, W. Raphael, Xiaoguang Liu, and Alfred Schipke, "China's Labor Market in the 'New Normal,'" International Monetary Fund Working Paper, 2015.

Lansbury, Russell D., and Bruce D. McKern, "Management at the Enterprise-Level in China," *Industrial Relations Journal*, 15, 1984, 56–63.

Lardy, Nicholas R., *Markets over Mao: The Rise of Private Business in China*, Peterson Institute for International Economics, 2014.

Lau, Lawrence J., Yingyi Qian, and Gerard Roland, "Reform Without Losers: An Interpretation of China's Dual-Track Approach to Transition," *Journal of Political Economy*, 108, 2000, 120–143.

Lenski, Gerhard, *The Religious Factor*, Doubleday, 1961.

Li, Jiatao, and Stephen Guisinger, "Comparative Business Failures of Foreign-Controlled Firms in the United States," *Journal of International Business Studies*, 22, 1991, 209–224.

Li, J. T., Anne S. Tsui, and Elizabeth Weldon, eds., *Management and Organization in the*

He, Zengke. "Corruption and Anti-Corruption in Reform China," *Communist and Post-Communist Studies*, 33, 2000, 243–270.

Heilmann, Sebastian, "From Local Experiments to National Policy: The Origins of China's Distinctive Policy Process, *The China Journal*, 59, 2008, 1–30.

Henderson, David R., "The Myth of MITI," *Fortune*, August 8, 1983, 113–116.

Hiemstra, Roger, "Self-Directed Learning," *The Sourcebook for Self-Directed Learning*, 1994.

Holz, Carsten A., "China's Economic Growth 1978–2025: What We Know Today about China's Economic Growth Tomorrow," *World Development*, 36, 2008, 1665–1691.

House, Robert J., Paul J. Hanges, Mansour Javidan, Peter W. Dorfman, and Vipin Gupta, *Culture, Leadership, and Organizations: The Globe Study of 62 Societies*, Sage Publications, 2004.

Hsieh, Tony, *Delivering Happiness: A Path to Profits, Passion, and Purpose*, Grand Central Publishing, 2010. [トニー・シェイ『顧客が熱狂するネット靴店 ザッポス伝説――アマゾンを震撼させたサービスはいかに生まれたか』本荘修二監訳、豊田早苗、本荘修二訳、ダイヤモンド社、2010 年]

Inkpen, Andrew, and Michael Moffett, "Volvo and Geely," Thunderbird School of Global Management, 2013, http://caseseries.thunderbird.edu/case/volvo-and-geely.

Institute for Mergers, Acquisitions, and Alliances, M&A Statistics, China, 2016, https://imaa-institute.org/statistics-mergers-acquisitions/#Mergers-Acquisitions-China.

International Monetary Fund, World Economic Outlook, October 2015, https://knoema.com/IMFWEO2015Oct/imf-world-economic-outlook-weo-october-2015.

International Monetary Fund, World Economic Outlook, October 2016, https://www.imf.org/external/pubs/ft/weo/2016/01/weodata/index.aspx.

Javidan, Mansour, Peter W. Dorfman, Mary Sully du Luque, and Robert J. House, "In the Eye of the Beholder: Cross Cultural Lessons in Leadership from Project GLOBE," *Academy of Management Perspectives*, 20, 2006, 67–90.

Johnson, Chalmers A., *MITI and the Japanese Miracle: The Growth of Industrial Policy, 1925–1975*, Stanford University Press, 1982. [チャルマーズ・ジョンソン『通産省と日本の奇跡――産業政策の発展 1925-1975』佐々田博教訳、勁草書房、2018 年]

Kale, Prashant, Harbir Singh, and Anand Raman, "Don't Integrate Your Acquisitions, Partner with Them," *Harvard Business Review*, December 2009.

Karmin, Craig, Dana Mattioli, and Rick Carew, "Behind Anbang's Curious Starwood Courtship," *Wall Street Journal*, April 3, 2016.

Fu, Ping Ping, and Gary Yukl, "Perceived Effectiveness of Influence Tactics in the United States and China," *Leadership Quarterly*, 11, 2000, 251–266.

Fu, Xiaolan, *China's Path to Innovation*, Cambridge University Press, 2015.

Gan, Jie, "How Hanergy Has Exposed Weaknesses in Hong Kong's Stock Market," *Forbes*, April 1, 2015.

Gough, Neil, "China G.D.P. Growth at Slowest Pace Since 2009, Data Shows," *New York Times*, January 18, 2016.

Gu, F. F., K. Hung, and D. K. Tse, "When Does Guanxi Matter? Issues of Capitalization and Its Dark Sides," *Journal of Marketing*, 72, 2008, 12–28.

Guglielmino, Lucy M., and Paul J. Guglielmino, "Practical Experience with Self-Directed Learning in Business and Industry Human Resource Development," *New Directions for Adult and Continuing Education*, 1994, 39–46.

Guillen, Mauro F., *Models of Management: Work, Authority, and Organization in a Comparative Perspective*, University of Chicago Press, 1994.

———, *The Limits of Convergence: Globalization and Organizational Change in Argentina, South Korea, and Spain*, Princeton University Press, 2001.

Gul, Ferdinand A., Jeong-Bon Kim, and Annie A. Qiu, "Ownership Concentration, Foreign Shareholding, Audit Quality, and Stock Price Synchronicity: Evidence from China," *Journal of Financial Economics*, 95, 2010, 425–442.

Gutmann, Amy, and Dennis Thompson, *The Spirit of Compromise: Why Governing Demands It and Campaigning Undermines It*, Princeton University Press, 2012.

Hagerty, James R., "A Clash of Cultures at Alabama Factory," *Wall Street Journal*, February 28, 2016.

Haier Group, website, May 7, 2016, http://www.haier.net/en/about_haier/.

Haley, George T., Usha C. V. Haley, and Chin Tiong Tan, *The Chinese Tao of Business: The Logic of Successful Business Strategy*, Wiley, 2004.

Hanergy, News, 2016, http://www.hanergy.com/en/news/news_hn.html.

Hathaway, Ian, and Rober E. Litan, "Declining Business Dynamism in the United States: A Look at States and Metros," *Economic Studies at Brookings*, May 2014, 1–7.

Hawes, C., "Representing Corporate Culture in China: Official, Academic and Corporate Perspectives," *The China Journal*, 59, 2008, 33–61.

He, Canfei, and Rudai Yang, "Determinants of Firm Failure: Empirical Evidence from China," *Growth and Change*, 47, 2015, 72–92.

xu/project/asia/pdf/fan_wong_zhang.pdf.

Fan, Joseph P. H., Tak Jun Wong, and Tianyu Zhang, "Organizational Structure as a Decentralization Device: Evidence from Corporate Pyramids," 2007, SSRN 963430.

Fan, Shenggen, Ravi Kanbur, Shang-Jin Wei, and Xiaobo Zhang, *The Oxford Companion to the Economics of China*, Oxford University Press, 2014.

Fannin, Rebecca, "A Look at What Makes Alibaba's Jack Ma Tick, and How He Did It," *Forbes*, September 21, 2014.

Farh, Jiing-Lih, and Bor-Shiuan Cheng, "A Cultural Analysis of Paternalistic Leadership in Chinese Organizations," in J. T. Li, Anne S. Tsui and Elizabeth Weldon eds., *Management and Organizations in the Chinese Context*, Macmillan, 2000.

Feng, Shuaizhang, Yingyao Hu, and Robert Moffitt, "Long Run Trends in Unemployment and Labor Force Participation in China," NBER Working Paper, 2015.

Financial Times, "Global MBA Ranking 2016," 2016, http://rankings.ft.com/businessschoolrankings/global-mba-ranking-2016.

Flannery, Russell, "8 (Genuine!) Tips for Success from Asia's Richest Man Li Kashing," *Forbes*, March 7, 2012.

Fligstein, Neil, *The Transformation of Corporate Control*, Harvard University Press, 1990.

Fligstein, Neil, and Jianjun Zhang, "A New Agenda for Research on the Trajectory of Chinese Capitalism," *Management and Organization Review*, 7, 2010, 39–62.

Forbes, "Li Hejun," 2016, https://www.forbes.com/profile/li-hejun.

Forsythe, Michael, and Jonathan Ansfield, "Fading Economy and Graft Crackdown Rattle China's Leaders," *New York Times*, August 22, 2015.

Forsythe, Michael, Keith Bradsher, and Chris Buckley, "Chinese Securities Regulator Is Out, But Little May Change," *New York Times*, February 20, 2016.

Francolla, Gina, "Alibaba: Bigger Than 494 of the S&P 500 Companies," CNBC, November 10, 2014, http://www.cnbc.com/2014/11/10/alibaba-bigger-than-494-of-the-sp-500-companies.html.

Frear, Katherine A., Yang Cao, and Wei Zhao, "CEO Background and the Adoption of Western-Style Human Resource Practices in China," *International Journal of Human Resource Management*, 2012, 23, 4009–4024.

Friedman, Thomas L., *The World Is Flat: A Brief History of the Twenty-First Century*, Farrar, Straus and Giroux, 2005.［トーマス・フリードマン『フラット化する世界』伏見威蕃訳、日本経済新聞社、2006 年］

Development Report, 2013, http://www.chinacsrmap.org/Org_ Show_EN.asp?ID=1030.

Davis, Gerald F., *Managed by the Markets: How Finance Re-Shaped America*, Oxford University Press, 2011.

Dealogic, Annual China Outbound M&A Volume, 2016, http://www.dealogic.com/media/market-insights/ma-statshot.

De Cremer, David, and Tian Tao, "Leading Huawei: Seven Leadership Lessons of Ren Zhengfei," *European Business Review*, September 17, 2015.

Demos, Telis, "Alibaba Dealings with Chinese Regulator Draw SEC Interest," *Wall Street Journal*, February 13, 2015.

Ding, Yuan, Hua Zhang, and Junxi Zhang, "Private vs State Ownership and Earnings Management: Evidence from Chinese Listed Companies," *Corporate Governance: An International Review*, 15, 2007, 223–238.

Doh, Jonathan P., "Can Leadership Be Taught? Perspectives from Management Educators," *Academy of Management Learning and Education*, 2, 2003, 54–67.

D'Onfro, Jillian, "We Talked to the Man Who Knows More About Alibaba's Beginning Than Any Other American," *Business Insider*, 2014, https://www.businessinsider.com/porter-erisman-crocodile-in-the-yangtze-2014–5.

Dou, Eva, and Kathy Chu, "Uber's Efforts to Build Chinese Business Ultimately Fail Against Homegrown Rival Didi," *Wall Street Journal*, August 1, 2016.

Dullforce, Anne-Britt, *Financial Times*, "FT 500 2015 Introduction and Methodology," June 19, 2015, https://www.ft.com/content/1fda5794-169f-11e5-b07f-00144feabdc0.

Economist Intelligence Unit, Long-Term Macroeconomic Forecasts: Key Trends to 2050, 2015, https://espas.secure.europarl.europa.eu/orbis/sites/default/files/generated/document/en/Long-termMacroeconomicForecasts_KeyTrends.pdf.

Edwards, Suzanne, "The Dawn of Chinese Consultancy Companies?" *China Business Review*, March 10, 2015.

Epstein, Gady, "Alibaba.com CEO, COO Resign; Read Jack Ma's Letter to Staff," *Forbes*, February 21, 2011.

Erisman, Porter, *Alibaba's World*, Macmillan, 2015.［ポーター・エリスマン『アリババ 中国 e コマース覇者の世界戦略』黒輪篤嗣訳、新潮社、2015 年］

———, *Crocodile in the Yangtze* (documentary film), 2012, http://www.crocodileintheyangtze.com/production.html.

Fan, Joseph P. H., T. J. Wong, and Tianyu Zhang, "The Emergence of Corporate Pyramids in China," Chinese University of Hong Kong, 2005, https://www.rieti.go.jp/users/peng-

Business Review Press, 2003.

Child, John, and Malcolm Warner, "Culture and Management in China," in Malcolm Warner, ed., *Culture and Management in Asia*, Routledge, 2003.

China Association for Public Companies, Report on Corporate Governance for Listed Companies in China, Economic and Management Publication House, Beijing, 2014.

China Center for Economic Research, Peking University, database, 2015, http://ccer.pku.edu.cn.

China Corporate Governance, *Related Party Transactions and Horizontal Competition*, 2001.

China Daily/Asia News Network, "Inside Alibaba's 'Kung Fu' Culture," October 10, 2014.

China Entrepreneur, "Liu Chuanzhi's Catchword 'Replay the Game': Lenovo's Critical Methodology," June 2013.

———, "Secret of Lenovo Management: The 4-Steps Replay-the-Game Methodology," July 2013.

China Europe International Business School, Chinese Executive Survey, Shanghai, 2011.

China Statistical Yearbook, 2015, http://www.stats.gov.cn/tjsj/ndsj/2015/indexeh.htm.

Clark, Duncan, *Alibaba: The House That Jack Ma Built*, Ecco, 2016.

Cnet, "Xiaomi's Hugo Barra: True World Phones in 2 Years, Android All the Way," March 24, 2014, https://www.cnet.com/news/xiaomi-world-phone-in-2-years-android-all-the-way-says-hugo-barra.

Comprehensive Research Institute of Shenzhen Stock Exchange, Research Report on Corporate Governance: Status Quo, Key Areas and the Role of the Stock Exchange, 2011, https://www.szse.cn/main/files/2011/05/12/845512932999.pdf.

Conger, Jay A, "Developing Leadership Capability: What's Inside the Black Box?" *Academy of Management Executive*, 18, 2004, 136–139.

Cooke, Fang Lee, *Human Resource Management in China: New Trends and Practices*, Routledge, 2013.

Cooke, Fang Lee, and Pawan Budhwar, "Human Resource Management in China and India," *Handbook of Human Resource Management in Emerging Markets*, Edward Elgar, 2015.

Cooper, Terry L., Mark Wehrly, and Yongjian Bao, "Organizational Loyalty and Personal Ethics: The Moral Priorities of Chinese Cadres," *International Journal of Public Administration*, 20, 1997, 1791–1820.

Corporate Governance Database of Nankai University, China Corporate Governance and

1232–1254.

Cappelli, Peter, private conversations with students at Chinese universities, 2014.

Cappelli, Peter, and Laura Huang, "Are Entrepreneurs Different Than the Rest of Us?" *Wall Street Journal*, November 3, 2014.

Cappelli, Peter H., and J. R. Keller, "A Study of the Extent and Potential Causes of Alternative Employment Arrangements," *Industrial and Labor Relations Review*, 66, 2013, 874–901.

Cappelli, Peter, Harbir Singh, Jitendra Singh, and Michael Useem, *The India Way: How India's Top Business Leaders Are Revolutionizing Management*, Harvard Business Press, 2010. [ジテンドラ・シン、ピーター・カペッリ、ハビール・シン、マイケル・ユシーム『インド・ウェイ 飛躍の経営』太田正孝監訳、英治出版、2011 年]

———, "The India Way: Lessons for the U.S.," *Academy of Management Perspectives*, 24, 2010, 6–24.

———, "Leadership Lessons from India: How the Best Indian Companies Drive Performance by Investing in People," *Harvard Business Review*, March 2010, 90–97.

———, "Indian Business Leadership: Broad Mission and Creative Value," *Leadership Quarterly*, 26, 2015, 7–12.

Carew, Rick, "The Road to the Uber-Didi Deal," *Wall Street Journal*, August 2, 2016.

Cendrowski, Scott, "Cold War on Business: Beijing Pulls Back the Welcome Mat," *Financial Times*, October 8, 2014.

Chakravarthy, Balaji S., and David Yau, "Leading Chinese Companies on to the International Stage," *Perspectives for Managers*, 2015.

Chan, Anita, ed., *Walmart in China*, Cornell University Press, 2011.

Chandler, Alfred D., Jr., *Strategy and Structure: Chapters in the History of the American Industrial Enterprise*, Beard Books, 1962. [アルフレッド・D・チャンドラー Jr『組織は戦略に従う』有賀裕子訳、ダイヤモンド社、2004 年]

Charan, Ram, Dennis Carey, and Michael Useem, *Boards That Lead*, Harvard Business Review Press, 2014. [ラム・チャラン、デニス・ケアリー、マイケル・ユシーム『取締役会の仕事――先頭に立つとき、協力するとき、沈黙すべきとき』川添節子訳、日経 BP 社、2014 年]

Chen, C. C., and J. L., Farh, "Developments in Understanding Chinese Leadership: Paternalism and Its Elaborations, Moderations, and Alternatives," in Michael Harris Bond, ed., *Handbook of Chinese Psychology*, Oxford University Press, 2010.

Chen, Ming-Jer, *Inside Chinese Business: A Guide for Managers Worldwide*, Harvard

Princeton University Press, 2008.

Bendix, Reinhard, *Work and Authority in Industry: Managerial Ideologies in the Course of Industrialization*, Transaction Publishers, 2001 (originally published in 1956). [ラインハルト・ベンディクス『産業における労働と権限 ――工業化過程における経営管理のイデオロギー』大東英祐、鈴木良隆訳、東洋経済新報社、1980 年]

Berle, Adolf A., and Gardiner C. Means, *The Modern Corporation and Private Property*, Transaction Publishers, 1991 (originally published in 1932). [A・A・バーリ、G・C・ミーンズ『現代株式会社と私有財産』森杲訳、北海道大学出版会、2014 年]

Birkinshaw, Julian, "Management Ideology: The Last Bastion of American Hegemony," *Business Strategy Review* (London Business School), June 2012, http://bsr.london.edu/blog/post-54/index.html.

Bloomberg, "Yong Hui Li, Chairman/CEO, AutoChina International Ltd.," 2016, http://www.bloomberg.com/profiles/people/16666818-hui-li-yong.

Boston Consulting Group, The BCG Global Manufacturing Cost-Competitiveness Index, BCG Perspectives, 2014, https://www.bcgperspectives.com/content/ biinteractive/lean_manufacturing_globalization_bcg_global_manufacturing _cost_competitiveness_index.

Bouchikhi, Hamid, and John R. Kimberly, *The Soul of the Corporation: How to Manage the Identity of Your Company*, Pearson Prentice Hall, 2007.

Bradsher, Keith, "Xiao Gang, China's Top Securities Regulator, Ousted Over Market Tumult," *New York Times*, February 19, 2016.

Bray, Chad, "Pfizer and Allergan Call Off Merger," *New York Times*, April 6, 2016.

Bray, Chad, and Amie Tsang, "ChemChina Makes $43 Billion Offer for Syngenta," *New York Times*, February 3, 2016.

Brown, Eliot, and Esther Fung, "Building Homes in the U.S., Selling in China," *Wall Street Journal*, December 30, 2015.

Brugger, William, *Democracy and Organisation in the Chinese Industrial Enterprise, 1948–1953*, Cambridge University Press, 1976.

Bureau of Economic Analysis, US Department of Commerce, National Economic Accounts, 2015, http://www.bea.gov/national/index.htm#gdp.

Burkitt, Laurie, Joann S. Lublin, and Dana Mattioli, "China's Haier to Buy GE Appliance Business for $5.4 Billion," *Wall Street Journal*, January 15, 2016.

Camerer, Colin, George Loewenstein, and Martin Weber, "The Curse of Knowledge in Economic Settings: An Experimental Analysis," *Journal of Political Economy*, 97, 1989,

参考文献

Ackoff, Russell, *Redesigning the Future: A Systems Approach to Societal Problems*, Wiley, 1974.［ラッセル・L. アコフ『未来の再設計——社会問題へのシステム・アプローチ』若林千鶴子訳、啓学出版、1982年］

Akhtar, Syed, Daniel Z. Ding, and Gloria L. Ge, "Strategic HRM Practices and Their Impact on Company Performance in Chinese Enterprises," *Human Resource Management*, 47, 2008, 15–32.

All China Federation of Industry and Commerce, various years, http://www.chinachamber.org.cn/web/c_00000002.

Allen, Jamie, "CG Watch 2014 – Market Rankings," Asian Corporate Governance Association, 2014, http://www.acga-asia.org/public/files/CG_Watch_2014_ Key_Charts_Extract.pdf.

Alves, Jose C., Charles C. Manz, and D. Anthony Butterfield, "Developing Leadership Theory in Asia: The Role of Chinese Philosophy," *International Journal of Leadership Studies*, 1, 2005.

Aon Hewitt, *Top Companies for Leaders*, 2015, http://www.aon.com/human-capital-consulting/thought-leadership/talent/aon-hewitt-top-companies-for-leaders-highlights-report.jsp.

Balcet, Giovanni, Hua Wang, and Xavier Richet, "Geely: A Trajectory of Catching Up and Asset-Seeking Multinational Growth," *International Journal of Automotive Technology and Management*, 12, 2012, 360–375.

Barboza, David, "The Jack Ma Way: At Alibaba, the Founder Is Squarely in Charge," *New York Times*, September 6, 2014.

Barkema, Harry G., Xiao-Ping Chen, Gerard George, Yadong Luo, and Anne S. Tsui, "West Meets East: New Concepts and Theories," *Academy of Management Journal*, 58, 2015, 460–479.

Baron, James N., and Michael T. Hannan, "Organizational Blueprints for Success in High-Tech Start-Ups," *California Management Review*, 44, 2002, 8–36.

BBC News, "China's Xiaomi Becomes Most Valuable Tech Start-Up," December 30, 2014, http://www.bbc.com/news/business-30629883.

Bebchuk, Lucian, "Alibaba's Governance Leaves Investors at a Disadvantage," *New York Times*, September 16, 2014.

Bell, Daniel A., *China's New Confucianism: Politics and Everyday life in a Changing Society*,

第９章　独自性は何か、持続性があるのは何か

1　Camerer, Loewenstein, and Weber, 1989.

2　最大の違いの一つは、ボストンの企業が衰退したハードウェアビジネスに偏っていたのに対し、シリコンバレーの企業はソフトウェアビジネスに偏っていたことである。以下を参照のこと。Saxenian, 1996.

3　政府とのコネクションが不適切になりつつあるもっと最近の例としては、以下を参照のこと。Zhao and Lu, 2016.

4　Baron and Hannan, 2002.

5　西側で企業から創業者が退く要因についての考察は、以下を参照のこと。Wasserman, 2003.

6　以下を参照のこと。 Nelson, 2003.

7　ハイアールは部分的に政府が所有しており、政府の強い影響を受けていることは間違いないが、子会社は上海と香港の証券取引所に上場している。

8　例えば以下を参照のこと。Parsons, 2005, and Ackoff, 1974.

9　反対の見解については以下を参照のこと。Johnson, 1982, and Henderson, 1983.

8 Research Center of Shanghai Stock Exchange, 2012.

9 この項は以下に拠った。 Liang and Useem, 2009.

10 Research on the Quality of China's Listed Companies' Information Disclosure, 2008.

11 Corporate Governance Database of Nankai University, China Corporate Governance and Development Report, 2013.

12 Standing Committee of the Tenth National People's Congress of the People's Republic of China, 2011.

13 Shenzhen Stock Exchange, 2006.

14 Comprehensive Research Institute of Shenzhen Stock Exchange, 2011.

15 Vanke, 2014.

16 Shenzhen Stock Exchange, 2006.

17 同上。

18 この項は以下に拠った。Charan, Carey, and Useem, 2014.

19 この後の大部分は以下に拠った。Useem and Liang, 2009, and Charan, Carey, and Useem, 2014.

20 同上。

21 同上。

22 Liang, Useem, and Zhao, 2014.

23 Yu, 2015; *South China Morning Post*, 2016.

24 US Securities and Exchange Commission, 2014; Palepu et al., 2015.

25 Bebchuk, 2014.

26 Demos, 2015; Laing, 2015; Sugawara, 2015; Tang, 2015; Yahoo Finance, 2016.

27 Berle and Means, 1991; Charan, Carey, and Useem, 2014.

28 Witt and Redding, 2014.

29 Davis, 2011; Mayer, 2013; Useem, 1996, 1998.

30 Charan, Carey, and Useem, 2014.

第7章　成長が金科玉条

1　Wachtell et al., 2015; Pfizer, 2016; Bray, 2016.

2　Fligstein and Zhang, 2010.

3　Fan et al., 2014; Xu, 2011.

4　Zeng and Williamson, 2003.

5　Kotler and Lee, 2004; Marquis and Qian, 2014.

6　Murray and Fu, 2016; Gu, Hung, and Tse, 2008.

7　上海儀電集団（Shanghai Yidian Holding Group Co.）の副 CEO、徐鵬（シュー・ポン）とのインタビューより（徐鵬は CEO ないし会長ではないため、本書の巻末のリストに挙げたインタビュー対象者の 72 名には含まれていない）。

8　銀行頭取への個人的インタビュー。

9　Kale, Singh, and Raman, 2009.

10　Thomson One Banker, 2016; Inkpen and Moffett, 2013.

11　Balcet, Wang, and Richet, 2012.

12　Young, 2010.

13　Quah, 2015.

14　以下を参照のこと。Quah, 2015, and Feng, Hu, and Moffitt, 2015.

15　Karmin, Mattioli, and Carew, 2016.

16　Mason, 1959; Kaysen, 1996.

第8章　パートナーシップとしてのガバナンス

1　この項は以下に拠った。Liang and Useem, 2009.

2　Allen, 2014.

3　Gough, 2016.

4　Bradsher, 2016; Wei, 2016; Forsythe, Bradsher, and Buckley, 2016.

5　Organisation for Economic Co-operation and Development, 2011.

6　Ding, Zhang, and Zhang, 2007; Fan, Wong, and Zhang, 2007; Fan, Wong, and Zhang, 2005; Gul, Kim, and Qiu, 2010; Liu, 2006.

7　China Association for Public Companies, 2014.

35　Francolla, 2014.

36　この話の背景情報はペンシルベニア大学ウォートン校 MBA 専攻の学生、Ronald AngSiy、Mira Batchbarova、Kunal Dag、Aman Jain、Kyul Ko、Kelly Xu によって、2015 年秋期の「Management 612」の課題の一環として提供された。シャオミの共同創業者、劉徳のインタビューも含む。

37　BBC News, 2014.

38　シャオミのユーザーベースの熱心な関与については、以下を参照のこと。Mozur and Wang, 2014.

39　Cnet, 2014.

40　Mu, 2014.

41　China Europe International Business School, 2011.

42　Frear, Cao, and Zhao, 2012.

第 6 章　トップが絶対権力者

1　McChrystal et al., 2015.

2　Knowledge@Wharton, 2009; Haier Group, 2016; Zhang, 2014; Useem, 2014.

3　Frear, Cao, and Zhao, 2012.

4　Witt and Redding, 2014.

5　Fu and Yukl, 2000; Wang, Tsui, and Xin, 2011.

6　House et al., 2004; Javidan et al., 2006; 以下も参照のこと。Martin et al., 2013, and Zhang et al., 2012.

7　Data provided by Aon Hewitt.

8　本項の資料およびすべての引用は以下に拠った。Wang and Zhang, 2011.

9　Epstein, 2011.

10　Khurana, 2004; Lublin, Zimmerman, and Terhune, 2007; Stewart, 2006.

11　Chen and Farh, 2010; Farh and Cheng, 2000.

14 Li and Sheldon, 2010.

15 同上。

16 Yuen, 2013.

17 Cappelli, 2014.

18 Boston Consulting Group, 2014.

19 この分野の文献の例と概要については以下を参照のこと。Alves, Manz, and Butterfield, 2005.

20 以下を参照のこと。Pye, 1990.

21 Cooper, Wehrly, and Bao, 1997.

22 Ralston et al., 1999.

23 Li and Yeh, 2007; Ma and Tsui, 2015; McDonald, 2011; Redding, 1995; Tsui et al., 2004.

24 Osnos, 2014.

25 一例が Yu Dan の *Confucius from the Heart: Ancient Wisdom for Today's World* (Yu, 2013) の人気である。この本では個人の幸福度を向上させるために孔子の思想のさまざまな要素を適用しているが、このこと自体孔子の価値観とは相反するものだ。Melvin (2007) がその人気を論じている。

26 例えば以下を参照のこと。Flannery, 2012; Flannery は 李嘉誠財団が李嘉誠(レイ・カーセン)のものであるとした徳の思想が実は作られた話であることに気づいた。

27 Bell, 2008; Hawes, 2008; Yao, S., 2015; Pye, 1990; Rarick, 2007.

28 例えば以下を参照のこと。Xuecon, 2015.

29 個人的なインタビューによる。この人事部長は CEO ないし会長ではないため、本書の巻末のリストに挙げたインタビュー対象者の 72 名には含まれていない。

30 アリババの社史と慣行に関する背景情報は以下が良い参考になる。Shiying and Avery, 2009、Porter Erisman の 2012 年のドキュメンタリー映画 *Crocodile in the Yangtze* (Erisman, 2012)。

31 *China Daily/Asia News Network*, 2014. 一説には、馬雲(ジャック・マー)が会社を設立した日の夜に社名の説明をしたという。以下を参照のこと。Barboza, 2014. アリババと 40 人の盗賊の話は以下のサイトで読むことができる。http://www. pitt.edu/~dash/alibaba.html

32 Erisman, 2012.

33 D'Onfro, 2014.

34 同上。

第 4 章　長期的な勝負を見すえた敏捷な戦略

1　Carew, 2016; Dou and Chu, 2016; Mozur and Isaac, 2016.

2　Fligstein, 1990.

3　Erisman, 2015; Clark, 2016.

4　Erisman, 2015, p.10.

5　同上。p.12.

6　同上。p.20.

7　Fannin, 2014.

8　Erisman, 2015, p.164; Wang, 2010.

9　この項は一般に公開されている情報源に基づいている。

10　Wei, n.d.; 中心的思想という概念は以下に拠った。Charan, Carey, and Useem, 2014.

11　He and Yang, 2015; Hathaway and Litan, 2014.

12　Bouchikhi and Kimberly, 2007.

第 5 章　人材管理

1　この記述は以下に拠った。McGregor, 2010.

2　Warner, 1996, 2009.

3　Lansbury and McKern, 1984.

4　このくだりについては以下を参照のこと。Brugger, 1976.

5　Child and Warner, 2003.

6　Warner, 1996.

7　Mitchell, 2014.

8　Warner, 1999.

9　Kuruvilla, Lee, and Gallagher, 2011.

10　Liu, 2015; Cappelli and Keller, 2013.

11　Akhtar, Ding and Ge, 2008.

12　Zhang, 2008.

13　Zhao, Zhang, and Poon, 2012.

16　同上。

17　Yahoo Finance, 2016.

18　Charan, Carey, and Useem, 2014.

19　Vogel, 2011, p.447.

20　同上。p.467.

21　Vogel, 2011; Kissinger, 2011; Ren, 2015.

22　Smith, 2000.

23　Kilachand, 2012; Kroll and Dolan, 2015.

24　Mitchell, 2016.

25　Mitchell, 2016; Bloomberg, 2016.

26　*Forbes*, 2016.

27　Ma, 2015; Gan, 2015.

28　Hanergy, 2016; MBA Lib, 2016; Sina Finance, 2015; Wong and Ma, 2015.

29　De Cremer and Tao, 2015; Shih, 2015.

30　Zhang et al., 2008.

31　Schein, 2010.

32　*Financial Times*, 2016; 以下も参照のこと。Wildau, 2015.

第3章　学習する企業

1　Conger, 2004; Doh, 2003; Guglielmino and Guglielmino, 1994; Hiemstra, 1994; Long and Morris, 1995; McCall, 2004.

2　Edwards, 2015.

3　しかし2014年まで、中国政府は中国企業のビジネスの機会を増やすために、特許保護およびローカル市場を支配していた製品に関して外国の多国籍企業に圧力をかけていた (Cendrowski, 2014)。

4　Wei, n.d.

5　同上。

6　Zuo, 2015.

7　Hagerty, 2016.

20 Bendix, 2001.

21 Wiener, 2004.

22 Guillen, 1994.

23 House et al., 2004; Javidan et al., 2006; 以下も参照のこと。Martin et al., 2013, and Zhang et al., 2012.

24 Birkinshaw, 2012.

25 Hsieh, 2010; Mackey and Sisodia, 2014.

26 他にも中国企業、中国企業エグゼクティブ、雇用市場についての以下の研究文献を参考にした。Barkema et al., 2015; Chen, 2003; Cooke, 2013; Cooke and Budhwar 2015; Fu, 2015; Haley, Haley, and Tan, 2004; Lardy, 2014; Li, Tsui, and Weldon, 2000; Sheldon, Sun, and Sanders, 2014; Tse, 2015; Tsui, Bian, and Cheng, 2014; Tsui and Lau, 2002; Varma and Budhwar, 2014; and Warner, 2009.

第 2 章　自力での進路開拓

1 Ouchi, 1981.

2 Peters and Waterman, 1982.

3 Nee and Opper, 2012.

4 以下を参照のこと。 He and Yang, 2015, for the Chinese data and Hathaway and Litan, 2014, and Li and Guisinger, 1991, for the US data.

5 Khanna and Palepu, 1997.

6 *People's Justice*, 1982.

7 Heilmann, 2008.

8 Tan and Litschert, 1994.

9 Lau, Qian, and Roland, 2000; Roland, 2002.

10 Wu and Huang, 2008.

11 He, 2000.

12 Chandler, 1962.

13 Chakravarthy and Yau, 2015; Weber, 1958; Ling, 2006; Useem and Liang, 2009.

14 同上。

15 同上。

原注

第１章　序論 アメリカ流ではなく

1　張の半生と経歴を解説しているうちの一つが Yi and Ye（2003）である。ハイアールグループは厳密に言えば従業員が所有する協同組合であるが、あらゆる面で民間企業として経営されているように見える。私たちがインタビューした大半のリーダーたちとは異なり、張は会社によって蓄積した私有財産を持っていない。会社から得ている給料はごく少ない。

2　以下を参照のこと。http://www.chinadaily.com.cn/bizchina/2006-03/14/content_535847.htm

3　Gutmann and Thompson, 2012; Fligstein and Zhang, 2010.

4　Chan, 2011; Zacks, 2015; Stewart et al., 2014; World Steel Association, 2015.

5　Vlasic, 2015.

6　Wong, 2015.

7　Brown and Fung, 2015.

8　Burkitt, Lublin, and Mattioli, 2016; Tsang, 2015.

9　Organisation for Economic Co-operation and Development, 2015; Wilkes, 2016.

10　Forsythe and Ansfield, 2015; Holz, 2008; Bureau of Economic Analysis, 2015.

11　Womack, Jones, and Roos, 1990.

12　Waldman et al., 2001.

13　Bray and Tsang, 2016; Revill and Spegele, 2016.

14　Yao, 2016; National Bureau of Statistics of China, 2015.

15　統計上の分類に変化があるため、1980 年から 1997 年までは総工業生産高を使い、1998 年から 2013 年までは主要ビジネスの売上高を使用している。人民元 =0.155 米ドル（2016 年 9 月 16 日現在）。

16　Brown and Fung, 2015.

17　Economist Intelligence Unit, 2015.

18　Friedman, 2005.

19　Weber, 1958; Lenski, 1961.

● 著者

マイケル・ユシーム
Michael Useem

ペンシルベニア大学ウォートン校経営学教授。同大学リーダーシップと変革マネジメントセンター所長。大学では経営とリーダーシップに関する講座を教えており、アメリカ、アジア、ヨーロッパ、ラテンアメリカのマネージャー向けリーダーシップおよびガバナンスのプログラムを提供している。著書に『インド・ウェイ 飛躍の経営』（英治出版）がある。

ハビール・シン
Harbir Singh

ペンシルベニア大学ウォートン校経営学教授。同校マック技術イノベーションセンター共同所長。Academy of Management のビジネス政策・戦略部門の委員長ならびにウォートン校 Global Initiatives 副専攻長。インド工科大学（IIT）よりテクノロジー学士、インド経営大学アーメダバード校から MBA、ミシガン大学から PhD を取得。著書に『インド・ウェイ 飛躍の経営』（英治出版）がある。

ネン・リャン
Neng Liang

中欧国際工商学院（CEIBS）経営学教授、中国管理研究国際協会（IACMR）会長。中国に帰国するまではロヨラ大学メリーランド校国際ビジネスの終身教授を務めていた。大学では MBA およびエグゼクティブ向け MBA 講座で国際ビジネスおよび戦略、継承計画を担当し、中国企業の取締役会向けにコーポレートガバナンスのプログラムも提供している。複数の多国籍企業のコンサルティング、公開・非公開企業の独立取締役も務める。

ピーター・カペッリ
Peter Cappelli

ペンシルベニア大学ウォートン校経営学教授、同校人的資源センター所長。全米経済研究所研究員。2003 年から 2005 年までバーレーンの雇用政策シニアアドバイザーを務め、2007 年からはシンガポール人材省の Distinguished Scholar を務めている。著書に『インド・ウェイ 飛躍の経営』（英治出版）がある。

● 監 訳 者

池上重輔
Jusuke Ikegami

早稲田大学大学院経営管理研究科教授。早稲田大学商学部卒業。一橋大学博士（経営学)。ボストン・コンサルティング・グループ（BCG)、MARS JAPAN、ソフトバンク EC ホールディングス、ニッセイ・キャピタルを経て現職。早稲田ブルー・オーシャン・シフト研究所（WABOSI）所長。AIB（Academy of International Business）の Japan chair。国際ビジネス研究学会理事。東洋インキ SC ホールディングス社外監査役。英国ケンブリッジ大学ジャッジ経営大学院 MBA、英国国立シェフィールド大学政治学部大学院修士課程国際関係学修士、英国国立ケント大学社会科学部大学院修士課程国際関係学修士。『シチュエーショナル・ストラテジー』（中央経済社）など著書多数。

● 訳者

月谷真紀
Maki Tsukitani

上智大学文学部卒業。訳書に、アーリック・ボーザー『Learn Better――の使い方が変わり、学びが深まる 6 つのステップ』（英治出版)、ライアン・エイヴェント『デジタルエコノミーはいかにして道を誤るか』(東洋経済新報社)、フィリップ・コトラー、ケビン・レーン・ケラー『コトラー & ケラーのマーケティング・マネジメント第 12 版』(丸善出版) など。

[英治出版からのお知らせ]

本書に関するご意見・ご感想を E-mail（editor@eijipress.co.jp）で受け付けています。また、英治出版ではメールマガジン、ブログ、ツイッターなどで新刊情報やイベント情報を配信しております。ぜひ一度、アクセスしてみてください。

メールマガジン：会員登録はホームページにて
ブログ：www.eijipress.co.jp/blog
ツイッター ID：@eijipress
フェイスブック：www.facebook.com/eijipress
Web メディア：eijionline.com

チャイナ・ウェイ　中国ビジネスリーダーの経営スタイル

発行日	2019 年 5 月 17 日　第 1 版　第 1 刷
著者	マイケル・ユシーム、ハビール・シン ネン・リャン、ピーター・カペッリ
監訳者	池上重輔（いけがみ・じゅうすけ）
訳者	月谷真紀（つきたに・まき）
発行人	原田英治
発行	英治出版株式会社 〒150-0022 東京都渋谷区恵比寿南 1-9-12 ピトレスクビル 4F 電話　03-5773-0193　　FAX　03-5773-0194 http://www.eijipress.co.jp/
プロデューサー	平野貴裕
スタッフ	高野達成　藤竹賢一郎　山下智也　鈴木美穂　下田理 田中三枝　安村侑希子　上村悠也　桑江リリー　石崎優木 山本有子　渡邉吏佐子　中西さおり　関紀子　片山実咲
装丁	大森裕二
印刷・製本	中央精版印刷株式会社
校正	株式会社ヴェリタ
翻訳協力	株式会社トランネット　http://www.trannet.co.jp/

ISBN978-4-86276-269-6　C0034　Printed in Japan